行走中的积淀

牟 强 李 珣 著

文化发展出版社
Cultural Development Press
·北京·

图书在版编目（CIP）数据

行走中的积淀/牟强，李珣著. —北京：文化发展出版社，2021.7（2024.1重印）

ISBN 978-7-5142-3499-2

I. ①行… II. ①牟… ②李… III. ①德育-教学研究 IV. ①G41

中国版本图书馆CIP数据核字（2021）第113536号

行走中的积淀

牟 强 李 珣 著

责任编辑：张 琪 责任校对：岳智勇

责任印制：邓辉明 封面设计：侯 铮

出版发行：文化发展出版社（北京市翠微路2号 邮编：100036）

网 址：www.wenhuafazhan.com

经 销：全国新华书店

印 刷：三河市华东印刷有限公司

开 本：787mm×1092mm 1/16

字 数：343千字

印 张：16.625

版 次：2021年7月第1版

印 次：2024年1月第2次印刷

定 价：67.00元

I S B N：978-7-5142-3499-2

成长，在路上

作为教师，我们就像一个摆渡人，日复一日，年复一年，重复着昨天的故事，难免会滋生职业倦怠，难免会在工作中消散激情。曾经彷徨过——为升迁而教，感觉所有的工作都被印上了功利的标记；为责任而教，每一天都感觉负重累累；为金钱而教，逐渐觉得自己所做的不再是人生领航的职业了。也许当初选择三尺讲台只是因为向往，这种向往可能是潜意识里对优秀教师所获得的荣誉、声望的向往，一种有些草率和虚荣的向往，一种缺乏责任和坚守的向往。

然而，我们的一生注定与三尺讲台为伴，如何在看似平凡与单调的执教生涯中发现万千变化之美，在照亮别人的同时提升自己呢？我想，这源自行走路上不断积淀的满足感与愉悦感。于是，我们走到一起；于是，我们开始寻找坚守初心的动力源泉。

育德回眸，梳理效能片段，涵养教育底气。五育并举，立德树人，用爱意浓浓的独特眼光陶冶情操，用深思熟虑的真知灼见启迪思维，让自己和学生的心灵无污垢和尘埃，我们用成果育德的底气呐喊——让有坚定信仰的人传播信仰，才是最好的育德引领。

活动拾趣，重现教育情境，拓展育人思路。搜索课堂之外的声音，从生活场景出发，从小事出发，思考生活，使教育贴近生活。我们以活动中的奇思妙想声明——富于教育意义的活动设计和案例，闪现着教育探索者的无限创意和智慧。

课堂采风，抓捕精彩瞬间，整理育人碎片。对于如何构建高效能课堂教学，如何捕捉课堂中转瞬即逝的思政契机，如何实施课题的引入，用怎样的意境来突破重难点，我们以课堂案例表述——知识、方法、技能、人生观价值观的传授，不是一项项地“灌”，而应是一点点地“品”。

成长印记，捡拾走过的足迹，聆听自己的心声。从初入讲坛踟蹰中的略显青涩，到羽翼丰满之后的意气风发，到如今波澜不惊的心平气和，我们以自身的成长历程分享——酸甜苦辣，都是积累；喜怒哀乐，都是财富。

把党的教育理念落到实处，把理想信念、道德情操、扎实学识、仁爱之心演绎到极致，一群对教育有想法的人，一群对信仰有坚守的人，一群在执教生涯中有收获与成就的人，想通过积累的经验，获得的成果，与青年教师共勉，与同行共勉，与追逐民族伟大复兴梦想的筑梦人共勉！

一路行走，一路积淀！成长，在路上……

目　录

第一部分 | 育德回眸

卷首语

在党的十九大报告中，明确指出："把立德树人作为教育的根本任务，培养德智体美劳全面发展的社会主义建设者和接班人。""立德树人"首次被确立为教育的根本任务，它是对党的"坚持育人为本，德育为先"教育理念的深化，它的根本含义表明，道德是做人的前提和基础，即育人先育德。中小学必须坚持把德育工作摆在素质教育的首要位置。

学校德育工作是如此之重要，它与其他各育相互促进、相辅相成，对促进学生思想水平、政治觉悟、道德品质、文化素养的提高，保证学生成为德才兼备、全面发展的人才起着关键主导作用。那么，怎样才能保证学校德育工作的有效实施呢？这当然离不开一个"灵魂人物"——班主任。班主任作为学校德育的主导力量，是班级德育工作的组织者和实施者，是提高学校德育整体效果的重要保障。班主任在实际工作中加强了班级管理，学校的德育工作才能得到有效强化；班主任抓实了班级常规工作，学校的德育工作才能确保落到实处；班主任搭建起沟通桥梁，学校的德育工作才能增强有效性；班主任创立起良好的育人环境，学校的德育工作才能取得实效性。

作为班主任，在开展班级德育工作过程中，会面对各式各样德育问题的困扰，有涉及学生品德行为的，有涉及理想信念的，有涉及心理健康的，有涉及人际关系的……如何有效解决各种德育问题，是每位班主任孜孜不怠追求"成长"的动力。在过去，解决德育问题经常采取的对策是"经验式"问题解决思维导向，它具有很强的实效性和操作性。但是，经验毕竟是"过去的故事"，具有时效、情景的局限性，未必能够帮助学生解决"今天的困扰"。因此，我们需要的对策不仅仅是经验，更需要把经验转化为理念，把握教育规律，去追求与时俱进的时代感和审时度势的灵活性与变通性，形成"理念导向式"问题解决思维模式。

下面就让我们跟随学校多位优秀班主任一起，去感受他们在开展德育工作时的成效和体会，去感受他们在面对德育问题时的对策和感悟。

我的“问题”班长
——独当一面的学生干部成长记

李珣

“李校长，初中毕业了她可以直接留校当班主任了。”同事的一句玩笑让我发现，这个亭亭玉立的小姑娘早已不再是昔日那个莽撞无知的问题少女了。

她叫王芷伶，是2015级八班的班长。她的成绩在我的班内并不是最优秀的，但能力突出：班级制度的建议与完善，同学关系的调节，师生交流的联系，课堂纪律的维持，她都能有条不紊地指挥掌握。在她的协助管理下，班级荣誉感浓厚，八班成为一个富有凝聚力和上进心的团结集体。每每回想起来，这个十分优秀的孩子曾经不止一次成为让我头疼的“问题人物”。

问题最突出的一次是初二下学期，一向积极上进的她居然多次上课打瞌睡，班长的工作也出现了懈怠，数学成绩明显滑坡，竟然亮起了“红灯”。数学老师叫她到办公室谈话，她却当“耳旁风”，回到教室一如往常，还是经常上课打瞌睡，成绩也一降再降，真是个令家长和老师十分头疼的孩子。

我通过家访和多方面沟通了解到，王芷伶同学的父亲在船上工作，很少和孩子在一起，母亲忙于生意和孩子的交流也很少，遇到问题只会斥责孩子。学校方面，老师为追求教学质量，对作为班长的她要求很高，加重了她思想上的负担，加之几次考试的失利让她渐渐对学习丧失了信心，没有了兴趣。

在了解原因后，我经常课间、课外活动时抽点儿时间，以平等的姿态跟王芷伶同学谈心，了解她心里的想法和她最担心的事情。不盛气凌人地训斥她，多表示一些理解，适当地给一些点拨，指导她阅读一些伟人、科学家成功事迹的书刊，开阔视野，不断激励她，使她明白只有胸怀宽广，能接受他人意见的人才能成就伟大的事业。这样把她的注意力引到学习上，启发她走出心理误区。

我充分利用王芷伶同学在语文方面的优势，让她作为代表参加演讲比赛、参与学生论坛，并且悉心指导，让她把大部分心思转移到她爱好、感兴趣的事情上。同时，对她的点滴进步予以及时表扬；想方设法创造条件，让她体验到成功的快乐，使她对学习、对生活、对自身逐渐积累信心。老师的信赖、同学的支持使她的态度发生了很大的转变。

另外，我通过家访、电话联系、家长到校面谈等多种方式，对王芷伶同学家长的教育态度表示理解，同时指出这样的教育方式不但得不到效果，反而会令孩子产生逆反心理，要求家庭多给孩子温暖，多关心理解孩子，共同做好转化工作，并给予家长指导建议（如定期检查孩子的作业；指导学习，帮助孩子解决学习中的困难，多抽时间与孩子交流，对孩子的进步给予及时的鼓励等）。

通过一段时间的努力，王芷伶同学的厌学心理逐渐消除，和父母、老师的紧张关系也得到了缓解，学习比以往更认真，数学成绩也有所提高。曾经迷惘无措的“问题班长”找到了自信，找回了属于她的青春飞扬。

在一次次问题出现之后，我们俩似乎也有了默契。她虚心地请教质疑，我细心地解答指点；她勤恳地尝试落实，我欣慰地评价赞赏。两年多的历练，让她改变良多，也让我思索良深。

“教育是一条漫长的道路。”苏霍姆林斯基如是说。虽然道路悠长曲折，但路边的风景美丽而富于变幻。如果老师能用爱心发现，用细心琢磨，用耐心期待，那我们遇到的每一个问题都有可能转化为学生成长道路上最美的一道风景。

爱的阳光，使花儿绽放
——转化“潜能生”的成功案例

李珣

“师者，传道受业解惑也”，而“解惑”是为了更好地“传道受业”：帮助学生解决成长道路上的疑惑，让他们更好地成长。我认为解开“潜能生”心中的疑惑、转化“潜能生”就是班主任教育工作的一大重点。因此，在近二十年的班主任工作中，我深深认识到，要让“潜能生”这朵花儿绽放，一路上必须要有阳光的照耀。

“潜能生”主要是指那些道德品行相对较差、学习能力相对较低，但只要激发他们潜在的正能量，就会发生很大变化，取得较大进步及较好发展的孩子。他们既不愿与家人、老师、同学沟通，又常受人歧视、嘲笑、指责，因而形成了偏激、粗野、不合群等个性，也常失去应得的关心和爱。这些无疑成了他们前进路上的绊脚石。

去年，我班从外省转来一个叫唐桐的孩子。在与他父母的沟通中我了解到，孩子在原来的学校总是约着一帮同学四处玩耍，有时连作业都不做；回到家则完全沉迷于游戏，根本无心学习。在父母的反复规劝下，他表示愿意改正、从头开始。听到这里，我眼前一亮：他愿意学好，并且他还立下了考重高的志向，太好了！我得趁热打铁，助孩子一臂之力。

我想到的第一招就是合理利用同学的力量。同学的帮助对一个“潜能生”来说是必不可少的。因为同学之间一旦建立起友谊的桥梁，他们之间就会无话不说。因此，我首先安排他和优秀同学一起坐，并特意叮嘱这位同学时时处处帮助他，让他感受到老师对他的关爱、感受到同学愿意做他的益友，让他尽快地融进班集体，使他在学习、生活中感受到无穷的快乐！令人开心的是，我的用心达到了一定的效果：很快唐桐不仅能和大家愉快相处了，还能在上课时不时举手发言。同时我还发现了他的一个亮点：他的发言很精彩，经常赢得同学们的掌声，因此我也不失时机地表扬他。到了周末，他妈妈特意打来电话表示感谢，说孩子回家告诉她，他很喜欢这个班级，因为这个班级的老师、同学都很好。

但好事总是多磨。一个月后，我看见唐桐又是一副无精打采、闷闷不乐的样子，整天多数时间坐在位子上发呆，也不和班级同学交流了，作业几乎是每科不能按时完成。想到他转到新班级不久，需要一段时间适应，所以我只是找他了解了作业不能及时完成的原因。他说是因为他动作慢，为此我还与他做了约定，让他每次作业记录时间，找到可以加快速度的办法。接下来的两天，再没听到课代表反映他作业拖延的问题，我也暗自松了一口气。可事情并没有朝我预期的设想发展，接下来的那个周末孩子居然没能按时返校！联系家长，家长说是因为作业没完成，不敢来学校。我心里那个气呀：孩子不是答应得好好的吗？怎么严重到不愿来学校了？

我立刻去班上找与他联系密切的同学了解情况，原来孩子是因为父母在家里吵着要离婚才变化的。我恍然大悟——症结终于找到了。于是我迅速与孩子母亲联系，让她带着孩子到学校与老师面谈。孩子母亲也很配合，很快带着孩子到了学校。这时孩子才在我的启发下哭着说出他这样做的原因是为了引起父母关注，让他们不要吵着离婚。孩子母亲此时也为自己的自私感到惭愧，表示他们今后一定会给孩子营造一个和谐的家庭氛围。此后，孩子的学习就没再让老师操心过。这个“潜能生”终于成功转化成了一个优生！

心理学家认为，“爱是教育好学生的前提”。对于唐桐这样特殊的“潜能生”，我能找到他的症结、抓住他的闪光点，以关爱之心来触动他的心弦，用师爱去温暖他，用温情去感化他，用道理去说服他，从而调动了他的潜在能力，促进了他的成长。

转化“潜能生”需要一个过程，需要抱着满腔热忱，遵循因材施教的原则，进行反复、耐心的教育。转化“潜能生”的经验千条万条，核心就是多给予爱心，让爱的阳光一路温暖其心灵，让爱的雨露滋润其成长。

看那浴在爱中的背影
——爱，让我与孩子共同成长

牟强　杨琦

还记得初一才接到陈东的时候，远远地看到他的背影，比别人高出一个头，弓着背，耷拉着脑袋，留着不合身份的发型。凭着班主任的直觉，我认为这肯定是个刺儿头。

果不出所料，不到一个月，关于他的各种“投诉”便接踵而至。

“他不做清洁！”

“他强迫同学帮他打饭！”

“他在寝室打架，欺负同学！”

“他和老师顶撞！”

“陈东这孩子，哎，真没救了！”

“这孩子头脑聪明，就是没用在正道上！”

…… ……

陈东这孩子恶劣的习惯与暴躁的脾气不仅让周围的同学反感，还令很多老师感到头疼。从我的观察来看，他几乎不知道怎样与人交往，不知道怎样尊重他人。通过与他父母的沟通我才清楚，幼年的他多半是被父母关在家里的。上学后的那种情感宣泄和突如其来的放任让他形成了以自我为中心的个性。面对这样的孩子，我的怜爱之心油然而生。我觉得首先应从距离上入手，在学习生活中拉近距离的同时走进他被自我包裹的心灵。于是，我开始关注起他来。课间看一看他的各科作业，帮他理一理褶皱的衣领；就餐时关心他饭菜的营养搭配；就寝前坐在他旁边与大家聊天……距离的拉近牵引着心灵的碰撞，我明显感到孩子在我刻意营造的情境中闪现的那一丝丝惊诧与快意的眸光。的确，如果学生是个紧闭的盒子，我们用力敲打，结果他会封闭得更紧。我打算用老师最有效的法宝——爱来融化他的顽劣。我想以他的个性是不会主动找老师交流的。当我认为时机成熟了，我决心与他进行心灵沟通。于是我把他请到办公室，我们促膝而坐。

“你认为老师喜欢你吗？”

“嗯。”

“我发现你有着优秀同学的潜质，你愿意以后成为一个优秀的同学吗？”

“愿意。”

虽然很不自在，但孩子第一次主动坐得端端正正；虽然语言很少，但第一次语言憨厚平实。

“不管怎样老师都在身后关注着你！”我抚着他的肩膀说。

第一次心灵的交流方式相当简单，就在一问一答中进行。

…… ……

脸上带有少见的羞怯，他离开的背影是快乐的。我的心也是快乐的，我用爱剥开了一层坚冰。虽然我知道这仅仅是开始，虽然我清楚他肯定还会有很多过失。

“老师，陈东又犯错了！”

“老师，他把垃圾倒在了同学的被窝里！”

老实说我很生气，我在他身上投入足够多的精力了，可我连认真准备一节公开课的时间都被他干扰了，从来没有学生这么“坏”过。虽然我知道面对突发事件，首先需要的是冷静和制怒；这几年的工作，我积累了一些经验，积淀了许多话，其中有这么一句：永远不要和孩子生气。这话说起来容易，但是做起来真的不容易。

远远地看见他耷拉着头在办公室外徘徊的背影，我尽量克制自己，努力使自己心态平和。请他进来后，我的脸憋得通红一句话不说地瞪着他，想象着他将以怎样的方式狡辩。

“你很久都没过问我的事了。”他有些斗气地说。

没想到他开口是这样的一句话，原来他是用故意犯错来引起老师的注意。的确，准备上优质课的这两周，我真的把他“冷落”了。孩子的行为是错误的。但孩子的心有什么错呢？渴望被关注正是每个孩子上进心的体现呐。

没有批评，没有训斥，我轻轻地拍着他的肩膀。他肯付出被批评、被处分的代价来引起老师的关注，我已经感到了老师在他心中的分量。他已经领悟到师爱的重要。对现在的陈东，一切说教都是多余的。

经过这次事件，我对师爱又有了更多的认识——爱，应无处不在；爱，应无时不在。

就餐不能乱坐座位，陈东经常乱窜。有一次，在我讲过相关规定后的一个中午，他照例想换座位，不过我观察到他不像以前那样直接，似乎是想了又想，左顾右盼之后悄悄坐在了邻座。放学后我找到他。

“今天中午又换座了对吗？但老师要表扬你。”

“真的？为什么呢？”他诧异地望着我。

“你今天没有不以为然地乱坐，而是做了思想斗争，对吧？”

“可我还是换了座位的。”他低下了头。

“你能这样想，说明你已经有纪律意识了呀！特别是老师不在的时候你能这样思考问题是很大的进步。我相信你能学会思考，逐渐改掉随心所欲的习惯，你会做得更好！”

在别人身上看似违纪的事，我从特定的角度总结他的进步，在坚持原则的分析与循循善诱的鼓励中，他认识到自己的错误。他这样的孩子，缺少的、需要的正是周围人的关注与包容。令我高兴的是以后他再没有自己随意换过座位。

他不好意思地挠了挠头，鞠躬后跑开了。嘿，这小子，不知什么时候他的背已经习惯挺直了。

初二陈东当上了室长。不过这一天又有同学投诉了。

“陈东他老是安排我做清洁。”D 同学哭诉道。

我安慰着 D 同学。

“他成绩那么差，他不做清洁谁做呢？”陈东蛮有道理地说。

“孩子，老师为什么喜欢你，因为你有优点——我欣赏你的聪明和你的坦率。其实每个人都有优点，只不过你要善于发现。D 同学也有闪光点，你发现了吗？”

“他成绩那么差，我实在看不出优点。”

“你错了，一个人的优点并不都在一个方面，有些同学热爱劳动，有些同学乐于助人，还有其他很多方面。的确，你的头脑相当聪明，学习对于你很容易。D 同学学习是有些吃力，不过他能够认真地与你在同一个优秀的班级中学习、努力而不气馁，这种坚持本身就是一种优点，是老师很欣赏的。”

“老师，我知道了！”

…… ……

后来 D 同学的旁边经常有陈东的身影，尊重、欣赏对方使他们成了朋友。

班主任的“点化”有时可能就是几句话，几个动作。学会欣赏他人，让陈东这样的孩子懂得更多，收获更多；学会欣赏陈东这样的孩子也让我收获更多。

陈东这样的孩子，可能令很多老师伤脑筋，但我一开始就对自己有信心——因为我有对孩子的爱。教师应无条件地爱每一个学生，无论对谁，都应爱得充满热情。爱，需要艺术，教师对学生的爱应建立在尊重、理解、宽容、信任的基础上，从学生全面发展的高度出发，引导每一个学生的人格健康发展，挖掘每一个学生所蕴藏的巨大的创造力。

班主任的工作并不一定需要多伟大、多感人的举动，也不一定是精心策划的大手笔，它应是一些很细小、很具体、很平凡的关注。一个动作、一个眼神、一句话、一封信、一个情景……都能让孩子们感受到老师的爱——无时不在、无处不在的爱。孩子们浴在老师的爱中，得到的是人格的完善，我也在探索与付出中收获着开心和幸福。

轻轻地，有敲门声，是陈东。他蹑手蹑脚地走到了我面前。

“老师，新年快乐！”

三年来这是他第一次送我贺年卡，字迹相当工整。看着他离去的背影，品味着自己成功的甜蜜，不禁暗下决心：用爱关注每一个孩子！

案例背景

陈东，父母工作很忙，长期一个人在家，缺少与周围人的交流，不知道怎样与班上的同学交往，常以自我为中心，不愿意遵守纪律。他身体好，长得又高又壮，同学们不怎么喜欢他，很怕他。因此初到班上时几乎是班上的小霸王。

反思

苏霍姆林斯基曾经明确地说："一个好教师'首先意味着他是这样的人，他热爱孩子，感到跟孩子交往是一种乐趣。'"年轻的班主任往往能够有热爱孩子的激情，但忽略了爱的细节与耐性，因而爱得有些肤浅，有些乏力。只有懂得真正爱学生的老师，才能得到学生的爱，才能使教育工作事半功倍，才会品味到与学生至真至纯的情感交融。

班主任转化问题孩子需要爱，但是仅仅有爱是不够的。正确的爱必须建立在真诚而炽热的情感、智慧、思想、情操的基础上。敲打只能带来心灵的恐惧和痛苦；只有理解、接受和改变才能帮助孩子们勇敢地走出心灵封闭的世界。人人都有优点，只要你善于发现，欣赏孩子们，包括发现他们的优点与包容他们的缺点，用宽容的心态对待他们，以欣喜的眼光看待他们的优点，以赞赏的语气肯定他们的优点，在使孩子们获得自信的同时，自己也收获了孩子们的好感与信任。

用心去爱，学会尊重，可以提升自己的人格；用心去爱，学会欣赏，以人为镜，反观自己，以己之短比彼之长，取彼之长补己之短，在尽情欣赏孩子们的同时，也提高自己。这需要老师有一个好的修养，也需要老师有智慧的头脑，更需要老师有一颗真挚的爱心。于是我想到了一位教育家的话："没有感情，没有爱，也就没有教育。"

爱，让我与孩子共同成长。

该放手时亦放手
——班主任，请走出保姆角色的误区

牟强　杨琦

传统观念中的老师形象总是与“披星戴月”“废寝忘食”“呕心沥血”等词语联系在一起，提到班主任，特别是优秀班主任，在大多数人心目中更是不顾家人，长时间与学生在一起的“光辉形象”。一度，我也曾把这样的形象当作工作标准，事业追求。

曾经我也和大多年轻班主任一样，认为班级事务繁杂琐碎，班主任工作又苦又累，班级的样样安排事必躬亲，结果搞得自己焦头烂额，非常辛苦。也曾经把这样的辛苦当成自己爱的奉献而坚持。这样的奉献，班级管理可能会有成效，学生也可能会理解班主任的苦衷而配合，但新形势下的教育目标与方向告诉我们，这种传统的“保姆”式的管理已不再适应社会需要，教师的意识需要改进。为此，我试着将新的观念与方式融入班级管理——放手让孩子们去尝试，班主任多“关注”少“监管”。原来，班主任工作也可以简捷高效。

一、班主任应有放手的观念

1．班主任的教育观

班主任工作不是管学生，而是引导学生健康地成长。班主任不能只关心学生的学习与纪律，而应立足于关注学生全体、关注学生全面、关注学生全程的立场，全方位地指导学生进步与提高，让孩子们真正知道诚信感恩、文明礼仪，真正懂得如何与人相处、如何统筹安排、如何调整身心等。这些，都不是用简单的一个字“管”所能达到的，也不是单纯的一个字“陪”所能改变的。德育教育的目标和教学任务一样，得让孩子们经历探索、交流、体验、分辨、总结等过程，在“做”中进行完善，因此，班主任不应担当保姆的角色，而应适时放手让学生把握机会获取并积累经验。

2．班主任的时间观

班主任对学生的关注是全天候的，但班主任对学生的陪伴不应是全天候的。有的班主任什么都管，每天陪着学生，当成是自己敬业、责任心强、精细化管理的表现，当作是优秀班主任自傲的资本。但现在看来，我们在推进 “全陪”管理模式的同时，孩子们有机会实践吗？学生都在老师眼皮底下活动，个性与创新意识如何培养？我们这样自傲地说每天“陪”着学生的同时，学生是否在埋怨我们每天“缠”着他们呢？

所以对于教育的时间，我们应全天候地关注，但不能安排所有的时间“管”着学生。

3. 班主任的家庭观

班主任如果因为班务管理而远离家人是不明智的。很多人一般都认为班主任一心扑在学生身上，忍痛舍弃与家人的交流亲近时间，这是舍小家顾大家的美德，实际上这种观点是不全面的。班主任也是家庭的一分子，也有责任为家庭的和谐贡献力量。我认为优秀的班主任应是在家庭与工作中享受生活的劳动者。高效的工作，和谐的家庭，相得益彰。班主任在和谐的家庭中得到休整与慰藉，才能蓄积更多的精力有意义地付出。可以想象，生活在不和睦家庭中，班主任能带给孩子们多少阳光、健康的指引呢？故班主任只有学会放手，才能获取更多的时间和空间经营自己的家庭，有了美满家庭的支撑，班主任才能把更多精力投入孩子的成长。

二、班主任应有放手的意识

德育教育与教学同样，班主任是主导，应让学生充分发挥主体性地位优势。在班级管理中给学生提供一个宽松的环境，使学生可以充分发挥内在潜力。老子的“无为而治”思想便是高效教育的标准。获取高效的教育成果，班主任应具备如下意识。

1. 学习意识

班主任是班级建设的核心，是学校教育教学工作的落实者，是学生、家长、社会关注的焦点，决定着学校管理水平，是构建和谐学校的主体。班主任的教育理论水平和教育理念来源于不断的理论学习，并在教育工作实践中不断感悟、总结和提炼升华。只有不断地学习充电，才能紧跟时代，保持与时俱进的教育理念，才能在继承优良传统的基础上开拓创新。

2. 服务意识

班主任和学生在一起，共同度过一段最珍贵的人生旅程，这是一种缘分。因此，班主任是引导者，更是服务者。其中最重要的是用微笑面对每一位学生，用热情、信任、宽容、关爱、平等、民主的人格力量感染每一位学生。班主任应成为班级同学之间互相信任与关爱的桥梁和纽带。让学生真正感受到老师的爱，才有益于建立稳定进取的班风，才能为班主任的“放手”创造条件。

3. 平等意识

班主任在教育中注重从学生的立场出发，让每一个学生都感受到老师平等的关爱。班级学生之间存在很大差别，但在班主任的心目中，每一位学生都是平等的，没有贫富、贵贱、好坏之别。差异属正常，针对差异，班主任应做到一视同仁，不厚此薄彼。这是学生信任班主任、尊重班主任的前提。

4. 放权意识

"无为"治班的奥妙在于抓好宏观管理，而走好这一步，关键是培养好、用好班干部。任何一个优秀的班级，必须有一个优秀的班委会。班委会成立后，班主任要大胆放权，不是做班干部的领导指挥，而是做他们的后盾、顾问甚至导演。告诉他们尽管干，努力探索，不可能没有失误，出了错不怕，要积极改正。班主任放权还应针对每一位同学，明确班主任放手，什么事都由学生自己掂量着、琢磨着办好。在班务工作中，面对各项任务时，班主任应先向学生介绍任务的性质、目的、重要性、完成的措施及方法。然后与学生商量怎样完成。要多听取学生的意见和建议，使学生觉得每一个任务都有自己的一份，积极投入活动中。有了班主任的充分信任、理解和支持，有了班委会的成员各显神通，有了每个成员的全力参与，面对事务，学生定会有许多奇思妙想。

三、班主任应有放手的范儿

1. 亮丽的明星范儿——放手的前提

班主任应具备亮丽的明星范儿。传统的师德形象难免使学生有"审美疲劳"的感觉，相反，班主任衣着打扮个性鲜明而时尚，言谈举止观点明确而幽默，俨然的明星派头在学生中就是焦点，这样的范儿更能引起学生的关注与认同，与学生的这种共鸣，能让班主任更轻松地"解决"一个又一个、一种又一种学生身上存在的问题。新时代青少年的能力发展和身心发育都很迅速，他们对新生事物有着如饥似渴的追求，接触知识的渠道和媒体也相当广泛，他们在某些领域，如体育与球星、文艺与歌星、科技与现代传媒等方面的知识甚至超过老师。我们既然投身于教育，就要顺应潮流加强各方面学习，以便尽快适应日新月异的新形势，用全新的理念充实自己，在学生心中成为亮丽的引领者。让学生因为被吸引而听令于你，这是放手的前提。

2. 阳光的教者范儿——放手的基础

"阳光"代表着时代，代表着自信，代表着青春，代表着活力。纵观诸如魏书生、李镇西等当今知名的优秀班主任们，起点稍有不同，成就也各有千秋，但有一个共同点就是他们之所以成功是因为他们都很阳光都很潇洒地干着平凡的工作。经常有班主任反映现在的学生越来越难管，是的，教育工作周而复始，产生职业倦怠感属于正常现象。年年岁岁花相似，岁岁年年人不同，我们调整一下心态，拥有一颗年轻的心，积极应对，走近学生，成为他们信赖的朋友，肯定事半功倍。班主任应不断学习，充实自己，做“电灯”（充实自己，也照亮别人），不做“红烛”（照亮了别人却燃烧了自己），同时充分展示自己的个性，用阳光健康的教师形象，感召学生，影响学生，让学生学会用阳光心态面对一切，这是放手的基础。

3. 儒雅的学者范儿——放手的支撑

班主任气质形象中的自信、亲切；教育过程中的旁征博引；问题解决中的果断干练；言谈交流中的字正腔圆；……诸多的这些，都展示出班主任渊博的知识、丰富的阅历。可以想象，班主任精彩有趣地演绎曾经的教条，学生不是被灌输教育内容，而是像在听报告，像看一位艺术大师表演，掌声雷动、笑声不绝之间我们就完成了德育教育，这是一件多么惬意的事情。班主任应是儒雅风趣的学者，用睿智与幽默给学生诠释正确的人生观，用广博与豁达给学生解析崭新的世界观。孩子们在探索与尝试中遇到的问题，能在博学的班主任那里得到建议与帮助，让学生自信地进行自我管理，这是放手的支撑。

4. 成熟的大家范儿——放手的保障

班主任的世界观、思想理念、行为举止，以及对每个现象的态度，都深深地影响着全体学生。车尔尼雪夫斯基说：“教师把学生造成什么人，自己就应当是这种人。”希望学生积极向上、勇于创新、不怕困难、对人诚恳、有同情心、有责任感、心存感激、诚信文明、心态阳光……班主任就要不断学习先进的教育理论，积累教育经验，用理论武装自己，用实践完善自己，把自己培养为学识渊博受学生钦佩的教育大家。用大家的风范，引领孩子们以大家的眼光感悟世界，指导孩子们以更广博的胸怀，更理性地思考面对问题，这是放手的保障。

不知道是不是大多班主任都是如此：每天事情无论大小，都要亲自过问。早读班主任要到，7 点半开始就出现在教室里。课间操，班主任要跟着学生到操场。下午眼操有人没做，也是班主任的事。每周 N 节自习课，都需要班主任像个保姆一样巡视。晚上学生回到宿舍，班主任还要巡查。早上 7 点到下午 6 点，甚至晚上至深夜，这就是班主任的一天。这样的模式，学生厌倦，老师更觉得累而无趣。班主任真的需要这样事无巨细什么都管吗？这样的管理对学生的成长有好处吗？保姆式的管理到底是我们的功利还是为学生的前途着想？我们能培养出全面发展个性鲜明的学生吗？……面对这么多问题，我以一个探索者的身份呼吁：班主任，不要当揠苗助长者！请走出保姆角色的误区，放手让学生学会做人、学会做事，让他们在尝试与探索中丰满羽翼吧！

凝望那一抹七彩阳光
——“家长签字”面面观

牟强　杨琦

“今天的家庭作业完成后家长签字！”不知从什么时候起，“家长签字”成了学校教育教学中一种常用的手段。诚然，这曾经是学生家庭与学校联系的一种有效方式。想想当年老师要求家长签字的我，看看如今我要求家长签字，我心里有一种说不出的感觉——承袭了这么多年而一成不变的方式，学生欢迎吗？家长厌倦吗？

关键词：意义

有的老师无论是大考试，还是小练习，统统要求“家长签字”。考得好的学生还好，他们的努力可以让父母看见。如果考试成绩不好，要签字，那会是什么样的情况呢？我想要了解家长签字的真正意义，查阅了网络资料——家长签字更多的是让家长主动参与到我们的班级管理中，让他们支持教育，理解教育，同时也要让他们感受到孩子的成长他们也有份儿。如果本着让家长教训孩子，或者让签字成为一种威慑学生的手段那就大错特错了。家长并不都是教育家、心理学家，面对孩子们暴露的问题难免有些急躁，他们会局陷在孩子的弱点中，这对学生的成长不利。

让我们来听听孩子们是怎么说的。

“上次数学考差了，我没敢让妈妈签字。”

“我是考得好才给妈妈看，考得不好自己留着。”

“考得好时我不能太兴奋，得装得低调一点，省得大起大落让妈妈怀疑。”

…… ……

总之，在大多数孩子眼里，“家长签字”是一件最可怕的事情。如果不及时地发现与引导，容易形成弄虚作假的不良习气。

家长们是这样看待“家长签字”的：

“我工作十分繁忙，白天很累，晚上回家只想放松一下自己。我儿子拿来一份试卷叫我签字。我一看，才 66 分，真是气不打一处来。我当时感觉自己这么苦，这么累，全都白费了。对儿子一顿训斥后，在试卷上写了一个大大的“阅”字了事。”

“孩子回家我总是仔细观察他。当我看到他的目光总是躲躲闪闪的，就知道肯定又是要签字了。”

“要是考得好，他会得意扬扬地向你邀功：‘妈，请签字！’；要是考得不好，他会有一大堆理由迎接我的批评。不知道这些理由是真还是假，我无法评价。”

看来，在爸爸妈妈眼里，“家长签字”也是一件非常烦恼的事情。作为老师，有责任让家长清楚签字的意义是什么，不能简单地将其理解为报功或报忧。故家长签字应是让家长对孩子有一个全面的了解，也是对老师工作的一种肯定与支持。

关键词：反思

近几年，在基础教育领域出现了给家长“布置作业”的热潮，特别是在中小学阶段。老师往往在布置家庭作业时，附带给家长“布置作业”，如让家长帮助检查孩子所做的练习题是否正确，并签上自己的名字；让家长检查孩子课文的朗读和背诵，并签字，诸如此类的“家长作业”让许多家长苦不堪言。

家长中不少人要到机关或企业上班，农村的则要下田劳动，工作之余还要忙于家务，再说，真正精通课本内容的家长并不多，这时让他们看试卷，在卷面上签字，家长感觉是负担，许多家长对签字这个硬性规定怨声颇多。总结下来，有几种说法：这无形中给家长布置了功课——把关，签字；家长签字就像例行公事；在一定程度上，老师将责任转嫁给了家长。

不少家长在应付。一些上晚班的家长无奈地将签字“任务”转给祖父母，上了年纪的老人只能戴着老花眼镜，迷迷糊糊地签名。也有的家长索性让孩子代劳……

尊重学生，因材施教，让每个学生都获得成功的体验，是新一代教师的重任。而不严谨的“家长签字”本身就没有考虑学生的感受。教育是生命与生命的交流，是心与心的碰撞，教师只有时刻把学生放在心中，多站在他们的角度，充分尊重他们，相信他们，才能唤起他们的主体意识，使他们真正成为学习的主人。

关键词：创意

“家长签字”作为一种教育的手段，如使用恰当，对孩子的学习是很有帮助的。但应从学生的心理出发，科学、适时使用，切勿千篇一律，否则，将会适得其反，欲速而不达。针对家长签字赋予自己的创意与思考，更能促进学生的健康与发展。

1. 变签字为阅读

孩子的父母都有要忙的事儿和烦心的事儿，成天应付似的完成签字的无奈是可以推想的。我认为，虽然家长签字对孩子学习是一种督促，但我从心底不愿意说这种形式是完美的、完善的。简单的签字，家长从几道作业的完成中能看出什么？能从一个分数总结出什么？甚至会出现心烦连看都不想看的情况，这能达到签字的目的吗？其实老师可以把孩子们的情况归纳一下，几句话就行，了解了孩子的情况，特别是老师总结的优缺点之后，家长们愿意签字了，并且写得还很多，这样让家长从被动地接受转化为互动交流不是更好吗？单纯的签字变成了阅读后的交流，家长的配合多了，与老师的互动多了。我们的工作也有了更多的支持与关注。

2. 变签字为签收

回想自己的学生时代，也曾偷偷仿照父母的笔迹签字，明知道那样做不好，但也是怕父母伤心。可以想象家长给孩子签过无数次的字，无数次无奈地面对较低的分数后的失望。发展下去，签字就等于火上浇油。老师可以写明孩子的优点，让家长也看看孩子的闪光之处，对于孩子们的缺点可以用建议、商量的方式给家长暗示，这样家长面对的是学生鲜活的个性，签收的是孩子的长处，同样签的是自己的名字，但这样的方式会积极得多。家长们签字的心情也会愉悦得多。

关键词：误区

网络上，社会上取消签字的呼声四起，家长签字真的一无是处吗？其实不然，有的学生不就因为它而痛改前非，走向成功吗？失败的关键在于教师和家长都只注重家长签字的结果，忽视了过程，存在内容片面、形式单一、方法欠妥的问题。因此，在要求家长签字时，内容应全面，不要总是抓住学生的缺点，也要多提其闪光点，对于不足，要巧妙而委婉地提出。形式应多样，在试卷中，对于考差学生，不能只停留在分数上，应写评语，先寻找成功的地方，再帮助其分析失败的原因，提出改正的方法及今后努力的方向等，必要时，教师还要登门家访。家长处理应耐心教育，坚持鼓励为主，切不可棍棒交加。

让我们走出家长签字的误区，使之不再是“借刀杀人”的工具，而是真正成为学生健康成长的“七彩阳光”！

心存感激，涤荡生命
——学生德育教育案例

牟强　杨琦

教育目的

通过具体的活动，让学生懂得感恩，懂得只有付出，才有回报，争做德、智、体、情、义全面发展的公民。

案例背景

“一个人学习成绩不好，最多不是个优质品，如果德育不好可能会是危险品或爆炸品。”现在的孩子大多认为“父母的抚养天经地义，教师的教诲理所当然，学习优劣无关紧要”，于是在父母面前任性、无礼，挥霍钱财毫不顾惜、愧疚；不尊敬老师、不珍惜老师劳动成果的现象屡见不鲜；在校厌烦学习、逃课上网；缺失得体的行为习惯和生活习惯。为了让学生不荒废学业，养成健康的道德品质，我在班级中有的放矢地开展了一系列感恩教育活动。让学生体会父母的不易、教师的艰辛和社会、祖国的期望，常怀感恩之心。懂得感恩，绝不是对父母、对老师之恩简单的回报，它既是学生的一种责任意识、自立意识及自尊意识，又是一种精神境界，更是健全高尚人格、铸造美好灵魂的体现。

具体案例

我所带班级的班干部刘一浩，学习成绩优秀，工作能力强，我很喜欢他。在我的印象中，他是一个有主见、有个性的男孩子。然而那一天他的举动、行为却让我震惊、失望、难以置信。

某周二中午放学，外面下着小雨。我和刘一浩边走边研究运动会的事宜，他很高兴。走到校门口，我们看到他的妈妈手里拿着一把伞站在雨中。他的妈妈看见他，忙把伞递给他。他没有去拿伞，突然改变脸色，对他的妈妈说：“谁让你来的！我不要！”语气中透着冰冷和讨厌。我刚想和他妈妈打招呼，却因为他的话愣住了。他的妈妈向我苦笑了一下，嘴里喃喃地说着“你看这孩子！”，并无奈地跟在他的后面。我望着他们母子远去的背影，心里有种说不出的痛。

案例分析

中学生对父母的态度像案例中的不在少数，他们对父母的态度一方面与家庭教育有关；另一方面也可以看出现代中学生缺少一种感恩思想。“感恩教育”的核心是“感”和“恩”，基础是“爱”。通过感恩教育抓爱心培养，引导学生把感恩父母、感恩老师的朴素情感升华为爱家庭、爱学校、爱家乡、爱祖国的崇高境界，养成高尚的思想品质和良好的道德情操。开展感恩教育，“感激”“知恩”是根本。要求学生从自我做起，主动帮助父母承担家务，勤劳俭朴；虚心听取老师教诲，热爱学习。所以在中学生中实行感恩教育势在必行。

教育途径

一、宣传发动

（1）制订《感恩教育活动方案》，并下发各小组长手中，再向下传达。

（2）班会中讲话，宣读《感恩教育倡议书》，全员发动。

（3）团支部以“感恩”为主题布置宣传板报，张贴《感恩教育活动倡议书》，创设感恩氛围。

（4）召开“让我们都有一颗感恩的心”主题班会。

（5）请音乐教师在音乐课上教唱感恩歌曲。

二、组织实施及推广普及

1. 感激父母

教育学生要对自己的父母感恩，因为他们不仅赐予我们生命，还把我们养育成人。感激父母是最起码的要求，是做人的道德底线，如果一个人连自己的父母都不爱，又怎么可能爱家乡、爱祖国呢？

（1）开展征文活动：学生每人写一篇“亲情作文”，班内评比。参考题目：《我的父亲母亲》《写给父母的话》《父母的手》《还给父母一个吻》《我和父母在一起》等。

（2）布置爱心家庭作业：①送父母一句温馨的祝福；②给父母讲一个开心的故事；③给父母过生日，赠送亲手制作的礼物；④给父母捶捶背，打一盆水，洗一洗脚；⑤我为家里做四件家务——打扫卫生、叠被、洗碗、洗衣物。

（3）举行主题班会“算算亲情账，感知父母恩”：①将自己的学费、书杂费、生活费、交通费、零花钱等支出加起来，算出家长为自己的投资；②计算学习投资的成本；③假定自己毕业后的收入，计算自己大致需要多少年才能回报父母。

（4）为父母过节：适逢母亲节、父亲节，给父母过节，向父母说一声谢谢，道一声辛苦了。为父母送上一个温馨的祝福，让父母享受一份感动。

（7）开展“爸爸、妈妈，你们辛苦了”主题一封家书活动，要求每一位学生以此为题，给父母写一封家信。

2. 感激老师之恩

教育学生要对自己的老师感恩，因为老师不仅赐予了知识，更教会了学生如何做人。正是老师春风化雨式的教育解开了学生成长路上的心结。

（1）举行演讲比赛：《人生路上的领路人——感谢您，老师》。

（2）举行作文比赛，参考题目：《世恩难忘，师情永存》《给老师的一封信》《母校——我成长的摇篮》。

（3）开展以“六个一”（即写一封信，谈一次心，做一张贺卡，献一束鲜花，提一个建议，表一个决心）为主题的学生向老师献真情活动。

（4）教师节，帮老师做一件有意义的事，道一声“老师辛苦了”。组织“感谢师恩”感恩贺卡制作大赛。

基本成效

通过开展一系列的感恩教育活动，除去了学生心灵上的“灰色”，培植了“绿色”。学生的基础道德素养不断提升，并无声地内化为学生的自觉行动。全班以感恩之心为核心的“感恩文化”已形成一个良好的发展态势。感恩教育让学生体会到父母、老师的艰辛和不易，更加珍惜时间，勤奋学习，积极上进。校园迟到、旷课、上网、打游戏的现象明显减少，热爱学习、生活节俭、尊敬老师、团结互助、遵纪守法蔚然成风，拾金不昧，助人为乐时有发生，整个班级呈现平安、文明、和谐、积极向上的良好局面。在家里，孝敬父母，能主动和父母沟通交流，做家务，每个家庭盛开着灿烂幸福之花。

洗尽铅华始见金，褪去浮华归本真

牟强　杨琦

今日浏览网页偶然出现“特色教育”这一词条，点击进入穿梭于各种“特色”“品牌”的链接中，眼花缭乱之余，心有感触——当前不少区域和学校热衷于打造或提炼学校的特色与品牌，特色德育这一概念也随之应运而生。在教育教学不断摸索推进的时代浪潮中，形成了一系列模式化、品牌化的主题德育，诚然各种冠以特色的德育模式，在某一阶段可能有推陈出新、拓宽平台、总结经验的作用，但在对当前教育方针的进一步理解与思考后，我想表达的是，德育应来一场浮华过后的回归。

纵观这些特色或品牌，有以选修课角度切入的，如“书法德育”“剪纸德育”“舞蹈特色”“武术特色”“足球特色”；有以概念、培养目标、模式提炼角度切入的，如“6S教育”“微笑德育”“青藤德育”；有以学校地理位置、历史背景角度切入的，如以道教文化“诚信”元素为内涵的茅山特色，以侨民文化打造的侨乡德育特色，……众多品牌标签打造的特色德育，确有不少做得看起来比较妥帖的，但也有做得比较牵强的。印象中某学校所在地的名字中有一个“鹅”字，该校文化和德育特色便围绕“天鹅”着手打造。我们的确能从“天鹅”的特质中提炼背景、特色形成育人文化，但冷静想想，孩子们待引导和塑造的思想品格空间，仅以“天鹅”的特质能引领吗？同时，全校孩子的思想境界，都要以“天鹅”特质来塑造吗？德育小特色指导学生成长大格局，德育小标签铸就一校一面的同质化，这是我们需要关注的众多特色德育推进实施的两个问题。

当前，以人为本的教育理念正在逐步深化，置身新时代中国特色社会主义背景下的“教育信息化 2.0”时代，面对学生千人千面的教育状态，从尊重学生的个性特点出发，我想，以某一固定元素为特色的德育似乎已经不能满足当前形势的教育需求。

在学生人生观树立、巩固的成长过程中，教育工作者的责任是在引导植入主流思想的前提下，尽可能地为孩子们夯筑宽厚的思想基层，以利于其结合自身个性健康成长发展，故笔者向往并提议谋划一场“没有特色”的德育历程。

无特色，不是无规划、无主题，而是更加注重德育过程的普适性、有效性、可持续发展性，要求教育者在撇开教育的功利后更为严谨地进行人性的思考。我是从以下几个方面来看待德育的回归的。

一、因充分涵养的新时代背景下教育工作者的底气而自信

在习近平总书记新时代中国特色社会主义核心价值观的领航下，坚定“四个自信”，坚持历史与实践验证的社会主义道路，在伟大复兴的中国梦追寻历程中，我们已经涵养了足够的底气，我们无须制作标签强大德育的声音。我们要步履坚定地实现教育现代化强国目标，需要教育工作者在有底气的前提下有充足的信心——对党和国家的信心，对路线和制度的信心，对团队和自身的信心，对教育发展与未来的信心。反思何为特色？“你有大多数人没有”好像才能称为特色，但面对教育的根本任务，德育是所有学校都必须进行的活动，不存在“你有别人没有”的可能，因此我认为德育是无法被称为特色的。每所学校所做的德育，不同的学校确有高下、优劣之分，但不应有特色之别。教育工作者充分分析总结教育改革以来的成果与不足，透过探索历程中的浮躁，做朴实可持续的德育。

二、德育不应以某个单项的教育活动特色而缩小维度

没有“特色”的德育，不等于说学校的德育活动无特色。就如“活动德育”不应提炼为一所学校的特色，并不否认某项特别的德育活动可以作为一所学校的活动特色。例如，江苏某校有羽毛球运动的传统，学校曾经出过羽毛球世界冠军，长期开展羽毛球运动，我们可以说这所学校有羽毛球运动特色。同样，某校有“班级会议”的传统，长期坚持班级会议的做法，我们可以说“班级会议”是这所学校的一个特色。这两个例子中的体育活动和班级活动之所以可以作为特色，是因为其是这些学校所独有的活动。独有的德育活动只是学校整体德育的一个小小环节，单个德育活动的特色并不能上升提炼为整个学校整体德育的特色。学校德育也不可能因为单个活动特色而缩小德育的维度。

另有许多班主任总结德育工作经验喜欢归结为“爱”，认为德育就是爱的教育。事实并非如此。如果单靠爱能教育转化学生，那为什么大多数父母没有把孩子爱出高情操或高素质？在深刻艰苦的教育改革中，涌现出太多乐于奉献、爱生如子、甘为人梯的优秀教师。他们对学生的思想引领，德育塑造是凝结于他们积极探索、学习更新、勇于改革、积累总结后形成的实践阅历，这些，不是用一个爱字能总结和推广的。爱，只是德育过程中的一种立场和态度，不是教育者德育的框架与内容。德育，需要教育者有爱的立场，更需要教育者有高于该立场的领悟及对党的教育初心的坚守。所以我们需要广阔平台、扎实基础的德育，德育应是广博而浑厚的德育，不需要标签。

三、回首育德的过程，反思育德的某些现状，无论普教、职教都应回归本真

当前“人无我有，人有我新，人新我精”还有没有现实意义？育德，需要利用品牌或标签像企业争抢市场这样吗？教育的根本任务不都是同一个指向吗？在义务教育强调均衡，高中普教职教强调公平资源整合的当前，在德育过程中自立门户标新立异，已不足以适应大环境氛围。一些研究者和探索者发明了一个又一个的新名词、新概念，给人一片欣欣向荣的感觉，但概念的泡沫式繁荣掩盖不住现实的苍白与空虚——德育特色、德育品牌泛滥所掩盖的是德育地位的低下，观念的落后，方式、方法的陈旧。在一些学校，德育被视为工具，能为升学考试护航就有价值，不能护航就是需要清除的障碍；在德育观念上，很多学校依然在约束与灌输上打转；在德育方法上则是死守行为监管、专题活动、道德知识宣讲等旧套；在安全的指标线下，德育活动已然退缩为少动、少户外、少聚集……在目前还存在的这些状况中，连最基本的、最该做的都没做，或者说没有做好，谈德育特色、德育品牌真的不具备多大意义。

有教育就有德育，有学校就有德育，德育不能作为一所学校的特色，虽不意味着所有学校的德育都是同一个面孔，但是德育，最终都应是同一种情怀——多做踏踏实实、细致入微、朴实无华的工作。

四、正确认识教师的作用与贡献

以前社会上包括教育者自身都热衷于把教师比作春蚕、红烛，也有把教师比作人类灵魂的工程师。当前新时代背景下，我们应重新审视自己的定位——春蚕？红烛？难道教师非要以毁灭自己为标准和代价吗？那么，教师职业的幸福感归属在哪里呢？人类灵魂的工程师？如果教师的行业职责是以毁灭自身为代价，我们何以引领他人的灵魂？

教师，也是社会千万工作者中的一员，教师的家庭，也是社会中的一个细胞，教师更是社会主义建设者和接班人培养过程中的重要角色，故教师的良好心态与健康发展，教师家庭的和谐美满至关重要。教师的标准不是毁灭自身，而是谋划自我终身发展；教师的贡献不是奉献，而是对教育职责的坚守。我们要考虑的是不断自我充电、自我补充，在为学生传播信仰、传授知识的同时，自己也要不断提升修养、开阔视野，不断地学习进步，变得更加优秀。

新时代背景下的教师，应坚持终身学习与可持续发展，应清楚教育的根本任务，我们，要做阳光平和、有幸福感的人；我们，要做坚定信仰、宣传信仰的人。

五、从着眼“特色德育”到形成“统一精神气质风格”的蜕变

学校的德育不应叫特色，但一所学校所进行的德育，在完成共同的内容与任务、遵循基本的德育规律的基础上，也可以有自己不一样的做法。也就是说，每所学校都可以在遵循德育规律的前提下，根据自己学校的历史与现实特点，形成自己所独有的德育理念和方法体系。也就是说，虽然德育是所有学校都要进行的教育活动，但不同的学校可以有自己特殊的德育气质与风格。一所学校的德育气质与风格，显示在外的是特殊的德育方法体系，含而不露的则是该校的德性品质和德育理念。正如一名教师的教育气质与风格，外露的是其教育方式，隐含在内的则是其道德人格与教育理念。由此看来，一所学校德育气质风格的形成不是一朝一夕的事，需要有一个漫长的探索、修正过程。一开始也许是一个自然、自在的过程，慢慢会走向主动、自觉，成为学校无意识的心理氛围和有意识的教育方式。这种气质如果能够长期延续，则可以成为学校的德育传统。

从功利地关注、提炼“德育特色”，到平心静气地凝集学校独有的德育气质与风格，是一种精神和境界的蜕变。

李镇西先生说得好，真正的特色不能速成，它需要实践和积淀时间。特色是做出来的，不是“说”出来的。很遗憾的是，现在很多“特色”恰恰是“说”出来的，是找几个别致新颖、言简意赅的短语“提炼”出来的。我们的教育方针指导和要求我们，在根本的教育思想上，还是慎提“特色”为好。特色，应体现在诸如“德育管理、德育活动、德育评价”等系列活动中，教育者完全可以实事求是地展出自己的个性，或者说“特色”。

特色，是一种长期的坚守，是一种历史的积淀，是一种瓜熟蒂落，是一种水到渠成，是同行心服口服的认定，是社会众望所归的认定。学校的工作可以有特色，但德育，无须特色。洗尽铅华始见金，褪去浮华归本真，谋划一场没有“特色”的德育，坚守立德树人的教育初心。

坚守教育的美感

牟强　杨琦

高考临近，偶见网络一视频，视频中一男班主任老师，身着大红旗袍站在讲台，奋笔疾书，后续学生用剪刀把老师身上的旗袍边叉剪开，寓意祝高考的学生旗开得胜。看完视频，心感五味杂陈。

一丝暖心——班主任的“自我作贱”

带了三年的学生，朝夕相处，如今面对高考，通过特殊的形式调侃下大家，调剂下氛围，寓意高考，讨个好彩头。老师能放下架子，“作贱”自己，甚至不惜新买旗袍供学生剪开，能感受老师的用心与付出！回想自己的学生时代和教师生涯，情理之中，能感知当事老师在毕业季对学生的眷眷不舍和殷切希望。一名真实的好老师！

众缕忧愁——高考祈愿岂能放弃教育的美感

师者，传道受业解惑也，师者的气场，不仅仅是传道受业解惑的责任，还来自责任实施过程中的美感——情感之美、言语之美、行动之美、仪态之美、教化之美、境界之美……丧失了教育的美感，丧失了师者的气场，必导致师生关系过于亲狎而不能引领。高考祈愿岂能放弃教育的美感，一个有争议的现实问题。

个人认为该视频操作弊端有三：

第一，当事老师男扮女装，魁梧身材紧拘于大红旗袍中，让旗袍对于东方女性唯美修饰这一传统文化审美引领受到极大影响，学生心目中的旗袍印象估计就注定是用来搞笑的。仪态不美必影响我们对传统文化的感悟之美。

第二，崭新的旗袍，说剪就剪，没有丝毫犹豫，一件旗袍至少几百元吧，也没有对旗袍及购买旗袍付出成本的丝毫珍惜，就为高考顺利的心愿，宁可放弃我们勤俭节约的传统？高考的成功真能大于决定人一生的思想塑造和行为培养？学生兴高采烈地用剪刀剪下去的欢呼瞬间，学生的思想塑造已经被局限化了。行为不美定影响我们对思想塑造的引领之美。

第三，对高考的祝愿，局限为诸如女子穿旗袍“旗开得胜”，男子穿马褂“马到成功”这样的谐音自想中了！站在教育者的立场，疫情中今年高考的激励和祈愿，我们有太多的英雄，我们有太深厚的祖国情愫可以引用，我们的教育也太需要有这样的英雄、家国情感渗透引领。境界不美会影响我们对教育的执行之美。

随笔，只是作为教育战线普通一员的个人看法。没有对当事老师的丝毫讨伐与诟病，仅仅是对学生教育引领，仅仅是为教者对美好的坚守而感言。

为教者，理当坚守教育的本真，教育的美感……

善良相随，诚实相伴，幸福永驻
——我的至善德育观

苏功财

教育的价值在于使人和社会臻于至善。所以，真正的教育是创造一个精神意境，为人们开辟一个新的、更高的可能境界，把人们带入更高、更开阔的世界，从而不断提升和创造自身价值，走向自我解放之路。这是人性中最根本的人之为人的可能性的追求。从这个意义上讲，教育乃至善之旅。

作为德育主任，我在思考：中学生（尤其是刚进校的初中学生），其人生观、世界观都处于萌芽状态，我们该如何正确引导，带他们成功踏上至善之旅呢？学生要塑造的品格很多，我们不可能全盘灌输，那我们应如何分阶段选择性地找出重点、加以强化呢？

针对初一学生的特点，我选择了善良、诚实品格的养成和幸福感的把握这几个关键点。我认为，如果把学生的成长看作一次旅程，那我们应把握起点、导航、领航、终点这几个节点。

一、关注起点

想要成功引领学生踏上至善之旅，我们首先要关注的是他们的起点——初中生的心理特点。

在我多年的教学生涯中，通过平时与学生沟通，对学生的心理表现进行分析、反省和总结，我觉得中学生的心理特点主要有以下四个方面的表现。

（1）自我意识迅速发展，但又带有盲目性，对自我评价往往是自尊伴随着自负，自卑又总是同固执、孤僻交织在一起。初中生随着自我意识的觉醒，他们感到自己已经长大了，有一种强烈的成人感和独立感。

（2）成熟感产生且日益强化，在独立意识发展的同时，存在幼稚、偏激的一面。在学习与生活上要求独立自主，不受限制和约束。被人尊重的愿望比过去任何时候都更为突出，遭受误解、经历失败时所体验到的挫折感也格外强烈。不喜欢成年人用强制的口吻对他们发号施令，但是，他们在生活处理能力方面又不能脱离成年人的帮助和指导。

（3）性意识迅速觉醒，情感日益深厚，极个别学生自控能力差。初中生对身体发育上的巨大变化缺乏思想准备和必要的生理卫生知识，他们想获得这方面的知识，却又找不到正当的途径，他们也不愿意对家长和老师说出自己的困惑。特别是那些神经类型为弱型的学生，爱把自己关在屋子里独自沉思，很容易产生许多无以名状的烦恼、孤独和苦闷。

（4）情绪不稳定，易消沉、暴躁或扬扬自得，常外显为冲动性的过激行为。

由此可见，中学生的心理发展中存在未来与现实的矛盾、独立性与依赖性的矛盾、偏激与理智的矛盾、闭锁交往的矛盾。初中生追求前途，富于理想，但往往知识贫乏、缺乏辨别是非的能力，对一些不正确的宣传、不健康的思想缺乏分析批判能力，结果以是为非，以非为是。

要正确引导学生，就必须正确认识中学生身上这些客观存在的特点，然后有针对性地开展教育。

二、观点导航

想要成功引领学生踏上至善之旅，我们要根据他们的心理特点，提出切实可行的措施，用明确的观点引导他们前行，让他们走向正确的航道。

我综合考虑初中生心理特点、住读学生的行为特点提出了以下几个观点：

1. 做一个善良的中学生

“人之初，性本善。”但是，很多人已经忘记这千年古训了；也有部分人不屑于谈起善良，觉得这与时尚的社会太脱节。对于“成人感”急剧膨胀的初中学生而言，他们一般会有一种“从众心理”“时尚心理”，因而会刻意将自己装扮成“吾不善良”的形象。

善良的本意是，心地纯洁，纯真温厚，没有恶意，和善，心地好；亦指和善而不怀恶意的人。对于刚进入初中的中学生而言，他们的心地是纯洁的，秉性是纯真温厚、没有恶意的，因此我们一定要给他们灌输“做一个善良的中学生”理念，让他们知道善良才是一个人的立世之本、为人之宗，让善良与他们终身相随。

2. 做一个诚实的中学生

虽然现在这个社会一直在宣传“诚信”这个主题，但是对于充满了叛逆性和挫折感特别强烈的初中学生而言，他们已经不信任这个社会，于是在他们中间流传着“坦白从宽、牢底坐穿”的信条，以至于他们在老师、家长面前都戴上了一层面具，遇到问题的时候不愿意说实话，总想着用谎言去包裹自己。

诚实的本意是，真实表达主体所拥有信息的行为（指好的一方面），也就是行为忠于良善的心，它具有“善”的特质。目前初中学生在“自我包裹”“自我隐藏”的同时，也渴望别人（包括父母、同学、朋友）真诚地对待他们。那我们就应抓住这些契机，让他们认识到诚实与善良一样，也是一个人为人处世的根本，让诚实与他们永远相伴。

3. 做一个幸福的中学生

说实话，现在的初中学生是被幸福密密包围着的一代人。但是，由于初中阶段学业的加重、住读生活的不适应、人际交往的困惑等原因，他们始终找不到幸福感，甚至处于一种消沉的状态。

幸福的本意是指一个人的需求得到满足而产生长久的喜悦，并希望一直保持现状的心理情绪。针对初中学生被人尊重的愿望比过去任何时候都更为突出的特点，我们可以抓住契机满足他们被尊重的愿望，让他们抓住幸福感，提升幸福指数，从而意识到感受幸福是提升一个人生活质量的重要因素，让幸福在他们的生活中永驻。

三、活动领航

想要成功引领学生踏上至善之旅，我们不能将上面的观点硬塞给他们，而要用他们喜闻乐见的方式传递给他们，为他们领航，确保他们的行为不偏航。

针对初中学生的年龄特点和给学生传输的观点，我向班主任提出了以下要求：

1. 开展活动，明确目标

初中学生最喜欢的教育形式莫过于各种各样的活动，因此我提出了“以活动为载体，让学生明确做善良、诚实的中学生的重要意义，同时让学生学会寻找生活中的幸福感、提升幸福指数，以形成正确的人生观和世界观”的要求。

活动形式有主题班会“善良离我们有多远”，主题辩论会“现代社会还要不要诚实”，美图背后的故事会“我身边的幸福故事”等。

2. 个别谈心，有的放矢

对个别学生而言，必须采用谈心等方式来走近他，了解他，帮他分析问题，达到解决问题的目的。只有这样，才能让少数用与善良、诚实和幸福无关的面具包裹起来的学生真正放下伪装，认识真实的生活，找到现实生活的幸福感，凭美好的品质走向未来的幸福生活。

3. 反思效果，及时调整

任何一种教育，都一定会有起伏的阶段、反弹的过程，同时，没有哪一种教育方法是对每一个孩子都适用的，因此，无论我们预设得多么完美的教育方式，都不可能是十全十美的，我们一定要及时反思、经常反思，对有反弹现象的个体和某个方面，一定要及时调整（包括教师个别调整、全体班主任进行集体研究等方式），以达到将善良融入思想、将诚实落实到每一个行动、用幸福的眼光看待身边的人和事的目的。

四、关注终点

想要成功引领学生踏上至善之旅，我们一定要关注航程的终点——这是“至善教育”的精髓所在。

要让学生将已经认识到、开始转化为行动的善良、诚实和幸福感强化下去，我们不能只重视某一次活动的效果，而要为他们营造一个积极强化的氛围。因此，我要求班主任每天让学生总结四个问题：“今天你身边有哪些人和事与善良有关”“今天你做的哪些事体现了诚实的品质”“今天哪件事让你最有幸福感”“今天你身边的哪些人和事是最值得你学习的”。

当然，让学生总结反思前，一定要强调让他们这样做的原因：一个心中有花朵的人，他眼前出现的总是花朵；一个心中只有杂草的人，即使走进花园，他看见的也全是杂草。因此，如果我们通过积极的总结与反思，让他们眼中全是善良、诚实和幸福的事，那一定会让善良、诚实和幸福走进他们的心里，让善良和诚实成为他们的品质，提升他们的幸福指数。

总之，“至善”是学校教育追求的结果，学校教育的全过程都力求达到最好的教育境界。作为德育主任，我力求将学生应拥有的一些优秀品质想得细一些、挖得深一些，将应告诉学生的道理讲得透一些、用得活一些，将道理的载体（活动）设计得全一些、与学生贴得近一些，对老师的要求提得高一些、观点讲得明一些，以实现德育过程达到最好境界的目的。

精教善育，让教育因特色而精彩
——班级管理案例与反思

苏功财

摘要：本文将大家都关注的一个话题——“核心素养的培养”，将其与我校“精善教育”的理念结合起来，围绕“至诚至精至善”这三个核心点，对如何提升学生的核心素养做了大量的工作，使二者实现了完美结合，取得了突破性的进展。

关键词：精善教育　核心素养　特色

为了提升课改品质，关注学生核心素养的培养，着力提高立德树人质量，结合我校提出的“至诚至精至善”的精善教育办学理念，我在班级管理中进行了一些实践，获得了一些初步成果。

精善教育是“起点至诚、过程至精、结果至善”的教育。“起点至诚”指的是师生全身心投入和相互关怀的程度。“过程至精”包括教与学的内容精选、形式精彩、行为精致。“结果至善”指的是教育效果达到最佳状态。“诚”“精”“善”既是至境教育的三原色，又是至境教育的三原则。

我想用三个教育案例来诠释精善教育对关注学生核心素养的培养所起的作用。

一、起点至诚

在班级管理中，不乏存在“老师倾情付出、学生不为所动”的现象。究其原因，还是对学生爱的教育不落实、感恩教育不到位、师生缺乏相互理解。这样的教育是失败的。我们不能再让学生的核心素养里没有爱、没有感恩、没有理解。为此，除召开专门的主题班会加以引导外，我还寻找了一些特殊的切入点，让学生学会做一个有爱心的孩子。

下面就是我的一次“特殊拜访”。

感动（博客）

周末，我来到了学生寝室。

“老师好！”

“老师，我正在打电话！”

“老师，我的苹果特别香，您吃一个吧。”

"老师，我这饼干是特别美味的，您尝一点吧。"

"老师，我这巧克力是南非的，您尝尝。"

…… ……

一个个温馨的"糖衣炮弹""砸"向我，我已经幸福得晕了。

我告诉孩子们："你们留着自己吃吧，老师晚上不吃东西，吃了会长胖，长胖了老师就不潇洒了哟。"

糟了，这一句话引来的"围攻"差点没把我淹死："老师，吃苹果不会长胖的。""老师，我这饼干是粗纤维的，吃了不长胖。""老师，我这巧克力是脱脂的巧克力，吃了也不会长胖。""老师，您再长胖一点更强壮、更潇洒。"……

这一"炸"呀，害我不得不乖乖"逃离现场"。

我走时，孩子们还不忘"叮嘱"我："老师，我送你一句话，请注意休息！""老师，我送你一句话，请注意身体！""老师，我送你一句话，请别怕长胖，多吃点！"还有一个同学追出来对我说："老师，您再胖一点的话，比张国荣更帅，因为我们都觉得您长得像张国荣，却希望您比他更有男人味。"

——呵呵，还要赶超张国荣？好一个劝说阵容啊！我再也不敢瞎找借口了。

回家的路上，看着那一轮明月，我轻声说："我的孩子们真可爱，我爱他们！圆月，你见证了这些纯真和美丽，你也会爱上他们的吧？！"

一份感动从心底升腾起来……

家长留言（选摘）

1 楼：有了爱，教育才完美。您给了孩子浓浓的爱，孩子回报给您的也是真诚的爱，所以您当之无愧是孩子心目中最完美的帅哥，并且永远充满魅力！

2 楼：老师，看了您的博客，眼泪在我眼眶里打转，有对孩子的牵挂，更多的是对您的感谢，在您的爱心呵护和严格要求下，孩子一定会健康成长的。

3 楼：看了您的文章，一样的只有感动！您是孩子心中的偶像，您的一言一行时时都在影响着孩子们的成长。连我这最粗心的儿子居然都给我说了句："妈妈，老师对我们太好了，也太辛苦了，我想送他一束花。"我感动了，这也是感动于您对孩子的关心爱抚，感动于孩子在您那里的进步。

【案例反思】

在这个案例中，我在反思情感流淌背后对学生核心素养的培养方向及教育原理：一是爱的教育。老师周末特意来寝室陪伴留校住读的孩子，这是老师爱学生的真切表现；孩子们一看见此时意外出现在他们生活中的老师，惊喜化为行动和语言，这是学生爱的真情流露。二是感恩教育。孩子们看似拿"糖衣炮弹"在轰炸老师，但其实质是老师教会了孩子们感恩——孩子们岂能不知道此时的班主任应休息了？他们见到此时来看望他们的老师，岂能不感动、不感恩？且感恩不是口号，而是化作一个个真实的行动和一句句贴心的话语，由此可以看出老师平时的感恩教育是非常成功的。

再结合精善教育来看这个案例。精善教育中“起点至诚”要求师生全身心投入和相互关怀，我认为这就是“用心工作、爱心育人、真心服务”的教育思想在管理中的具体体现。这个案例就充分体现了这个教育思想。首先我们应看到，周末了，老师放弃休息，来到留宿学生的寝室，其“用心之诚”不用多说；同时，这篇博文里流露出的“爱心”也让人感动——“老师爱学生、学生爱老师”溢于言表；当然，文章里师生间的“真心”以及家长对老师的“真心”都是让人感动的源泉。这也是践行了陶行知先生“捧着一颗心来，不带半根草去”的爱的教育理念。

由这个案例，我们明白了“师生全身心投入和相互关怀”的理念，让我们造就了一支师德高尚、充满活力的教师队伍，拥有了一批品行端正、富于爱心的学生，拥有了高品位的学校文化氛围，促进了学校创造性地实施素质教育，促进了学生、教师和学校的共同发展。

二、过程至精

要将繁杂的班务工作落到实处，首先必须精选内容，不能要求学生面面俱到，而应该给学生提出“跳一跳、摘得到，试一试、做得到”的目标；其次要用精彩的形式，化枯燥的“班主任说教”为丰富多彩、符合孩子心理特征的方式；最后就是要用精致的行为加以落实。只有这样的班级管理，才是真正从关注学生核心素养的角度出发，对孩子的一生成长起到了关键性的作用。

下面是我基于以上思考后所做的新生入学一日常规管理。

开学第一天（日记）

又是一个艳阳天。我喜欢在这样的天气开始新学期的工作。

整个上午，我在兴奋而又忙碌中迎来了新同学、送走了新家长。

11点，我开始了和学生第一次面对面的交流：“孩子们，俗话说关上门、一家人，从老师刚才轻轻关上门的那一刻起，我们这个新的家庭就已经成立了。从现在开始，我就是这个大家庭的家长，你们的任何问题，我都负责给你们解决，你们对我有信心吗？”你们整齐而响亮的回答让我倍感亲切。

孩子们，你们以为接下来我会给你们讲《中学生守则》《中学生日常行为规范》和《学校管理常规》吗？不，我只是要教会你们马上要做的几件事：①如何排队就餐；②如何清洗餐具；③如何回寝室整理内务；④何时上床午休。

下午，我们成立了临时班委。老师的原则是“人人有事做、事事有人管”，所以，有一些“官衔”是你们熟悉的，比如班长、学习委员、生活委员等，但是有一些你们以前没听说过的“官衔”也冒出来了：空调委员、电扇委员、关门委员、关窗委员、排队委员、餐具委员……虽然你们刚开始在笑，却在老师的引导下将这些大大小小的“官帽”全抢走了。这一“抢”，我便明白了，我们班上的基本管理规范形成了。

第一次上晚自习，我们做的是一个有趣的游戏——说“名”解“字”。我让你们将自己名字的内涵用或形象、或幽默的方式进行“解读”。其实，你们知道吗？老师这是让你们在轻松的氛围中进行自我介绍，迅速完成了初步了解。

室长们，我教给你们的那些小招数今天很管用吧？我看见你们一回到寝室就分别召开了寝室会议，将寝室内务要求学习了，将寝室公约制定出来了，将寝室清洁轮次安排好了，还将如何合理使用卫生间、水龙头和淋浴器的分配都做好了。

晚上，我查完寝室以后，做的最后一件事是：将你们这一天全部活动的照片传到QQ空间，让你们的家长了解你们一天的生活，也让他们看看你们有条不紊、快乐的初中生活的开始。

【案例反思】

这是一群刚踏入中学大门、第一次离家住读的孩子，我不想让他们一进校就被各种规章制度吓住，也不想他们被陌生的住读生活拦住，但同时也不得不让他们了解我们“该做什么”“怎么做”的问题，因此，我首先从教孩子们学会生活自理入手，然后教给孩子们学会管理身边的一点点小事，之后再用“说名解字”的方法让孩子们在轻松的氛围里消除彼此间的陌生感，从而达到迅速形成集体凝聚力的目的。同时，我还不忘另一个关注度特别高、凝聚力特别强的群体：家长群体，所以我用“分享照片”的方式初步建立了他们对我的信任感。

这一天的工作，最大的特色就在于：将“有意”的制度教育化为似是“无意”的日常活动中。

在这个案例中，老师对于住读新生第一天的教育，注重循序渐进、深入浅出、生动有趣、以人为本的原则：教师由生活细节（如排队就餐、清洗餐具、午休等）入手，消除了学生对住读生活的陌生感，做到了“循序渐进”；然后表面是在“竞选班干部”，其实质是在将老师的管理制度细化落实，避免了《规则》学习的枯燥性，做到了“深入浅出”；上晚自习的时候，老师巧妙地将僵化的“自我介绍”转化成妙趣横生的“说名解字”活动，让学生在欢乐的氛围中消除了陌生感，做到了“生动有趣”；“教给室长几个妙招”，其实质是在落实寝室管理，做到了“以人为本”。

由这个案例，我们明白了：精善教育要做到内容精选、形式精彩、行为精致，其实质就是要落实管理责任，变一人操心为大家操心，变一人管理为大家管理，将管理责任具体化、明确化，要求每个人的工作都要到位，对工作负责，对岗位负责。人人有事做，事事有人做。人人都管理，处处有管理，事事见管理，从而全面提升学生的核心素养。

三、结果至善

班级管理归根结底是对人的管理。而对于初中学生而言，要让他们尽量不受环境因素的影响、专注于自己的理想，在实际操作中是很难的。因为这不仅需要教师具有敏锐的观察力，还需要教师具有一定的亲和力，更需要教师具备心理学功底。但是，如果班主任不能达到这样的高度，就无法实现对学生的全面培养，也无法实现对学生核心素养的提升。

下面就是我对学生进行心理疏导后学生写的一则回忆录。

学生回忆录

初三下期，我接连两次失去年级第一，甚至在二诊考试中跌落到二十几名，语文仅 111 分。那段时间的失败虽不至于以惨痛形容，但也是我初中三年的低谷，自信心备受打击，曾经势如破竹的状态无影无踪了，取而代之的是窒息般的压力。

我的班主任老师及时地约我一起在操场散步、谈心，他说："暂时的失败的的确确是人生的一笔财富""一个人需要崇高远大理想的指引"。

当我懂得该如何直面失败以后，老师才陪着我找原因、想办法。在老师的帮助下，我才知道，原来，我是压力过大。他给我做了一个形象的比喻：在比赛中，是绑着沙袋的人跑得快还是解下沙袋的人跑得快？瞬间，我明白了，我该放下"得失心"这个沉重的包袱，轻松上阵！

这期间，老师一直像一个大哥哥一样听我倾诉，并对我耐心地疏导。我终于找回了真正的自己、轻松的自己，在中考前顺利调整到最佳状态。

【案例反思】

精善教育中"结果至善"就是要求教育效果达到最佳状态。我理解为应倡导"虚事实做、实事细做、细事勤做"的做事原则。通过这份"学生回忆录"，我们能窥见教师是如何将"实做、细做、勤做"落到实处的。考前焦虑、考前紧张、考前不自信等心理现象在学生中普遍存在，这些看似很"虚"的心理现象，老师通过散步、谈心等方式将其做"实"了；又通过大哥哥似的倾听、疏导将"实事细做"；还通过反复交流——为一个学生就花了两周的时间将"细事勤做"，最后达到教育教学的最佳状态。

陶行知说："在教师手里操着幼年人的命运，便操着民族和人类的命运"，这个案例中，老师利用精善教育的原则，提升了学生的核心素养——心理素质，改变了一个学生的命运，也是在对民族和人类负责。

总之，在教育改革扎实推进的今天，在精善教育的实施过程中，我们在尝试着努力提升学生的核心素养。落实到班级管理上，我认为，只要把每件容易的小事认认真真抓好，把每个不起眼的细节扎扎实实抓严，把人人都可能想到的事情做实，做得富有成效，把那些一般人不在意的地方做得叫人感动，把那些枯燥无味的事做得有滋有味，那么，学生的核心素养就会得到全面提升。

浅谈班主任如何对待青春期孩子的逆反

苏功财

摘要：班主任是一个班级的教育者和组织者，关心和爱护学生，体察每一个学生的心理状态，帮助他们解决实际困难，培养健康的心理素质，是班主任义不容辞的责任。而处于青春期的学生在心理和生理方面正逐渐成熟，有自己的独立见解，并渴望得到大人的尊重和认可。但又由于自身知识和经验的限制，看待事物往往缺乏足够的认识，在强烈自尊心和周围环境的作用下，容易产生逆反心理。因此解决学生的逆反心理问题，使师生感情更加融洽，建立和谐的班集体，让每个学生健康成长，就成为每个班主任工作中的重要环节。

关键词：逆反心理　关注　鼓励

从小学进入中学对孩子来说是一次飞跃。他们认为自己已不是小孩而是大人了，独立活动的愿望变得越来越强烈，他们一方面想摆脱父母、老师，自己做主；另一方面又必须依赖学校和家庭。这个时期的孩子，缺乏生活经验，不完全恰当地理解自尊，强烈要求别人把他们看作成人。如果这时老师和家长还把他们当小孩来看待，无微不至地“关怀”，啰唆地“叮咛”，他就会厌烦，觉得伤害了其自尊心，就会产生反抗的心理，进而萌发对立的情绪。如今，许多家长常抱怨孩子越来越不听话了，整天不想回家，不愿与家长说心里话、交换想法，做事比较任性。孩子却说，父母一天到晚唠唠叨叨，烦死人了！规定这不许，那不准，真讨厌！显然，家长和子女在“对着干”。

此时，如果父母不了解子女的这种心理、生理变化，一味简单、生硬地管教，就会迫使子女产生反抗情绪和行为。

因此，作为班主任，我们一定要正确认识逆反现象，正确看待逆反，正确引导学生，让学生尽早走出逆反，拥抱美丽的青春。

一、什么是逆反

逆反心理，又称逆向心理或对抗心理，是指人们彼此之间为了维护自尊，而对对方采取相反态度和言行的一种心理现象。

自尊，罗杰夫称之为积极的自我关注，是我们对自身价值的评价，也是马斯洛需求层次的重要内容。

处在青春期的学生，生理和心理正逐渐成熟，他们对自身价值有了新的认识，渴望得到别人，特别是大人的认可，产生强烈的自尊意识，不再像以前那样听话，对生活有了自己的见解，有了自己的秘密，通常称这个时期为学生的心理断乳期，这个时期也正是学生容易产生逆反心理现象的时期。例如，在学习上，上课发言少了，作业很潦草，有的学生甚至早恋、沉迷网吧等。总之，家长和老师要求做的事不愿意做，不让做的事却偏偏做，凡事我行我素，追求个性，这些都是学生逆反心理的表现，也是班主任做好班级管理工作必须面对和解决的问题。

二、青春期逆反心理的表现及特点

少男少女青春期逆反心理的表现是多种多样的，主要表现在以下几个方面：对学校管理制度约束的逆反；对班主任教育管理的逆反；对班级管理规定和对班级多数人的排斥；对学科教师的逆反；对家长短时期教育行为的逆反；对成绩优秀者产生无以名状的逆反妒忌……比如，有的教师在课堂讲课时谈起某种现象，他们马上会反击你还没做到怎么能要求我做到；有的家长管教孩子学习，孩子却说你是哪个学校毕业的啊？你还没有我学得好呢；有的学生成绩不好，他却认为身后还有比自己差的呢；有的对理想、确立目标及政治教育不感兴趣，一听就反感；还有当前社会父母离异后再婚，孩子反叛心理就更加严重，难以说教。如此，等等。

纵观青春期的逆反表现，可以看出逆反心理有如下几个特点。

1．盲从性：所有事情，不管是否正确，都盲目跟从或抵制，或反其道而行之；凡事，无论是可行的还是不可行的，只要我想干，就干，随心所欲，不考虑后果。由于感情用事多，理性分析、思考少，理智被感情支配，所以，有逆反心理的人常常表现出很大的盲从性。

2．抵触性：即任何逆反心理，都与社会某些行为规范、道德要求，具有一定程度的不相容性。

3．放纵性：由于盲目跟从，不知该做什么与不该做什么，具有逆反心理的人往往听不进别人的忠告、劝阻、批评，我行我素。

4．从众性：看到人家那样做，他也跟着去做。如人家有 MP3，他也要 MP3，甚至是有了这些后还不够，还想拥有 MP4 或更好的，用不用是另外一回事。这一从众性逆反心理在独生子女中表现尤为突出。

5．极端性：逆反心理在很大程度上也是一种极端性的表露。你让我这么干，我偏那样干，干吗非听你的？就是不听能怎么样？不撞到“头破血流”是绝不回头的，如有些父母离异后再婚中的家庭矛盾多数是因为孩子的叛逆造成的。

从上面分析可以看出，逆反心理是一种不健康的反常心理。如果不加消除而任其发展，就会导致种种逆反行为，带来很大的危害性。

三、如何正确看待孩子的“逆反心理”

逆反是孩子走向成熟的一个标志，出现逆反情况并不奇怪。

在孩子的发展过程中，会出现两个反抗期。第一反抗期是孩子三四岁的时候，第二反抗期是孩子的初中阶段。但两个反抗期有不同的特点：孩子在第一反抗期，主要是为了争取自我主张，获得活动自由，如“让我自己穿衣服”“让我自己走路”等。孩子在第二反抗期的独立自主要求则是全面性的，是孩子生理发育和心理发展剧烈变化的时期，孩子的独立意识和成人意识开始觉醒，强烈渴望摆脱家长的束缚，按照自己的意图和想法独立行事。

具体地说，孩子的第二反抗期有以下几个主要特点：

一是对现有社会地位的欲求不满。由于孩子“成人感”的形成，他们要求具有和大人相当的社会地位和决策权利，反抗在家里的从属地位，更反对家长权威式的干涉。

二是与大人在观念上的碰撞。初中孩子开始对自然世界、社会生活、人际交往等问题进行思考，并且形成了一些自己的看法。由于他们受思维发展水平的局限，其观念具有幼稚性，表现出主观、偏激、绝对性。他们不理解为什么大人的想法与他们格格不入，更反对家长强加给他们的观念。

三是不能自控的情绪波动。由于孩子生理加速发展而造成的对身心发展现状的不适应和不平衡，他们在缺乏准备的条件下，面对许多矛盾和困惑，这些不断出现的“麻烦”，常常让他处在焦虑的情绪中，遇到不满和不平之事，容易出现突发式的情绪失控。

如果家长依然像教育小学生那样，事事干涉，必然引起孩子的不满。倘若家长用高压手段，会引起孩子更大的不满和反抗。因此，教育第二反抗期的孩子，简单、粗暴的处理方式是行不通的。

四、坚持正面教育的原则

1. 坚持正面教育的原则，走出教育误区。青春期“逆反心理”的表现有一定的阶段性和特殊性。青春期孩子的生活经验少，辨别是非的能力较差，在生活和学习中难免会出现这样那样的状况。或许他努力去做了，而没做好；或许他根本不知道某些行为是不对的；又或许他只是为了吸引老师的目光……许多孩子的“逆反行为”就是如此，他在某些方面没达到成人的要求时，作为教师应给予纠正和帮助。同时，应利用各种合适的教学方法和手段加强对其行为方面进行引导。日常生活中，教师要关注每一位孩子，及时和孩子沟通，跟孩子讲道理，让孩子知道什么是对的，当孩子明白道理的时候，及时肯定和表扬他们，使孩子能得到一些满足，不断强化良好行为，有效干预和阻止不良行为的发生。

2. 坚持正面教育的原则，不给逆反孩子贴上“坏孩子”的标签。每个班级都有一些调皮的孩子，这类孩子自己的想法特别多，随着年龄的增长，对于成人的许多建议开始忽视，甚至，会有意跟你对着干，因此经常遭到批评，或被人揭露他的短处。无形之中，他就被贴上了“坏孩子”的标签。往后，班级里如果发生什么“坏事情”，大家首先想到的就是他，批评他，指责他。而这种不了解实际情况就粗暴解决问题的态度，更加使这类孩子产生反抗的心理。因此，在批评孩子时，要对事不对人，特别不能夸大、对孩子进行人身攻击、算旧账，否则会使其失去信心，破罐破摔，导致其“逆反心理”有增无减。

3．坚持正面教育的原则，及时地发现孩子的优点。即使孩子有“逆反心理”，但在某些方面，一定有他的闪光点。作为教师，要拥有一双发现美的眼睛，以激励其自尊心和自信心。如经常有“逆反行为”的A同学，他很爱动脑筋，上课回答问题积极，我就从这一点长处开始挖掘，及时表扬鼓励他，使他对自身的评价有所改变，进而改变自己的行为。其实“逆反”孩子存在许多积极的心理品质，其中自我意识强、好奇、爱动脑筋等都是“逆反”孩子具有的特质。从中可以发现在孩子身上的闪光点，发现“逆反”中的“不逆反”，并及时地对此加以关注和肯定，由此引导孩子逐渐走出“逆反”的轨道。

五、换位思考，给予孩子更多的关注和鼓励

1．换位思考，及时关注孩子的需求。有许多孩子“逆反心理”的产生是因为他们的需求不能得到满足，或者是没有得到教师的足够关注，所以他们利用“逆反行为”来引起老师的关注，获得老师的爱。换位思考，假如我是学生，此时我会怎样……或许，我们就更能明白孩子们的想法，理解孩子们的做法，知道孩子们的真正需求是什么。

2．换位思考，充分合理地给予师爱和鼓励。对待“逆反”，学会换位思考，假如是我的孩子我会怎样……学会冷静、宽容地对待孩子的“逆反行为”，让他感受到教师的关爱，而不是大声呵斥，这种温柔的方法往往会比强硬手段更有效，同时也为孩子营造一个尊重、民主、宽容的氛围，使孩子体会到潜藏在教师内心深处的爱、信任和尊重，有助于孩子积极的自我价值的增长。另外，当孩子有了一定的进步时，必须及时给以表扬和鼓励。及时肯定孩子的恰当行为，就给予了孩子一定的信心，使其知道什么是应坚持的，什么是不应坚持的，有利于良好行为的巩固。

总之，逆反心理在正处于心理断乳期的学生中表现比较明显，也是学生心理和生理逐渐成熟的体现，所以说存在较轻的逆反心理也是正常的。因而，作为班级组织者的班主任，更应耐心地采取适当的方式引导好学生，尊重学生，理解学生，尤其是逆反心理表现相对严重的学生，应重点疏导教育，让每个学生得以健康成长，这也是班主任的职责。

参考文献

[1] 克里斯托弗·彼得森. 积极心理学[M]. 徐红，译. 北京：群言出版社，2010.

[2] 大塚隆司. 换种方式说，青春期孩子才肯听[M]. 郭勇，译. 合肥：安徽人民出版社，2014.

中职学校班主任工作探析

杨丽娟

摘要：教育是无痕的艺术，班主任应以用心但不留痕的教育艺术进行班级管理。班主任工作的成功开展是一门艺术。众所周知，班主任是学生班集体的领导者和组织者，也是素质教育的主要实施者，既是联系各科教师及学生之间的纽带，又是沟通学校、家庭和社会教育的桥梁。作为素质教育的一种重要形式的职业教育，客观上要求教师必须理论联系实际，务实高效地开展班主任工作，为社会主义和谐社会的建设，造就大批合格的中等专业技术人才。如何发展成为一名优秀的中职班主任呢？本人试作如下粗浅的探讨，寻求中职班主任工作成功之路。

关键词：中职学校　班主任

班主任可分为三种类型：第一种，班主任在，学生能做好，此乃基本合格的班主任；第二种，班主任在，学生仍不能做好，这则是失败的班主任；第三种，班主任不在，学生能做好，这就是优秀的班主任。

作为班主任老师，工作努力的方向必定是第三种。那么如何在中职学校中将班主任工作开展得有声有色，本人通过实践经验提出拙见如下。

一、谨记“身正为范”，发挥表率作用

我国有句古语“身教重于言教”。有经验的老师也常说：“有什么样的班主任就有什么样的学生。”教师正确美好的行为会给学生以潜移默化的影响，这就是发挥了表率的作用。

做一个成功的班主任，对学生必须要具有说服力，要想有效地说服学生就得以身作则。众人云“怎样的班主任带出怎样的学生”，班主任的一言一行将直接影响学生的性格和习惯的养成，因此，作为一名班主任，自己的言谈举止、衣着服饰、个人修养、行为习惯、性格爱好等都应格外注意，这些因素都将潜移默化地影响学生，甚至有部分学生喜欢刻意效法模仿和学习。

二、优化班级管理，将各种规范制度化，加强对学生行为习惯的培养，注重学生自觉性的养成，强化学生的自主管理意识

优秀班主任的标准是“即使班主任不在场，学生仍能做好”。这并不是说班主任对学生不闻不问，真正偷懒，而是通过长时间的引导教育，培养学生的自觉性，达到上

述效果。

作为中职学校的班主任，应根据《学生守则》，并结合中职学生的特点，研究制订学生在校期间班级管理的常规要求，用以规范学生的言行举止。使学生知道什么该做，什么不该做；哪些是与整个集体要求一致的，哪些是不一致的，人人心中有数。在整个要求的实施过程中，不断地结合班级出现的新情况进行必要的修改与调整，使这些要求更好地服务于班级建设。

强调优化班级管理，必须正确培养和使用班干部，这也是班主任搞好班级管理的关键。对班干部应“大胆放手，小心扶植”。班干部能不能成为班主任的得力助手，能否出色完成本职工作，关键在于班主任对他们的正确培养和使用。让班干部充分发挥主观能动性，学生自己管理自己，但也不能放任自流，不能因其班干部的地位而放松要求。班主任要做班干部的坚强后盾。班主任要积极调动全班同学支持和配合班干部的工作，这是培养优秀班干部的最佳途径。此外，还应教会学生自治，使每个学生都是管理者，并都自觉接受管理。

三、带着一颗真诚的心，用爱感化学生，注重情感交流

在教育学生的过程中，应坚持“以德服人，以爱育人，以情感人”，不能体罚、变相体罚、辱骂学生。在学习上严格要求学生的同时，在生活方面应多给予学生关爱帮助。

自己在近些年的工作中调查发现：近三成中职学生家长离异，其中还有半数的父母单方或双方重组家庭，造成学生亲情氛围缺失；近四成中职学生父母外出打工，形成留守家庭；近半数学生家长文化水平低（初中以下），学生未能接受良好的家庭教育。因此，班主任在对中职学生的教育过程中应带着一颗真挚的心，用心关爱学生，弥补家庭教育的缺失。班主任不妨尝试如挚友般和学生展开情感交流，要采用换位思考法设身处地为学生着想，从朋友的角度引导教育学生。特别是对学习和表现较弱的后进生，应给予更多的关爱，为其转化奠定情感基础。

四、在中职学校中，班主任工作格外需要讲求方法

中职学生不但拥有同龄普高、联招学生的特点，又正处于青春期，具有思想叛逆、性格冲动、服从意识差、厌恶说教的特点，而且具有家庭环境恶劣、家庭经济状况较差、父母关心少、家庭教育缺失、不被老师和学校重视、鲜有受到赞美、行为习惯差、做事极端不顾后果、社会习气重等各种不同的个性特点。因此，班主任在教育时切忌简单粗暴，草草了事，应针对不同性格个性的学生采取不同的教育方法，要付出更多的耐心和爱心，沉下心来，多倾听学生的心声，帮助学生分析问题所在和解决问题的方法，使学生心甘情愿地接受。

五、中职学校班主任工作要结合班级专业特色，有重点、有方向地制定班级管理目标，有的放矢地培养学生

在开展班主任工作时，应结合学生所在年级来确定德育工作重心、学生培养方向，制定班级总体目标。

如果是中职初始年级班主任，不妨将“养成教育、行为习惯教育”放在德育工作首位。在培养学生的方向上，不妨以素质教育提升学生的核心素养，通过针对性地开展符合中职学生年龄特征且有意义的德育活动，培养学生的参与意识，使其尽快融入新集体、新班级。班级目标是以班级为单位或鼓励学生代表班级积极参加各种德育活动，并在竞赛评比中取得优异成绩，为班级增光添彩，从而培养学生的集体荣辱观，强化团队意识。潜移默化地引导学生树立适应终身发展和社会发展所需要的必备品格，并将对学生的人格和道德品行教育点滴渗透其中。

如果是中职二年级班主任，德育工作的重心将转移到锻炼学生工作能力和培养学生的责任意识方面。在培养学生的方向上，应在班主任的宏观指导下，放手让学生干部自主管理班级，学生自己监督管理自己，并学会反思与评价。班级目标是继续强化班级凝聚力，同时要让学生发展其个性，以性格和技能特长为职业规划发展方向作铺垫。

如果是中职就业部班主任，德育应以职业指导和职业规划教育为重。注重锻炼学生的社会实践能力，培养学生吃苦耐劳精神。班级目标是成功就业、理想就业。

如果是中职升学班班主任，德育工作的重点是树目标意识，树良好的学风，为冲击高考创造良好的环境氛围。对学生的培养无疑要以升学为重，当然也不能忽视学生的心理健康，特别关注进步显著学生。班级目标就是冲刺高考，考取优异成绩，考上理想大学。

六、应结合专业特色展开班级管理和组织特色活动

笔者一直承担的是中职学校财经专业班级的班主任，针对财经专业的班主任工作，除了可参考上述事项外，还应注意培养学生的专业学习氛围。可以结合学生的专业特色组织开展系列活动。

（1）结合《中华人民共和国公司法》组建班委和管理班级。将班级假设为一个公司，根据有限责任公司的组织机构设计班委职位，比如股东、董事长、董事、总经理、各部门经理、监事等，采取应聘、竞选、推荐相结合的方式选任班委。结合公司管理制度制定班规班纪、操行分加减评比细则，在具体实施过程、操作管理流程方面也可参照《中华人民共和国公司法》进行。这样既可以培养学生对专业的学习兴趣，降低专业理论课的学习难度，又可以增强学生的参与意识，共同管理班级。

（2）组织专业技能培训，并举办专业技能竞赛，如点钞与验钞、会计实务、传票

翻打、会计电算化、品牌制作与策划、优秀广告鉴赏与评析等。

（3）组织设计具有专业特色的课余活动和主题班会，如中职学生学理财——生活费的收支管理，如何为班费开支做账，专业术语智力竞猜，品牌创意与设计，财经专业的就业探讨等。

（4）制作具有专业特色的手抄报和展板。

（5）教室设计布置应体现出专业特性，如开办专业特色栏，选任班级物资管理员，班费收支记账张榜公布，可回收物资收集处等。

上述介绍的内容，仅为自己的一点工作心得。实际上，在班主任工作具体开展过程中，还会遇到诸多困难，面对各种突发情况，在各种挑战面前，只要充满耐心、关心、爱心、信心、责任心，多投入一点、多付出一点，必能取得良好的班级管理效果，成为一名优秀的中职班主任。

班主任教育个案
——两百块拼图的故事

杨丽娟

摘要：针对职业高中的生源现状，根据学生的身心发展特点，在对后进生的教育过程中，教师应大胆运用赏识教育，真诚地关爱学生，鼓励学生树立自信，发扬“闪光点”，充分挖掘学生潜能，与学生建立民主、平等、和谐的师生关系，运用师生之间友谊的桥梁，引导学生走向成功。

关键词：后进生　闪光点　赏识教育

每当看见家中墙上挂着的那幅由两百个小块组成的拼图，我就会倍感欣慰，不禁会联想到那个胖乎乎的男生——李瑞。

他是我教的上一届住读学生之一。该生在初中阶段表现不太好：逃学、打架、上网打游戏，完全无心学习，学习基础十分差。高中的入学测试中，英语和数学都只考了一位数。他算得上是个十足的差生。

记得那段时间，班上的学生正忙于准备教室美化大赛，学生们纷纷出谋划策，动手动脑。许多学生为了不耽误上课和学习的时间，就抽出午休和下午放学后的空闲时间进行教室设计、布置。唯有李瑞，毫不在意，一点儿也未将此事放在心上，竟趁午休时间溜出校去了。

我校对住读生管理十分严格，实行的是封闭式管理：从周一到周五是不允许住读生擅自离开学校的。看着大部分学生十分关心班级事务，为了把教室布置设计得更精美，舍弃自己的休息时间，李瑞却偷溜出校，无视校规校纪。顿时，我气愤不已。于是，当他下午回到学校时，我就立即将他叫到了办公室。

我认为，像他这种类型的学生，肯定不会轻易承认，只会为了自己辩护、编借口或是找理由。我做好了充分的心理准备：打算就此问题大力批判他一番，让他写上近千字的检查，并做出深刻的认识。于是，我气势汹汹地问他：“李瑞，中午为何没回寝室午休，也不在教室，跑到哪里去了？”出乎我意料的是，他轻声回答道：“我……悄悄溜出校去了。”他非常直接的回答竟令我无从说起。沉默了一阵之后，我正准备询问他理由时，他先我一步开口道：“杨老师，其实，我知道擅自出校不对。主要是，我看见很多同学都在忙着布置教室，可我什么忙也帮不上。正好碰见一个其他班的同学，我们初中就认识，所以，我俩就商量着溜出校到网吧去打了会儿游戏。”他的坦率和诚实让我着实吃了一惊。以前，在处理类似事件时，学生总会想方设法为自己开脱、狡辩、找理由，更何况是这个数学、英语只能考一位数且初中记录不良的学生呢。

惊讶之余，我一改质问和批评的语气，取而代之的是面带微笑地对他说：“很好，从现在起，我决定和你做朋友。”李瑞显得很吃惊，为我的话疑惑不解。我立即解释道：“虽然今天你犯了错误，但是你能很诚实地告诉老师，我真的很开心。”同时，我伸出了右手，主动和他握手。他的表情意外中略带几分惭愧，低沉地说：“对不起，杨老师。我本来以为你会骂我，可是……”他的话语有些哽咽了，见状，我鼓励道：“没关系，大胆说！只要你能认识到自己的错误，老师可以谅解你。”这时，他慢吞吞地低语：“我喜欢打网络游戏，从初中开始……就一直如此。自从上了高中，学校管得严，又出不去，我就打得少了。但是，今天……老毛病又犯了。”他低下了头。我不慌不忙地给他讲起了道理：“我不会一味地阻止你打网络游戏。每个人都有自己的爱好，打网络游戏也并非一定就是坏事啊。”他略抬了抬头，用很奇异的目光看着我。“是啊！网络游戏也需要人来开发，如若连打游戏都不会，又怎么可能成功地设计开发出相关的软件呢？……说实话，虽然我是你老师，可是在这方面，却明显逊色于你。……对了，你有没有想过自己设计开发游戏软件？”他疑惑地问：“当然想！可是，我行吗？”

从他的回答中，我得知他对自己的未来还是有着一定的憧憬，但是缺乏自信心。于是，我告诉他：“以你现在的知识水平，当然不行。可是，只要你打牢基础，努力学习，勇于尝试，那又怎么不可能呢？要相信自己！虽然以前的成绩不理想，记录也不太好，但这毕竟是‘以前’啊！它是不会影响你以后发展的。关键是从现在起，从这一刻开始，你是否在努力，是否在改进，是否在朝自己的目标迈进！”

交谈中，我发现该生的三个特点：第一，他喜欢玩计算机网络游戏；第二，他是个诚实、率直的人；第三，他欠缺自信心。

分析了学生的特点，对于该生，我采取了如下的教育措施：

第一，打网络游戏对于未成年人并非宜事，但就李瑞的特点，我不会采取正面反对，取而代之的是正确引导。

第二，在全班表扬了他敢于主动承认错误的行为，表扬他是个诚实的学生，并以他为例对全班学生进行了诚信教育。

第三，对他的教育方式以鼓励为主进行正面引导，批评更多的是以建议的形式提出，通过仔细观察，发掘他的闪光点和进步之处，多多表扬他，帮助他树立自信心。

从那以后，李瑞变了：按时上课，没有迟到、没有旷课，再也没有溜出学校，再没涉及打架等违纪事件。甚至还有好几位科任老师都表扬他有了一点点进步，开始努力了，按时独立完成各科作业，即使有不会做的题，也绝不会抄袭他人。

当得知以前连二十六个英文字母都认不全的李瑞，在英语听写中竟写对了三个单词时，我也禁不住开心。正巧，那天是我的生日，于是，我在读报课上，告诉全班学生："同学们，杨老师很开心。今天，我收到了一份很独特、很有意义的生日礼物。大家猜猜是谁送的？"正当学生们用诧异的目光四处寻觅时，我指向了李瑞。学生们的目光齐刷刷地转向了李瑞，连他自己也十分诧异。就这样，我又一次在54名学生面前表扬了他的进步和变化，并以他为例，鼓励其他学生争取进步。顿时，教室中响起了雷鸣般的掌声。一会儿过后，掌声转变为歌声，"Happy birthday to you……"

第二年的这一天，我又收到了一份生日礼物——一幅拼图。大致数了数，一共由200块拼成。我正纳闷着打开了手中的小卡片，眼睛模糊了：

杨老师（朋友）:

生日快乐！

感谢您的鼓励，是它带给了我自信和学习的动力。每当有老师表扬我时，我就在日记本上画一个小钩。算了算，现在有近两百个了。所以，我拼了这幅由两百块组成的拼图送给你。

谢谢您！老师。

您的学生：李瑞

至今，这幅拼图仍挂在我家的墙上。它将一直鼓励着我的教育教学工作，鞭策着我继续走好人生之路。

个案评析

对李瑞同学的教育工作，属于后进生的转化工作。本人首先仔细研究了后进生所具有的共同特点：缺乏自信心、自控能力差、缺乏老师的信任与关怀，渴望老师的关爱与赞扬，再结合李瑞的个性特征，抓住有利时机，采用适当的教育方法，把握工作技巧，取得了较为成功的效果。

针对后进生的转化，本人总结下列意见，仅供参考：

对后进生的教育工作要充满诚心、爱心和耐心，循循善诱，切忌"挖苦""讽刺"和"嘲笑"，可以采取赏识教育法。

所谓赏识，就是对学生好的所作所为予以肯定、表扬，从而激发学生的自信心，挖掘学生的个性潜能，调动学生的内驱力，使学生的身心在愉悦的环境下健康成长。赏识的方式多种多样，可以是赞扬、鼓励的语言，也可以是爱抚、友善的动作，甚至可以是欣赏、赞许的目光。

赏识的本质是教师要摒弃偏见，以学生为本，真诚地与后进生建立朋友关系，使师生之间的感情得到沟通和融洽，使师生之间建立民主、平等、和谐的师生关系，通过师生之间友谊的桥梁来带动学生的进步。

赏识教育的关键是善于发现后进生身上的“闪光点”，教师不妨用沙里淘金的精神，从日常点滴中去发掘后进生的长处，努力发掘学生的“闪光点”，珍惜学生的“闪光点”，及时地在集体中对其进行表扬鼓励，适时地给予肯定与赞美，让闪光点更亮，以带动其他方面的进步。充分运用品德评价法帮助学生树立自信心，激励学生突破自我，为学生形成质的飞跃作铺垫。

赏识教育的目的在于让后进生觉醒，让他们坚信自己是有能力的，是一定能成功的。

赏识教育的基础是教师要关爱学生，给予学生发自内心的真挚的爱。教师面对的是有思想、有感情、有意志、有灵魂的人，后进生更加渴望得到教师的关爱与呵护，学生只有感受到教师的善良和真诚的爱心，才乐于听从教师的教诲，才能使师生心灵相通，并朝着教师的期望目标发展，从而获得教育的成功。

内优外引　创实力团队

张园

2017 年 5 月，我们在大渡口区教委、进修校和学校领导的大力支持下，成立了重庆市商务中学高中部班主任工作室。自成立以来，我们紧密围绕我校“精善教育”理念，秉承“聚优秀之力，创实力团队，引专业成长”的宗旨，从“内优外引”上狠下功夫，努力打造一支业务精湛、团队协作的专业型、创新型班主任队伍。

“内优外引”，即优化工作室的构建条件，多方引入外部资源助推发展。

在优化工作室的构建条件方面：

第一，优化工作室成员结构。

工作室创立之初，我们从 3 个层次入手，精选出 21 位优秀班主任共建团队。①精选担任班主任工作 10 年以上，擅长班集体构建和解决各类问题的班主任。②精选高中各专业部优秀班级、开展班级管理有特色的班主任。③精选积极好学、勇于创新的年轻班主任。通过精选，我们工作室团队，既确保了班主任工作经验的有效传承，又发挥了优秀班主任的标杆示范作用，还利于激发年轻班主任的学习创新热情。

第二，优化组建“3+3”成长组。

苏联教育家马卡连柯曾说：哪里的教师没有结合成一个统一的整体，哪里也就不可能有统一的教育过程。我们把它思变为：成员没有结合成统一的整体，工作室也就不能形成统一的成长共同体。因此，我们在学校的支持下，组建了“3+3”成长组，包括由校长领衔的德育工作顾问组，由德育副校长领衔的德育工作指导组，由主持人领衔的日常工作管理组，分别由 3 位副主持人领衔的 3 个专业成长组。其中，每个专业成长组由“1+3+2”人员模式构成，即 1 位经验丰富的班主任+3 位优秀班级班主任+2 位年轻班主任。“3+3 成长组”模式，确保了我们工作室能紧密结合学校总体发展目标开展工作，3 个专业成长小组的整体发展，也能够拥有各自的特色，得到创新的实践。

第三，优化工作室的组织管理。

在学校的支持下，我们工作室成立之初，就拥有了独立的研学之地——包括专门的办公室、会议室，配备了计算机、理论书籍等，我们用心把它打造为工作、活动、交流的理想之地。为加快发展，我们工作室不断加强内部管理，两年来，我们制定了工作、学习、研讨等管理制度和成效评价办法，并根据实际情况不断调整和完善，使之更合理、更适用，以良好的制度不断推动我们工作室的发展。

在引入外部资源助推发展方面：

第一，借力外部平台。

2017 年 11 月，我们工作室加入了《德育报》组建的全国名班主任工作室联盟。2018 年 6 月，我们工作室加入大渡口区中小学班主任工作室联盟。加入这些有影响力的专业平台，我们能够向全区乃至全国的知名专家学育德之“道”，向各个班主任工作室学育德之“法”。

第二，借力外部智慧。

著名管理学家彼得·圣吉在《学习型组织》一书中断言，未来的学习一定是基于组织的学习，基于共同体的学习，在某一专业领域孤单的、个体式的掘进已经不适应信息时代的发展趋势。为此，我们工作室一方面加强组织学习，向教育教学论著学育德之“理”，同时积极参加各级交流活动，向优秀的专家学者和同行学育德之“效”。两年来，工作室已组织成员开展各级学习交流、研讨活动 67 次，涉及 414 人次。

第三，借力专业竞赛。

两年间，我们以专业指导组为单位，积极支持成员参加各级“育德”竞赛。一方面是向优秀的专家评委和参赛选手学育德之“法”；另一方面是通过“思”与“行”的结合，用实践来磨砺我们的育德之“路”。截至目前，工作室已有 6 名成员参加了班主任基本功大赛、主题班会比赛等竞赛，获得全国一等奖 3 个，市一等奖 2 个，区级奖 4 个。

在工作室不断发展的同时，我们也不断分享育德之“获”，承担了校内教育科研任务：《精善致用——美育在中职班级管理中的实践效果研究》。成功开展校内“育德”系列讲座 7 次，承担区、校级德育展示活动 4 次。两年来，工作室已有 7 名成员成长为学校德育骨干；9 位成员被评为区、校级优秀班主任、优秀教师。

在“内优外引”的发展思路下，工作室打造的平台已逐渐成型，我们会再接再厉，让这个平台拥有创新的、可持续发展的“生命”。

我爱你，我的祖国
——热烈庆祝中华人民共和国成立 70 周年校园活动后记

张园

今天，我们在校园里隆重举行了升国旗仪式，热烈庆祝中华人民共和国成立 70 周年。70 年前的 10 月 1 日，五星红旗在天安门广场冉冉升起，毛泽东主席庄严地向世界宣告：中华人民共和国成立了！中国人民站起来了。中华民族开始了新纪元。今天，在这里，我们要大声地说："我爱你，我的祖国！"

回望历史，卓越和伟大的中华民族，创造了五千多年的灿烂文明。曾经，中华民族有过开元盛世的唐朝，有过强盛无比、疆域辽阔的汉朝，更有灿烂美丽的唐、宋文化；但是，中华民族也有屈辱的近代历史，从鸦片战争到抗日战争结束，一百多年里，帝国主义列强曾经在华夏大地上横行霸道，为中国人民带来了无数血泪斑斑的苦难。

伴随着 70 年前的庄严宣告，70 年来，掌握了自己命运的中国人民，焕发出前所未有的创造活力，使昔日积贫积弱的旧中国成为欣欣向荣的新中国。70 年来，勤劳勇敢的中国人民，励精图治、奋发图强，用苍劲的大手，抒写了新中国灿烂的篇章。

70 个春秋，华夏大地神采飞扬，江山如画诗意酣畅。

70 个春秋，石油井架耸立在沙海大洋，贫油的国土挺起了钢铁的脊梁。

70 个春秋，一座座彩虹跨越黄河、长江，一条条铁路公路连通四方，雄伟的三峡大坝锁住了千里苍茫。

70 个春秋，北斗卫星遨游太空，嫦娥四号成功登月，天宫一号为祖国拓展了新的边疆。

70 个春秋，人民军队威武雄壮，战略导弹刺破了苍穹的宁静，辽宁号航母编队驰骋在大洋，歼 20 隐形战机在东海上空自由翱翔。

70 个春秋，中国人民自豪地指点江山，祖国豪迈地走向繁荣富强！

70 个春秋，中华民族正在实现着伟大复兴的希望！

同学们，你们茁壮成长的年代，正是我们伟大祖国蓬勃发展的年代。在你们不断长大的过程中，你们已经习惯了通过 4G 网络，用 QQ、微信和爸爸妈妈联系，使用淘宝、天猫购物，你们回家、出行，可以通过四通八达的高铁、高速公路，等等。殊不知，与父辈相比，你们使用的 4G 网络，其设备厂商已经由美国思科、瑞典爱立信，变成了中国的华为、中兴，使用的手机品牌，已经由芬兰诺基亚、美国摩托罗拉，变成了中国的华为、OPPO、VIVO 和小米，你们乘坐的高铁和大巴，制造商已经由日本川崎、德国西门子、韩国大宇，变成了中国的中车、金龙、宇通。这些改变，都是一代又一代的中国人民，用自己勤劳的双手、昂扬的斗志干出来的。

也许，你们不能感同身受，老师在1999年南联盟大使馆被炸时的愤慨，在“5·12”大地震时期的揪心，在观看2008年奥运会开幕式的欢呼雀跃，在2011年得知徐州号护卫舰千里驰骋、护卫三千国人归家时的自豪。但是，我们希望同学们记住，你们作为青少年一代，是祖国的希望。在不久的将来，你们将接过父辈的旗帜，成长为我们伟大祖国的建设者、中华民族伟大复兴的参与者。

教育家梁启超说：“少年智则国智，少年富则国富，少年强则国强，少年独立则国独立，少年自由则国自由，少年进步则国进步，少年胜于欧洲，则国胜于欧洲，少年雄于地球，则国雄于地球！”

雄关漫道真如铁，而今迈步从头越。我们希望同学们树立敢于拼搏、勇于争先的成长意识！树立为民族强盛而努力奋斗的伟大理想！以饱满的热情、昂扬的斗志，努力学习，努力奋斗，做一个有能力、可依靠，让父辈们信任的接班人！在未来将祖国建设得更加繁荣昌盛、国富民强。我们祝愿，那时的你们，感同身受，将不会再有愤慨、不会再有揪心，只有欢呼雀跃和由衷的自豪。同学们，努力、加油！

润物细无声，用爱暖学生

张皓菊

泰戈尔曾这样写道：“花的事业是甜蜜的，果的事业是珍贵的，让我干叶的事业吧，因为它总是谦逊地低垂着它的绿荫。”教师的事业虽不是轰轰烈烈，却一直润物细无声般滋润着每一个心灵。怀抱着对教育事业的无限憧憬，我在 2007 年踏上了富有挑战性的职业教育教书育人之路。从最初上讲台的生涩到现在的口若悬河，我想，这就是成长吧。每个人的成长除了自身的努力之外，更重要的就是寻找到一个适合自己、最能挖掘自己潜能、展示自己能力的工作环境。而在商务学校，有开明的领导班子，每个教职工都积极上进，努力地做好自己应做的事情，营造出商务所特有的和谐氛围。学校领导尤其关心青年教师的成长，尽一切可能为我们创造条件、搭建舞台，锻炼我们，培养我们，使我们可以在这样的环境中走好教学人生的每一步。

作为青年教师中的一员，我经历了头 3 年的“萝卜干饭”；经历了挥泪送走第一届毕业生；经历了班主任之初体验；经历了第一次参加教学大奖赛；经历了……

从经历每一个第一次到如今，再回头看看这九年自己的商务成长足迹，心中颇有感慨。

一、成功转型是站住三尺讲台的必修课

对于一名青年教师，踏上三尺讲台，首先面对的最大问题就是角色的转换，如何处理和学生之间的关系。要成为一名合格的教师，正确的角色转换可以帮助年轻的教师在教学过程中更好地把握与学生之间的距离，处理好与学生之间的关系。一位成功的教师应是让学生又敬畏又爱戴的，只有适当的距离和师严，才可以保证顺利地实施教学计划，取得良好的课堂效率。因此，一名青年教师首先要做的就是摆脱学生时代的稚气，显示出作为一名教师的自信和威严，这样既能取得成绩，又可以赢得学生的尊敬。而且作为青年教师，无论是在年龄、情感或是经历上，都和学生的差距最小。因此，在和他们的沟通和交流上是最容易、最贴近的。学生也常常愿意把他们在学习和生活上遇到的问题和困惑告诉我，我想这样的情感是建立在相互尊重和彼此信任的基础上的。如果能充分借助这样的情感，推动学生学习的积极性，将会受益匪浅。因此，作为一名青年教师，由于本身教学和处事经验的不足，在处理和学生的关系时，一定要注意把握一个度，要注意角色的转换。既要赢得学生的信任和喜爱，又要保持自己的威严和自信，只有这样才是出色的教师。

二、教学业务是站稳三尺讲台的必修课

青年教师的成长离不开方方面面的配合，其中最重要的还是青年教师自身的发展、自身的需求和自我的定位。学校有“三年规划”，作为青年教师，对于自身的发展也应有个计划。因此，作为青年教师，首先应夯实自己的业务功底，站稳三尺讲台。精湛的业务是教师的生命。老教师经常这样教导我们“踏踏实实，萝卜干饭啃三年”，其实这就是在叮嘱我们，要静下心来，耐住寂寞，搞教学，抓业务。虽然每一位青年教师都毕业于一流的大学，受过规范教育，有着系统的专业知识，但是这些对于实枪实弹的课堂教学而言，是远远不够的。青年教师最为缺乏的就是课堂教学的经验，尤其是对重点、难点、习题的难易把握不准，上课容易就事论事，不能站在整个课程体系的高度进行课堂教学。因此，我们要从最基本的学起、做起，进行充分的课前准备、课堂教学实践以及课后反思。除此以外，作为青年教师，还必须学会“虚心求教，不耻下问”。在我们的周围有很多教学经验丰富的老师，向他们求教，将使我们受益匪浅，事半功倍。

但现代社会对于教师的成长要求已不再仅仅只是上好本职课，“研究型”成为许多教师在专业发展道路上的一个取向，作为一名青年教师，在教学经验、教学手法上远远不足，但我们也有自己的优势，如有活力，有冲劲，有创造力，“初生牛犊不怕虎”。所以，在开始这份事业之初，我们就要以先进的理论来指导工作，培养自己的“科研”意识。在课余时间我对自己的公开课进行反思，并进行课题研究。我的论文《加强校企合作，创新职业教育》荣获2009年中国职教学会论文二等奖；《五字真言：新、趣、活、实、美》荣获重庆市2010年基础教育课程改革论文大赛一等奖。

三、班主任管理是教学业务发展的必修课

曾经有位老师说过“没有班主任经历的教育人生是残缺的，不完整的。”这句话一直牢牢地刻在我心里。很感谢学校让我在2008年6月参加区级班主任培训，在学习中我有了当班主任的理论基础；通过信息教育时代的网上班主任课堂在线学习，我对班主任工作有了更精细的认识；在2008—2009学年，我参加了商务学校高中部的班主任论坛，虽然只荣获了三等奖，但在与“老板凳”交流学习的过程中，我受益匪浅。虽然担任班主任只有短短6年的时间，可以说还是一只“初生牛犊”，有的还只是一些猛劲、闯劲。但在这6年的时间，我和学生一起军训，一起运动，一起翘首期盼弥足珍贵的“流动红旗”，一起经历每次考试成绩出来后心情的起起落落，6年的点点滴滴汇聚成了班主任之路的甜酸苦辣。

最让我难忘的还是去年上的那堂班会课——高中生异性交往之非常男女。高中生的“早恋”问题也许已经成为班主任工作的头号“杀手”，而正巧那段时间我们班级频

频有这样的问题出现，怀着一颗忐忑的心，我上了这堂“非常男女”。

整堂课的效果比预期要好，气氛非常活跃，每个学生都参与游戏、发言。活动第一环节就是诗句接龙，这是他们很擅长的，所以很快课堂气氛就活跃起来，同学们很快投入“爱情”这个话题。虽然这个话题很敏感，但是学生对这个话题又是很向往的，有了很好的引导，他们很愿意说说自己的心里话。

通过这次尝试，我对班主任工作以及如何与学生相处有了新的认识。有时候，教师的权威、教条式的责问，并不一定能够得到相应的实效。而这种非课堂教学的形式，有时候能够让学生更自然、轻松地说一些心里话。课堂上，教师、学生的身份界限很明确，学生对老师通常是戒备、防范、排斥、抵触，而且千篇一律的教条对于“00后”的学生已经没有什么意义可言。相反，摆脱课堂的形式，可以让他们感觉更加自如，就像是跟朋友，甚至是陌生人在交谈一样。这次尝试也让我深深体会到，在与学生沟通的过程中，心理的引导要先行。强制的手段可以压制一时，但是最终会导致“上有政策，下有对策”的局面。面对学校的各种制度，学生可以想出更多的方法来逃避。所以，这只是治标不治本。况且，“00后”的叛逆心理也很严重，在他们眼里，对于规矩是很无视的。因此，班主任工作一定要揣摩学生心理，走进他们内心。

四、苦干、乐干、巧干是加快个人成长的必修课

教师的人生应是幸福的人生。青年教师是最有活力的，同时也是最不容易满足的。不满足是人类进步的阶梯。不满足并不等于满腹牢骚，不满足的背后是付出辛勤的劳动和努力来改变现实。机遇不会等待我们，我们只能自己主动创造机会、寻找机遇。因此，青年教师首先要有苦干的精神，全身心地投入工作，把工作看作一种享受。从头 3 年的“萝卜干饭”到担任班主任；从惴惴不安地踏上讲台到站稳讲台、驾驭课堂；从最初的摸索到能够独当一面地处理各类事件，乐于其中、乐于分享，而一路走来的点滴积累都将成为我们成长道路上的回忆，而在这些点滴中，我们也渐渐融入自己的理念，总结自己的方法，形成自己的特色，巧于精干。

罗曼·罗兰就曾经说过：“什么是快乐？只有创造才是快乐，其他都是没有意义的在地上飘浮的影子。”因此，作为青年教师，我们要从最初的苦干到乐于其中，把教育当成自己追求的事业，向往的人生，最终在教学工作中形成自己的特色，并且能够创造出前人没有的东西。只有这样才能体现出一个教师的真正价值所在。

五、以赛促长，以评促建

2010 年参加学校青年教师优质课大赛时的情景和感受，如今我对之依然记忆犹新。如果要用一个词形容我当时的感受，那就是“紧张”。当时，我对于“优质课”这个概念还非常陌生，头脑中完全没有“优质课”的概念。怎样上优质课，怎样上好优质课，我都很困惑，所以，当我知道要参加评比的时候，心里非常忐忑。开课的前几个星期就开始和科组的老师商量开课的篇目，讨论教学设计等，经过反复地修改、磨课，心里最终才有了一点底。我在朦朦胧胧中开始了行动，翻看别人的课例，在网上下载优质课视频，再反复设计自己的教学环节，不停地试教，听取别的老师好的意见，对自己的教案和教学环节及时地做出修改。在这里特别感谢当时的教研组长黄平老师，给了我宝贵的意见，等到真正比赛的那天，我内心还是惴惴不安，生怕自己在语言的表达和时间的控制上出问题，直到上完课之后，我才有了一种前所未有的如释重负的感觉。这第一次优质课的评比，我就是在这样的紧张与不安中度过的。我设计的“反证法”一课获得了 2009—2010 年商务学校优质课评比二等奖，这次成功给了我莫大的鼓励，有了这次比赛的经历，我意识到自己在课堂设计和课堂控制上还有很多不足。于是在之后的日子，我有意识地去听其他有经验的老师的课，看看他们是怎样把握好一节课，怎样控制课堂的，以弥补自己在课堂教学上的不足，从中我收获颇多。在商务学校的良好机制下，我积极参加学校以及进修部教研赛课等活动，使我在教师岗位上稳步前进，不断成长。从 2010 年全国中等职业学校数学“创新杯”教师说课比赛的二等奖到 2011—2012 中学教师技能大赛的二等奖。从 2014 年中职学校课堂教学改革创新教案设计的二等奖到 2015 年中青年教师优质课大赛荣获一等奖。一步步走来，这是机遇也是勇气和努力的结果。

六、成长离不开学校良好的机制

我校每一个青年教师的成长都离不开老教师的帮助和鼓励。和外校相比，有了老教师的指引和帮助，我们经历的挫折更少，少走了很多弯路。这种关心延伸到生活中的方方面面，许多经验丰富的老教师以及学校各位领导给了我很多的帮助和鼓励。在这样一种良好的环境下我得以茁壮地成长。无论是同科目还是跨学科，我都得到了经验丰富的优秀教师的指导和帮助，更有信心地面对学习和教学。

总之，我点滴成绩的取得是学校各级领导和各个老师帮助与支持的结果，是集体智慧的结晶。在他们的帮助与鼓励下，我以最快的速度从一个年轻气盛的年轻人转变成颇具成熟气质的教师。在教学中他们及时给我指引方向，我顺着捷径一路走来，消除了初来乍到时的许多困惑、对许多事措手不及的无知。我学会了与学生融洽相处，学会了课堂授课的游刃有余，学会了如何使师生关系融洽。我会在教育的道路上，用心去体会，用爱去铺垫，用行动去实践，我热爱教师这个职业，但同时又有很大的责任感！时间如梭，前面的路还很长，我会用我的激情，用我的汗水，用我的爱心继续努力的！

体现价值　塑造品牌
——CIAA班级管理模式探索

张皓菊

摘要：在这里，学生学习上进，知识技能不断提升，人人乐于付出；在这里，学生文明热情，好人好事数不胜数，人人乐于助人；在这里，学生生机勃勃，文娱体各类活动蓬勃发展，人人乐于参与……这些都是重庆市商务学校信息技术部实施“CIAA班级管理模式”以来，在学校、在实习岗位及各生活区的景象。

一、改革创新缘由

近年来，学校大力推动建设以“四尊重、四学会”为主题的校园文化，并取得了良好效果，但学校当前在发展中也面临着一些困难：一方面，专业技能考核不断变更，学生的学习压力倍增，学习热情降低，管理出现惰性等问题。另一方面，急需解决如何满足不同层次学生的文化需求，学生较难接触到更广的文化氛围，需要一种活动模式，引导其融入集体，提高文化素养，这种情况在男生众多的信息技术部班级尤为明显。计算机班学生的个性都较为突出，各方面需求丰富。他们对学习存在畏难情绪，缺乏自信心，纪律意识和自控能力不够强；但是他们渴望认同，思维活跃，动手能力较强，对新鲜事物充满无比热爱。

如何结合本班学生特点，开展有针对性的、高效的管理呢？首先必须更新观念，要有现代化管理的思想、理念与之相适应。本部在传统的班级积分量化管理模式下，增加适合我们中职学生，适合我们信息技术专业的元素，在班级管理中进行深入的研究，探索CIAA班级管理新模式。

二、实施过程

托克维尔曾经说过：“一个没有共同信仰的集体，是不存在的。要建立一个欣欣向荣的集体，就必须用某种先进的思想把全班的精神武装起来。”而社会主义核心价值观的三个倡导，从三个价值方面为班级共同理想的建设指引了方向。我们的CIAA班级管理模式从下面四个方面开展工作。

1. C：Class System 班级制度

首先是制定大家认可的班级制度，需要在制定的过程中体现民主。以信息技术部各班同学为单位，集体参与、线上交流、线下讨论，共同制订和修订了德、智、体、美、劳全方位的班级规章制度，形成班级共同理想，并进一步将这种共同理想渗透于班级管理过程中。

这种制度可以获得全班同学的心理认同，从而有利于内化成他们追求的价值目标，因为自身既是班级制度的制定者，又是执行者和维护者，进而推动班级同学自觉遵守班级规定，提升自我管理的能力，达到自我反思、自我教育的思想政治教育效果。不仅有利于形成公平公正的班级生活氛围，还有利于学生人生观、价值观的形成。

2. I：Information Technology 信息技术

利用信息技术丰富班级管理。通过开学初的材料搜集，利用 Excel 或者数据库建立学生个人信息档案，建立班级管理的数据库，将学生的姓名、性别、出生年月、家庭住址及父母的情况等收录其内。通过找学生谈话或联系家长来进一步熟悉学生的家庭情况、身体状况、兴趣爱好、性格气质等，统计出班级家庭经济困难的学生、单亲家庭、少数民族等情况，建立详尽的班级学生电子档案。让学生真切感受到班主任对他们的关注、尊重，为今后做好班主任工作和因材施教打好基础。

班级核心文化是班级的灵魂和血脉。本部班级利用专业特长，由班主任引导学生策划、制作班级空间，围绕专业教学和心理道德教育，给学生提供展示自己才华的新舞台。班级空间由师生合作共同管理，记录班级发展过程中的点点滴滴，定格班级成长的精彩瞬间，每一次班级活动、部门活动在空间里得到鲜活呈现，在师生间架设一座心灵沟通的金桥。

同时，班主任通过班级群，随时进行一对一、一对多和多对多的交流和互动，形成健康向上的班级舆论。突破了时间和空间的限制，师生的沟通变得无时不在。使教师的班主任工作更加得心应手，班级管理更加顺畅。

我们还使用智慧校园平台发布公告，让家长及时了解学校、班级具体要求、注意事宜，以便很好配合学校、老师对学生进行管理。通过网络“家校联系”进行交流，不仅及时做好学生的教育工作，还密切了老师与家长的联系。为家长提供最直观、真实的资料，使家校共育形成一股合力。

3. A：Application 应用程序

启用行为管理软件，让每个孩子成为自己的主人。我们利用应用程序——班级优化大师管理平台辅助管理，利用学生对游戏的热爱，充分调动学生的积极性。例如，每日发布国学练字作业，学生上传后老师点评，这样改变了传统的上交作业模式，提高了学生的学习热情。

我们还通过平台不定时地添加一些特色作业，如宪法学习、青骄第二课堂学习、感恩作业展示，厨艺大比拼等，全方位与学生互动，及时高效地反馈学生完成情况，便于后期点评，关注学生动态。

另外，结合班级公约在平台添加了德、智、体、美、劳全方位的量化标准项目，全面地对学生进行考查和评价，也让学生随时了解自己在校的量化得分。最后，我们对每月积分排名进行有仪式感的奖状表彰和特色化的选座奖励，多维化的激励是为了唤醒学生学习的内在动力。对于需要减分的学生来说，希望学生积极对自身的不足做出调整，规范后期的学习行为。而每学期的量化评分可以作为期末操行评定、评优评先、团员发展的依据，用数据说话，平等、公正地对待班级中的每一个学生。班级优化大师的 AI 智能评语可根据平时量化得分情况和教师点评生成参考性极强的期末评语，高效、准确、智能地对班级学生进行评价。

4. A：Activity *活动*

中职学校性质决定了中职教育和普通教育的差异性。中职学校应依据学生身心发展的规律，坚持生活教育的理论指导，大力推行活动育人的德育模式，从理论学习、活动开展、实践反思等方面着手，在德育活动中塑造学生的道德品质，在专业实践中养成学生的专业素养，在师生共同参与的活动中实现德育育人目标。我们针对专业特色，以班级、部门为单位，先后开展了打字比赛、Photoshop 比赛、编程比赛、拔河比赛、感动班级评选等。寓德育于各项教育教学活动中，以丰富多彩的活动，促进学生的个性发展。

三、效果亮点

CIAA 班级管理正逐渐绽放自己崭新的光华，通过 CIAA 班级管理，既提高了学生的素质，又提高了实习单位对学生的满意度。

（一）人人平等，实现“精英激励”向“大众激励”的转变

学校以往组织的各类文体活动，基本采用比赛的形式进行，较为适合一些有特长的学生参加其中，大众参与也只是看看而已，因此学生往往是被动参与。而 CIAA 管理涉及德智体美劳的各个方面，线上、线下均可积分。奖励是面向所有学生的，且根据学生代表需求设定的积分项目来实施，学生既是活动的参与者，又是活动的决策者，它保护了学生的平等权利，有利于学生平等地发挥优势和热情，只要学生获得了积分，哪怕是一分，也会很有成就感，因为学生更为看重的是一种参与和一种认可，一种成就感和一份荣誉。我们如果对学生积分激励进行巧妙引导，就可以把“要他参与”变成“他要参与”，实现“精英激励”向“大众激励”转变。

（二）体现贡献，凸显“体现价值，塑造品牌”

人的自我价值体现，不只是学习创优的多少，更重要的是个人的成就感。每月量化得分越高，说明其贡献越大，表现越好，自我成就感也就越强。通过各项活动，打造品牌。现在部门涌现了不少可爱的“王”系列头衔：“打字大王”“Photoshop 大王”“编程大王”等等。

事实证明，学生赢得别人的认可和欣赏是多么自豪的事情，每天点点滴滴的进步是多么充实和快乐。每个学生都体会到了一分耕耘一分收获的快乐，并逐渐增强了进取精神和自律意识，充分体现了“量化得分体现价值，活动积累塑造品牌”。

信息技术部班级倡导的“CIAA 班级管理”理念，最终的目的是看到每个学生的舒心笑容，让中职学生树立自信、勇于担当，也激励学生在自控力、执行力、纪律性和道德素质方面向正确积极的方向发展。

学生家庭心理健康教育案例

张皓菊

在学生的成长发展过程中，往往由于教育不当，心理上产生不少的矛盾，引起心理不适应、情绪不协调和精神障碍。中职生也不例外，他们担心毕业后求职困难，情绪上会紧张、焦虑、抑郁、困惑等，因此中职生的心理健康教育刻不容缓。我校为解决这一问题每周上一节心育课，使他们初步了解和掌握心理健康常识和简单的心理调节方法，使学生拥有丰富的心灵、健全的人格，快乐、健康地成长，班主任、任课老师也要给予学生一定的心理健康指导。下面我从班主任工作的一个典型案例中，就如何做好学生的心理转化工作进行分析，谈谈在心理健康教育方面，自己的一些做法与思考，以促进职业学校的学生更积极健康地成长。

一、案例研究背景

小袁（化名），女，16 岁，相貌一般，中职一年级学生。中考成绩较差，平时考试成绩总是排在班里同学后面。性格上，胆小、自卑、内向、不爱说话，不喜欢运动。在交际方面，不合群，害怕参加集体活动，不敢到教师办公室，上课从不主动举手发言，即使被提问，也不知道怎么回答问题或者由于紧张而说不出完整的话语，语言表达能力较差。

二、案例分析

自卑属于性格的一种缺陷，表现为对自己的能力和品质评价过低。自卑心理是中职学生中常见的一种不良心理状态，他们通常表现为自我态度消极、情绪状态不佳、行为方式异常等。自卑心理容易导致学生不思进取、自甘堕落，甚至自毁前程。

1. 个人因素

通过观察，我发现她长期受自卑、羞怯、和焦虑等负面影响，过重的心理负担使她不能正确看待自己，总认为自己什么都不如别人，导致与班级同学交际困难。

2. 家庭因素

小袁父母是做五谷类批发生意的，平时工作很忙，很少有时间与孩子沟通，偶尔才过问一下孩子的学习情况，给予小袁关心比较少，重视也少，甚至忽略了小袁的存在。这给小袁心理造成了阴影，好像她可有可无，慢慢地小袁开始否定、怀疑自己，不安、烦恼、孤独、离群等情感障碍随之而来，逐步形成自卑、压抑的心理。而且小袁在学校学习不好、表现也不好，所以更加缺乏自信。

3. 教师因素

在学校里，教师对一些学生了解不够，关注不多，容易造成这些学生产生失落感，背负沉重的压力，普遍滋长严重的自卑心理。另外，教师对优等生的偏爱和对中等生、后进生的忽视也使一些学生的自卑心理越来越严重。

三、辅导过程

1. 爱生乐教，增强信心

小袁是一年级职校的住宿生，但在此之前她都是走读生。开学第一天晚上，小袁第一次在学校住宿，站在走廊上无精打采，我发现她情绪低落便走过去和她聊天，唠家常。通过观察，我发现她很内向，一开始她甚至一句话都不敢说，不是很想表达自己的想法。针对这种现象，当时我就转移话题，跟她聊一聊关于其他学生入学的一些趣闻，还有他们碰到的一些问题，当然也给她分析了问题存在的原因和解决的方法。渐渐地，她也被我带动起来，主动跟我谈她现在的感受。当了解到她现在心情不好，很不想待在学校住宿，想回家时，我边安慰她边将她带到教师办公室。泡了杯茶给她，慢慢地讲了一些新生入学后出现的类似于她现在这样的例子，并鼓励她别人能做到的她也应能做到：作为一个刚入学中职的新生，很多学生基本上都没在学校住宿过，那为什么其他同学能很快就适应呢？其实你们这一年龄层次的学生都是一样的，心里都还很依赖父母，独立能力也不强，而中职类学校就是给你们提供一个培养自己的独立能力的环境。在这里，就应主动积极地与同学交往，互相帮助，互相学习，共同进步！经过我不断鼓励，小袁终于下定决心先在学校适应一周看看。在开始的几天里，她还是会心情低落，好几次都来找我，我也不断地给她鼓劲，叫她一定要坚持下去。一周过后，她终于习惯了住宿生的生活！

在课堂上，我会针对每个讲课主题设计出很多问题提问学生，刚开始发现小袁每次站起来回答问题都很没信心，说话声音很小，回答时，逻辑表达不清晰，有时甚至完全回答不了！为了消除小袁的自卑心理，我在课余时间经常有意无意地找小袁闲谈，中午她在校午睡时，我常提醒她盖好被子。让她帮我拿作业，发作业本。上课时从不公开点名批评她，发现她有一点点进步时就及时表扬，还经常对同学说：“看，我们的小袁同学今天作业不仅准时交了还做得很工整！”“不错，小袁的回答很准确！”等等，这样在有意无意中，我便让小袁知道她正在不断进步，让她知道老师很关心她，她也有很多的优点值得大家学习。渐渐地，小袁开始喜欢和我接近了，也喜欢和同学一起学习，一起玩了！

班会活动时，我还鼓励小袁加入文娱演出，参与班级小品剧的演出。我当排练教师，在此过程中，我给予她们各方面的支持，主要还是不断鼓励她们，让她们不会因为小小的失败而泄气。一开始小袁因为害怕，经常忘词，动作都没到位，甚至不敢做。为了让小袁克服害怕、不自信的心理，我要求她每一句话都要说清楚说大声，没说大声就让她重新来一遍，并时不时地鼓励她，接着是要求她将话剧人物的情感特点大胆地表现出来，还有唱歌部分也要大声唱出来，并在练习中纠正她唱得不对的地方。舞台上，她们的小品剧赢得了阵阵喝彩，我也感到非常欣慰。

2. 重视家庭教育，给予鼓励

小袁心理上的自卑，很大一部分原因在于家庭的教育环境与方式。因此，我把她的父母请来，详细地分析了小袁在校的表现及原因，与他们交流，反馈情况，共同商量解决孩子不良心理状况的办法，建议家长选择适当的教育方式，要求家长多给孩子温暖，如定期一家人旅游，常检查孩子的作业，指导她的学习，帮助孩子解决学习中遇到的困难，多抽时间与孩子交流，对孩子的进步给予及时的鼓励。

3. 参与班级管理，提高自己的管理能力

在班级中，我提倡“班干部轮换制”，要求学生不断自律、自信、自强，各自发挥各自的管理职能，要求她们在做事情时，要经常想什么事是应做的，怎么做好，自己能解决的自己解决，解决不了的和其他班干部商量解决，都解决不了的才请教老师。小袁从那以后，变了好多，对好多课似乎也有了一定的兴趣，经过不断的努力、巩固，她在学习上也有了很大的进步。成绩一跃进入前十名，从此，她也更加开朗了，渐渐学会了与人交谈，变得自信了很多。

四、辅导效果

通过辅导，她现在有了很大的变化，性情开朗了，学习成绩也不断提高。课间时间她能主动与同学交往，聊天，一起踢踢毽子，打打乒乓球，课堂上回答各科老师的问题也很大声，能主动发言，夜自习也很自觉地学习。在家能主动地帮忙做家务，喜欢将学校的趣闻讲给父母听。

五、辅导反思

从小袁同学案例中可以看出，心理健康教育对学生来说是非常必要的。小袁的成功让我们了解到教师还有班集体的力量对学生的激励作用。学生的自卑往往是因为缺乏自信。教师应对学生循循善诱，更多关心学习成绩差的学生，更多地关注学生的优点和特长，让学生融入集体中，让学生感受大家给予她的关爱。心理健康教育能提高学生的抗挫能力和自我调节能力，使学生健康快乐地生活！

引领学生塑造成功的自我

杨精密

有这么一个譬喻：五个人外出野游，冬夜聚火而烤，或都不去拾柴，结果柴尽而火灭，都被冻死；或都去拾柴，各自冻死于林间，或一人拾柴，四人围烤，轮流为之，而安度漫漫长夜。这揭示了一个简单的处事方法，其实也包含一个管理理念。在我们的班集体建设中，有无管理，管理的优劣是关键问题。对初三班主任而言，通过开展形式多样的德育活动，引领学生塑造成功的自我，是初三阶段德育工作的重要内容。

一、了解学生是教育学生的前提

我校初中住读班的学生全部实行的是封闭式、寄宿式管理。管理到位且严格有序是我校办学的一大特色和亮点。一般的学校，学生只要守纪，也就基本上达到了管理的目标。而一些问题往往被纪律和分数掩盖着；在我校这种寄宿式、封闭式的管理中，由于学生与班主任接触增多，走得更近，班主任通过这一特殊的视角，也就更能了解他们中的一些情况，发现他们身上存在的问题。

我们的教育对象是人，不是机器，是你在教育学生，不是学生在教育你如何应付发生的问题。现代教育应培养学生“学会做人、学会做事、学会求知、学会共处”。班务工作也要从浅表走向深层，从外在走向心灵。

班主任应转换自己的角色，淡化“管理者”意识，更多的时候以“疗救者”的身份出现。每天我们都会面对一个个活蹦乱跳的学生，我们应经常思考：他们怎么会有这么多问题呢？我怎样走近他、改变他？而不是死死盯住学生的言行，随时准备以组织纪律来管束之。作为一个中学生，在过去九年的学习生活中，他们已经听惯了，也听腻了大道理、小道理，要写出自己的缺点，可以一、二、三、四罗列一大堆，要找自己的优点却很难。因此，他们对于自己的缺点比老师还要清楚。要解决这些问题，以纪律的约束只能管住身，不能管住心；以理服人，却不能使他们落实在行动上坚持下去。学生的这些“心理疾病”“意识疾病”需要悉心调养，潜移默化。努力创造育人环境，及时与学生交流沟通，帮助学生看到希望，用心药治心病，才能使师生和谐相处，教学相长。

二、转变观念，树立正确的学生观

住读班的学生虽然绝大多数经过精心挑选，但是苗子好并不等于长得壮，后天的培育相当重要。教师在工作中要尊重学生的个体差异，班级之间的差异，不搞一刀切。不能以成绩的高低作为评价学生的唯一尺度。三年的学习生活，学生在德、智、体、美等方面的差异逐步暴露，只要学生的某一方面有所发展，都应给予成功的肯定。“你将来一定能成大器”，正是这句话，激励着成绩糟糕透顶的罗纳尔，使他 15 年后成为哈佛大学的博士。潜能在每个人的心中，只要你相信每个孩子都能成大器，这就是大家熟知的罗森塔尔实验。所以在开学不久，我就及时召开学生家长会，通过与家长的交流和沟通，指导家长在关键时刻，只能鼓劲，不能泄气。大家一起关注学生，点燃激情，激励学生为梦想而努力。

三、把握时机，提高德育活动的针对性和实效性

（一）树立目标意识，进行理想前途教育

刚进初三，我就组织学生开展了以“我的奋斗目标”为主题的德育活动，认真分析考试失误的原因和取得的成绩，让学生上台在黑板规定的位置写下自己理想中的学校，然后给一分钟谈理由，结果很短时间学生的心就收回来了，不管目标是高或低，老师投以鼓励和欣赏的目光。

（二）实施成功教育，引导学生正确看待成功与失败

“失败是成功之母”，在学生失败的时候想到成功，看到希望，这是积极的一面。但我们不能总让学生体验“先失败而后成功”的心理感受，过多的失败只会让学生产生消极悲观的心理。因此，对相当一部分人来说，“成功是成功之父”。针对每一次失败都会对学生的心理产生一定影响这一问题，正确的归因法是引导学生消除不良情绪，找准失败的主客观原因和避免的措施，坚持让学生“再试一次”。为了促成良好学风的形成，班上采取了一些措施如换座位、换床铺、结学习对子、竞赛小组等形式故意把水搅浑，避免时间久了班级成为一潭死水。在这期间，一定要避免对成绩差的学生“刮目相看”，也许他们初中阶段的学习是失败的，但这并不能说明他们的人生是失败的。

（三）树立服务意识，真诚待家长

现在社会的浮躁风也感染了家长，望子成龙、望女成凤的心情迫切。有的家长甚至只关心成绩，其余的什么都觉得不重要。因此，在教育孩了的时候容易急功近利，采取暴力手段，结果是孩子不理解，“烦”甚至“反”，家长也特别委屈，搞不懂今天

的孩子怎么了。孩子有错，老师不要动不动就请家长、训斥家长或向家长告状。班主任遇到这样的家长要委婉地给家长指出家庭教育观念上的不足，教给家长一些教育的方法，使家长配合学校，避免孩子出现学校家里两个样的双重人格。

（四）树立质量意识，把好学生的“出口关”

教育学上有一个著名的木桶理论，木桶的容积只能由最短的那块木板来决定。在初三阶段，随着学科的增加，知识的难度也在加大，每天的功课都很紧张，上课、作业、测验、考试，如何使学生克服焦虑心理，始终像一架加满了油的战斗机，这也是初三班主任需要认真思考的问题。这就是如何发挥学生的主体性的问题了。相当一部分学生虽然学习认真程度、努力程度比初一、初二要好，但是打持久战的心理准备不够，行动上更是三分钟热度。班主任除要加强行为和学习习惯的养成教育外，还要想办法调动学生的积极性。例如，与科任老师一起随时关注学生的成绩和表现，发现问题及时想办法，通过座谈、个别谈心等形式，让老师、学生、家长劲儿往一处使，共同督促学生完成作业、独立思考。在这个过程中，老师既要帮学生树信心，又要教方法，还要督促检查。此外，还可以开展一些活动来调节绷紧的神经，像研学旅行、每天 40 分钟大课间锻炼、跳绳比赛等都是行之有效的好方法。学生的心理压力减小，有张有弛轻装上阵，以平和的心态愉快迎接毕业和升学，这就是我们老师所希望的，也是老师所能做的。

关于如何培养学生良好习惯的一点浅见

王奕

初中是人生最重要的阶段，是学生由生理发展向心理发展的过渡时期，学生在这一时期开始对自我，对未来进行思考，是世界观、人生观、价值观形成的重要时期。学生在这一阶段不再一味地听从师长安排，开始对身边的事情有了自己的思考。如何帮助学生度过初中阶段，帮助学生在这一阶段形成对人、对事的正确态度，是初中教师特别是班主任老师必须认真思量的事情。

良好习惯的养成无疑是其中最重要的部分，良好的生活习惯是学生健康成长的保证，良好的学习习惯能为学生终身发展打下坚实的基础，良好思维习惯能够使学生的人生变得有深度。这同时体现的是人对待自己的态度。

怎样才能帮助学生形成良好的习惯呢？我们常常抱怨学生习惯差，过分强调学习成绩导致习惯养成缺失是不可回避的现实。但只抱怨是没有意义的，晚做总比不做好，帮助学生在初中阶段形成良好的习惯是班主任工作的重点和难点。怎样做呢？我在工作中做了以下尝试。

一、让学生知道良好习惯的必要性是习惯教育的基础

为什么我们要形成良好的习惯？我为什么不能自由自在地活着？学生常常这样问。初中阶段的学生正处在开始发现自我，对一切事物产生怀疑的阶段，也就是我们常说的逆反阶段。我常常对学生说：逆反也是一种成长。这意味着学生开始自己进行思考，而不再一味听从他人安排。为什么要养成良好习惯？对这个问题没有明确答案，学生就会渐渐在行为上出现偏差，即使个别学生因为各种原因按照师长要求做，也会在心里、在老师和家长看不到的地方表现出各种不良行为。班主任老师通过引导学生思考，让学生自己得出结论，从而意识到良好习惯的必要性，进而产生尝试的意愿，常常具有较好的效果。

以礼仪教育为例，我会给学生播放两组有对比效果的视频，一组是具有良好个人素养和优秀语言习惯的人物的起居视频，另一组是学生中的不良言行举止。引导学生谈观后感，大多数学生能认识到良好的言行习惯对个人形象、人际关系等方面都具有重要作用。思考更深入的学生还会意识到良好的言行习惯是个人素质的一种展示，是对自己对他人的基本尊重。进一步引导学生意识到良好的言行习惯与个性是没有冲突的，有个性不等于没礼貌。学生对良好的言行习惯有了更深的认同感，乐意对良好的

言行进行模仿和实践。

二、让学生正确认识良好习惯的内容是习惯教育的出发点

很多时候学生不是不想做对的事，他们可能不知道什么是对的，什么是错的。因此，老师首先要告诉学生什么样的习惯是良好的习惯。例如，学生在仪容仪表上究竟有哪些要求；言谈举止应符合什么样的规范。通过主题班会组织学生学习、讨论良好习惯的内涵和外延。学生认识到什么是好，什么是不好，培养良好习惯才有了基础。

三、督促学生践行良好习惯是习惯教育的重要工作

好习惯的养成常常带有强迫性。大多数好习惯与我们人类本身好逸恶劳的本性相违背。因此，仅仅让学生认识到好习惯的重要性，知道好习惯的内容是不够的，帮助学生在生活中进行德育实践是班主任工作的重点。这是一件长时间的工作，一个好习惯的养成需要 30 次以上的重复，需要不断与个人的欲望做斗争，只靠班主任老师个人的力量是不够的。

人管人不如制度管人，制定合理且可操作的制度，培养班干部，创建良好的班级风气，能让学生在好的大环境中互相监督，不断加强良好习惯的正面影响。联系家长，形成家校一体的管理体系，帮助学生不断减少不良习惯的影响，使良好习惯落实在一言一行，一分一秒。

我任教的班级常实行值日班长制度，每天一名学生对班级事务及学生的日常行为进行管理，使每个学生都有人管，每个同学都有机会管理他人。每个学生都在对他人言行进行管理及接受他人管理的同时，加深了对良好习惯的认识，同时为每一个学生提供参与班级管理的机会。与此同时，加强家校联动，帮助家长对良好习惯的重要性和培养方法有所认识，参与到孩子习惯培养的工作中，努力使孩子不会出现 5+2＝0 的情况。

四、总结与反思，从被迫到自觉才是习惯教育的最终目的

督促学生形成良好的行为习惯容易，帮助学生认识到良好行为的益处，从而自觉履行良好的行为难。及时帮助学生总结，发现自己取得的进步和成就，发现良好行为给自己带来的好处，是让学生真正认识良好习惯的重要性，实现学生自觉培养良好习惯这一最终目的的有效途径。

我们班就行为习惯这一内容开展了“爸爸妈妈心中的我”活动，要求学生与父母交流，了解一学期自己在父母眼中发生了哪些改变，还有哪些不足。学生家长肯定了学生在文明礼仪方面的变化。在家长的表扬中，孩子们知道了自己取得的进步，真正

认可了文明礼仪教育的重要意义，并自觉针对自己的不足进行改进，使文明礼仪教育有了实效。这种活动需要重复进行，多种方式开展，帮助学生克服惰性，不断将良好习惯内化。

认知理论早已证明，无论哪种学习都是一个由学习到模仿再到提升的过程。德育教育也是如此，帮助学生解决好为什么，是什么，怎么做的问题，才能让学生变被动为自觉，不断养成新的良好习惯，为未来打下良好基础。

中职学生手机成瘾的现状分析与对策

吴金蓉　胡灵

摘要：在中职学校，高频率使用手机的现象到处可见，由此引发的中职学生手机成瘾问题日益突出，本文对中职学生手机成瘾的危害、原因进行分析，并提出相应的对策，期望中职生能提高对手机成瘾的认识，提高自律能力，科学文明地使用手机。

关键词：中职生　手机成瘾

如今，在中职学校，学生基本上是每人一部手机。手机智能化，使它的功能不仅仅是打电话和发短信。智能手机固然给学生提供了一个快捷方便的交流平台，但也引发了手机使用频率过高，甚至手机依赖的问题，现在称之为手机成瘾。

手机成瘾是一种行为习惯，是指长时间依赖于手机，和上网成瘾本质一样，是由于某些原因过度地滥用手机而导致手机使用者出现生理或心理上的不适应的一种现象。中职学生由于在校空余时间多，使用手机比较频繁，逐渐对手机形成了依赖性，这种重复地使用手机而导致慢性或周期性的着迷状态，久而久之就产生了强烈的、持续的需求感和依赖感的心理和行为。

一、中职生手机成瘾的危害

（一）影响学生的学习

通过问卷调查和访谈，有 33%的被调查学生每天使用手机在 6 小时以上，51%的学生在 4 小时以上。使用手机除了正常打电话和发短信，主要集中在微信、QQ 聊天和逛淘宝等购物网站，还有玩网络游戏和单机游戏等，甚至被调查的学生有长时间看色情小说和图片的现象等。遇到考试的时候，学生使用手机作弊，现在网络发达，使用作弊软件，可以直接扫描试题就能获得答案。这些情况足以说明手机会使学生荒废学业，不利于个人发展。

（二）影响学生的价值观

学生使用手机很容易受到社会上各种不良信息的影响。许多不符合学生身份的思想蜂拥而入，读书无用论、性开放、及时行乐、互相攀比、爱慕虚荣、个人英雄主义、畸形恋爱思想等已经严重腐蚀到学生。另外，还有各种垃圾信息、诈骗短信等侵蚀着青年学生的心灵。对于中职学生来说，他们处于青春期，心理发展正处于幼稚向成熟过渡期，自制力薄弱的学生很难抵制手机网络上的种种诱惑，甚至还会陷入旋涡，从而偏离正常的价值取向。

（三）影响学生的人际交往

有些性格偏内向的学生，内心渴望交友，但又不愿把自己的心扉向身边的同学和朋友敞开，于是选择了具有间接性、虚拟性、相对非常自由的手机聊天工具。他们在这里畅聊，塑造着理想的自我。久而久之，这些学生越来越脱离正常的交往圈子，使人际关系也越来越恶化，变得更加孤僻，从而导致交往恐惧症不断加剧。

（四）影响学生的身心健康

学生对手机形成强烈的依赖后，手机无形中就在中职学生的心里占据了不可替代的位置。一旦手机没带或者手机没电等就会引起较强烈的情绪波动，如烦躁、焦虑、脾气暴躁不安等，没有手机在身边，做任何事情都提不起精神。而且，长时间使用手机打电话会使听力下降，长时间盯着手机屏幕会造成视力下降，长时间使用手机聊天会造成手指抽筋、颈椎劳损等症状，手机辐射对人的头部危害较大，它会对人的中枢神经系统造成机能性障碍，引起头痛、头昏、失眠、多梦和脱发等症状，有的人面部还会有刺激感。这些都会严重影响中职生的身心健康。

（五）容易滋生事端

中职学生携带手机十分普遍，但是，部分学生盲目攀比贪图享乐加重家庭经济负担，在他们看来，品牌手机简直代表了他们的身份和地位，似乎能让男生更加潇洒多情，让女生更加温柔漂亮。他们总是千方百计让父母为自己配备档次高的手机，好在同学面前炫耀。有的学生由于手机使用费过多，为了交话费，平时只好省吃俭用或者以学校要交资料费为由向父母要钱，不是把父母的血汗钱花在读书学习上而是用在手机消费上。家庭条件较差的学生可能因为手机档次或话费问题而抱怨父母、怨恨社会，走上违纪违法的道路。

二、中职生手机成瘾的心理现状分析

（一）外在因素

目前市场上的手机，基本上是智能手机，功能齐全，游戏、音乐、微信聊天、贴吧、淘宝购物等都给中职生带来很大的吸引力。据调查显示，手机成瘾的中职生主要使用手机的时间集中在微信 QQ、贴吧、淘宝购物和游戏上。现在的学生 有空隙时间就拿出手机，在虚拟的世界里畅游，沉迷于畅聊和游戏，因为网络空间是言论自由的，网络给他们提供了“自由发挥”的空间。

（二）个体心理因素

1. 孤独心理

由于青春期是自我意识发展的时期，这个时期的中职学生经常产生孤独感与强烈的交往需要的矛盾。他们无法正确地解开自己的心情，而通过上网聊天、玩游戏等来释放自己，使他们感到无比轻松，于是他们错误地把手机当作开解压力的工具。迷恋手机的中职生多数是因为在现实生活中得不到鼓励和赏识。通过手机聊天、发帖、玩游戏等，打发了他们无聊的时间，使他们体验到成功感和幸福感。

2. 好奇心理

手机网络无边无际，信息瞬息万变，青少年时期的中职生对外界事物充满了好奇，但由于对事物的好坏缺乏全面正确的判断，在缺乏良性诱导的情况下，就会在好奇心的驱使下随心所欲，再加上这时期的青少年隐藏着对异性的好奇与神秘。这种好奇和亲近的愿望，来自日益强烈的性冲动。可是由于学校和社会的约束，处于这个时期的中职学生无意识地压抑了这种情感需求。手机网络的出现无疑给他们交往提供了相对保密的空间。因而中职生很容易沉迷于色情网站难以自拔。

3. 盲从心理

处于青春期的中职生有积极探索外部世界的心理倾向。面对新事物趋之若鹜，而手机上网聊天、购物、交友甚至网恋是他们获得理解和精神慰藉的一种途径。半成熟、半幼稚、半懂事、半不懂事、半依赖、半独立的他们缺乏社会经验，经不起外界的不良诱惑，因而存在盲从的心态。班集体中只要有一个学生迷恋手机游戏，就很快有一大批人加入其中，随着游戏人员的增加，讨论切磋技艺的机会也就相应增加，对游戏的迷恋也就更深一层。

三、改善中职生手机成瘾现状的对策

（一）开展预防为主的教育工作

（1）加强对中职生的手机使用教育。既要让学生熟悉和利用手机的优点，又要让他们知道手机具有的潜在威胁，使他们形成正确的手机使用认知，清楚地知道利用手机可以做什么，不可以做什么。

（2）重视发挥社会环境的关心和制约作用。营造良好的家庭、学校生活氛围，融洽家长、老师、同学、朋友等现实人际关系；学校、社会及心理健康教育机构要定期不定期进行心理健康教育，在生理和心理保健等方面给中职生以更多的关心。同时，家庭、学校双方要协调一致，控制学生的手机使用时间，尤其要加强对学生夜间使用手机的时间控制。

（3）发挥共青团等青年组织的功能。开展丰富多彩的校园文化活动，建立学生社团，培养中职生对健康、科学、积极的社会文化活动的兴趣，培育学生的健全人格和健康心理，避免学生陷入手机成瘾的泥潭。

（二）中职生自身的努力

首先，要培养自己对所学专业的热爱，努力学习专业知识。与此同时，要丰富自己的业余生活，培养广泛的兴趣，多参加社会实践，用其他爱好和休闲娱乐方式转移注意力，冲淡手机的诱惑。其次，要与亲友、老师、同学建立良好的人际关系。可以在生活和学习中重建自己的交际圈子。最后，中职生要提高自我心理调适能力和道德自律能力。要重视自我教育，切实提高自己的独立思考、鉴别能力和道德自律能力。解决中职生手机成瘾问题，关键是通过中职生自身的努力，以积极的态度充分发挥主观能动性。用坚强的意志抵制手机文化带来的诱惑力，严格规范地使用手机。

（三）有针对性地开展心理辅导

对于有手机成瘾症状的中职生，应做到尽早发现，并及时采取有效的心理辅导和治疗手段对其进行干预，帮助其尽快戒断手机成瘾，重新回到正常的学习、生活轨道上来。目前可以采用的方法主要如下：

（1）系统脱敏法。这种方法是诱导患者缓慢地暴露导致神经焦虑的情境，并通过设定小步骤的训练目标，让患者以放松的心理状态对抗这种焦虑情绪，从而达到消除焦虑习惯的目的。具体方法：根据学生上瘾的程度，设定小目标，如规定每天使用手机的时间逐步减少。同时，让患者学会某一肌肉放松技术，并鼓励患者在放松状态下逐渐地从事他所焦虑的活动，进而有效地治疗。并且要求学生制定合理作息时间表、多锻炼身体，这有利于患者学会控制自己，放松神经紧张。并且，在进行行为治疗的过程中，可以辅之以代币法等奖惩方法加以巩固。

（2）小团体心理辅导法。中职生手机成瘾者对手机有着共同的心理体验和认知，也容易对存在的问题产生共鸣。这样，在心理辅导时就容易产生向心力和心理场。在团体辅导初期的关键任务是营造良好的心理与环境氛围，组建好团体。在团体心理辅导中采取“认知行为”模式，使小组成员先了解团体心理辅导的意义，然后从认知的角度鼓励团体成员就网络依赖的问题进行主题交流和讨论，使他们了解自己的成瘾状况，看到自己的问题，并希望解决它，从认知的层面与成员共同寻找产生问题的原因和关键阶段，进而根据自己的现有依赖程度确定改变的目标、拟订评估策略、制订行动计划。

总之，在具体掌握学生手机成瘾的原因之后，合理采用有效的、针对性的措施和对策，在社会、学校、家庭和学生自身的共同努力下，一定会再塑一个积极向上、阳光灿烂的中职生形象。

参考文献

[1] 陈正良. 同辈群体环境对青少年发展的影响[J]. 宁波大学学报：教育科学报，2004（5）：61-64.
[2] 白铭欣. 班级管理论[M]. 天津：天津教育出版社，2000.
[3] 刘济良. 中职生价值观教育研究[M]. 广州：广东教育出版社，2003.
[4] 陈桂生. 学校管理实话[M]. 上海：华东师范大学出版社，2004.
[5] 袁振国. 当代教育学[M]. 北京：教育科学出版社，2003.

施之以爱，报之以心

胡灵　徐菡　吴金蓉

俄国革命家捷尔任斯基曾说过：“为别人照亮道路，自己必须放出光芒——这就是人的最大幸福。”而我正有幸从事着这样一份幸福的职业。

二十余年的从教生涯，十余年的班主任工作，极大地丰富了我的人生阅历和情感体验。每一个孩子都是一个鲜活的个体，每一次和他们交流发现他们的新问题、新想法、新人际关系，对我而言都是一次成长的契机。正如裴斯泰洛齐所说：“每一种好的教育都要求用母亲般的眼睛时时刻刻准确无误地从孩子的眼、嘴、额的动作来了解他内心情绪的每一种变化。”

有这样一个孩子，在我的教育生涯中是一个比较特殊的存在，长久以来都让我印象深刻。

小 C 是一个家在外地的高位截肢残疾学生，他是小时候在一场车祸中失去了一条腿，保住的那条腿的皮肤损伤情况也比较严重，经常会溃烂而引起发烧。因为在校住读，所以时常请假，要么回成都的家，要么在寝室休息。原本这是一个不幸的孩子，周围的人应给予关爱，可偏偏他又是个“小霸王”，常常一言不合就要动手，坏习惯缠身，同学们都避而远之。他还经常扰乱课堂纪律，各科任老师都很头痛。身为班主任，我多次找他谈心，委婉批评，唯恐加深其心灵上的创伤，可效果甚微，他仍旧是个人见人恨的“小霸王”。

后来有一次班上开展了一个关于童年的主题班会活动，当其他学生都在怀念自己愉快童年时，我发现“小霸王”神情异样，与平日不驯服的神态判若两人，我知道这让他想起了自己充满伤痛和眼泪的童年。于是我当即决定下次班会以“身残志坚，自立自强”为主题，看看是否能帮助小 C 解开心结。

我找来几个班委和小 C 同寝室的同学，经过商量决定由班长去找一组离我们生活近一些的身残志坚模范人物宣传片；其他班委避开小 C 去班上做动员，请每个同学都为小 C 准备一句祝福的话，并写下后叠成一颗幸运星；同寝室的同学在小 C 发烧生病时主动为他打饭、倒水，帮助他。几项工作同时进行着。

在第二周班会时，我先播放宣传片，随后在班长的主持下，每个同学起立面向小 C 给他送上一句祝福，最后我将装满老师和同学祝福的幸运星玻璃瓶交到小 C 手上。整个过程我一直在默默地观察小 C 的表情神态，从最初看宣传片时的漫不经心到后来的全神贯注，再到同学们起立为他送祝福时的不敢置信，最后我将礼物送到他手上时他的眼眶已经微红隐隐泛着泪光。

活动后，“小霸王”来到办公室向我深深地鞠了一躬，发自内心地说了声“谢谢您，老师！”我知道，小 C 感受到了来自老师和同学们的善意与爱，也会努力学着以善意和爱来回报社会。正如苏霍姆林斯基说的“教育者的关注和爱护在学生的心灵上会留下不可磨灭的印象”。

作为老师，作为班主任，只有用爱心去拥抱学生，少一些埋怨、指责和训斥，多一些理解、鼓励和赞扬，给予他们最平等而又博大无私的爱，学生才有可能发自内心地、主动地和老师交朋友，我们才能得到他们的尊敬和信任，走进他们的内心世界，去了解和洞察他们的需要，有的放矢地引导和帮助他们，从而达到好的教育教学效果。

爸爸我想对你说
——NLP 在亲子关系辅导中的运用

程东来

一、案例描述

小媛，中职高一女生。因为不善处理同学关系在 QQ 上给我留言，又因其想要改善人际关系、改变自己的个性，收获处理同学关系技巧而与我结下不解之缘。

在前期的面谈过程中，作为来访者的小媛出于信任和倾诉的心理需要，几乎每天都往我办公室跑。在与我数次交谈中，孩子说出了她在初中近两年的时间被同学欺负的经历。长期心理压抑而无处释放，在学校没有勇气向班主任老师反映解决问题，回家因亲子关系的长期扭曲又无法向父母诉说。

然后我引导其述说原生家庭的情况。又在数次交流中，我逐步了解其家庭情况以及父母的教养方式对她青春期成长造成的负面影响。父亲在孩子从小的成长过程中，因生活所迫打拼在外，对孩子亲密陪伴非常少；从孩子四年级开始，成绩下滑，父亲对孩子的要求期待比较高，但教育方式方法更多是批评、指责；有时看到孩子玩手机、平板电脑时，着急焦虑就采用暴力的方式，给孩子成长留下了难以平复的创伤。

孩子在面述过程中，讲述与父亲关系，谈及家庭环境给其感受时，谈到两个字：地狱。

由于在家庭中得不到真实而温暖的爱，长期的孤独压抑造成其个性也是自卑、少言内向（自述），从而在学校与同学相处时也没有自信，没有界限，受了委屈不懂向师长诉说，内心更没有力量还击。

二、案例诊断

来访者人际交往的障碍，表现为不敢交往、缺乏自信，处处受挫、没有界限。其根源还是在原生家庭教养方式的简单粗暴，缺乏父母特别是父亲的关怀以及有效沟通，使孩子在心理上缺乏依赖感和安全感。

三、个案辅导过程

精神分析学派的奠基人弗洛伊德充分肯定了情绪疏导对维护心态平衡的作用。他认为：讲出一切想说的心里话，能减轻精神上郁闷压抑的症状。当孩子遭遇挫折和感受到不愉快时，让他不受压抑地通过言语或非言语方式表达自己情绪，可以减轻心理上的压力。像小媛这样的孩子，因为父母经常不在身边，父亲回家交流多是语言上的指责、攻击，有时是身体上的暴力；孩子对于家庭的美好感受被破坏；再加上被同学欺负无处发泄，产生有很多负面情绪，如孤独、自卑、愤怒、无力等。但由于无人倾诉，所以把不良情绪都积压在内心深处。这些负面情绪也影响自我的认知和评价，形成自卑人格特质。

在数次交流基础上，来访者也释放些负面情绪。我决定采用辅导技术干预，引导其释放负面感受，并对其创伤进行处理，帮助她与父亲重建和谐的亲子关系。然后再帮助其寻找与同学相处的正确方式。

第一次辅导：帮助她处理爸爸对其印象最深的创伤。

第一，我运用了“NLP”改变内视觉经验元素的方法，帮助来访者处理去年爸爸在看到其玩平板时对其动手的负面体验。首先让来访者调整呼吸，在潜意识状态下，回想当时情景，然后引导其改变画面、调节大小和距离，最后提取意义。当来访者回想起当时场景时，已没有这么大的负面情绪了。第二，运用“空椅子”技术，让爸爸坐在来访者对面，引导其看着爸爸的眼睛，对爸爸说出自己从未说出的话。在这个部分，来访者看着椅子上的爸爸说出了三层意思：①理解爸爸在外打工的辛苦；②希望爸爸也理解妈妈，回家尽量不和妈妈争执；③希望一家四口在一起能开心幸福。

第二次辅导：运用了“NLP”改变内听觉元素的方法，帮助来访者处理爸爸在亲子交流过程中对其语言的“暴力”。

来访者谈及爸爸会用到“哈儿”这样的称谓时，自己当时的感受非常难过，不想和爸爸亲近。于是我让来访者闭上眼睛，回想当时的情况，注意听到的声音，是从左耳进入还是右耳进入……最后来访者做完练习后，难受的度数超过了 3 度，我又让其提取意义，去理解爸爸这样说背后的正面动机。

第三次辅导，我让来访者在沙盘里呈现爸爸和自己的家庭角色和关系。

一开始，来访者分别用东海龙王（双目怒瞪）以及一位手持拐杖的病人（一瘸一拐）来呈现各自的形象，并且持拐者是侧身而不直接面对爸爸；我将手放在爸爸身上，感受到的是较大的怒气；而放在孩子身上时，感受到的是全身在发抖。然后我采用了小物件做家排的方式，又让来访者用沙具摆出婆婆爷爷，站在爸爸后面；然后我用 NLP“接受父母法”，让爸爸转过身去，向自己的父母说出了一番话，也让爸爸在这个排列中释放在原生家庭亲子关系中的压力，爸爸身上也重拾了一定的力量；当我再次把手放在爸爸身上时，刚才的愤怒已平静很多。这时去感受孩子的感受，是否愿意转过去，孩子心里愿意；于是我让孩子转过去看见爸爸，也让爸爸用眼用心看见孩子，理解孩子，原谅孩子。对于在旁来访者，我建议她默默地看和感受，感受在排列中自己和爸爸情绪的变化和链接，记住整个画面转变的过程。

第四次辅导，布置家庭作业，即小媛从自己真实感受出发写一封信给爸爸。

在来访者数次心理斗争后，首次拿出纸笔写下了这封信："尊敬的爸爸，您好！女儿已经好久没有写信给您了。我小时候做错事，您总打我，有些话我憋在心里很久了，都没有来得及给您说……我每次看到别的同学和自己的爸爸像好朋友一样相处时，我都羡慕不已；我希望您以后不要一味地否定我，就算我做错了什么事，我们也要首先找到解决问题的方法；更希望您和妈妈以后不再因为我的教育问题而产生口舌之争……"小媛终于鼓起勇气在与爸爸的对话框中按下了发送键。爸爸不久就发过来一封回复"看完你的信，我很高兴，你可以用这种方式跟我沟通；让我知道你内心深处的想法，这很好！你理解爸爸每次回家为啥每次心情都那么差吗？当我每次回家看到你目不暇接地看手机，爸爸心里难受、相当难受。如果你能用实际行动改变自己、改变自己的不良习惯，提升自己的学习成绩，不让婆婆爷爷操心你的学习和安全，让老师为你竖起大拇指，那么爸爸就会对你刮目相看！"

通过几次辅导和父女信件的交流，小媛在原生家庭亲子关系主要与爸爸的链接方面，释放了压抑的负面情绪，在辅导过程中也一定程度上与爸爸做了情感链接。当然，我们也看到爸爸的爱是有条件的，而改变爸爸的养育方式和教育信念也是需要时间的，这点小媛自己也能看到，即爸爸在他自己童年成长中也是有创伤的。

随后，作为心理辅导教师，我也主动与小媛的爸爸取得了联系，并希望通过家校合作，共同帮助小媛同学走出心理阴影，迎来阳光自信的生活。当我给来访者爸爸讲述了孩子在初中遭受同学欺负的经历以及自己渴望家庭温暖的心声时，爸爸也认识到自己的教育方法需要改变，应对孩子多肯定和鼓励；于是我找了些家庭教育方面的文章，如培养孩子建立自信的 28 个方法、如何与孩子进行"非暴力沟通"、如何帮助孩子建立安全感，希望通过交流、学习，能影响小媛爸爸，逐步改善对孩子的教养态度和教育方法。只有当家长做到无条件地接纳、鼓励孩子，为孩子成长创造安全、温暖的家庭环境时，孩子才能从心里感受到父母的爱，一切改变就会发生。

聚焦“微班会”提升德育教育实效性

晏东升

随着社会的发展，我们国家已经进入了新的时代，习近平总书记在全国教育大会上强调教育的根本任务是立德树人。“百年大计，教育为本；教育大计，德育为本。”教师担任着教书育人的重任，班主任更是德育教育的主力军。多年来，班主任的德育教育主要方式是开展主题班会，但随着时代的发展，各种信息技术尤其是“微”系列的应用提高了学生的认知速度，如果总是采用冗长的传统主题班会形式进行德育教育，容易使他们厌倦，不一定能收到很好的效果。由于班主任头绪多，事务繁重，也很难经常性组织主题班会，并且班级事务千丝万缕，一些细小的习惯纠正、时事认知等，也需要零碎的时间来完成，因此，我们班主任工作室致力于聚焦以微班会的形式来提升德育教育实效性的研究。

在学校精善教育理念指引下，我们班主任工作室一群人同心同行，携手并进；脚踏实地，潜心研究；微中见大，细中见实；以生为本，立德树人！

精善指引　同心同行

“至诚、至精、至善”，是我们九十四中的办学理念。至诚，就是用最诚信的态度；至精，就是精雕细琢，精益求精，即用最精细的过程，得出最精品的结果；至善，即是在现有条件下采取最好的办法，创造最优的条件，达到最高的境界。精善教育，就是要达到过程至精，结果至善的愿景。学校精善教育的理念激励和指引着我们班主任工作室开展工作。首先是用最诚心的态度，认识到研究班主任工作对提升班主任自身工作能力，提升班主任工作水平和德育教育效果有着至关重要的作用。一所学校的德育教育水平主要从班主任来体现，一个优秀的班主任团队就意味着一个优秀的学校！我们通过座谈会、交流会的方式，让成员们认识到自己肩上的责任，以对教育的虔诚之心，开启工作室的研修之旅。

脚踏实地　潜心研究

我们有一支有梦想的团队，他们来自各个年级，都有一个共同的梦想：使每一个学生都能获得全面发展！使每一棵幼苗都能长成参天大树！我们用虔诚的心呵护这棵幼苗，精细地管理、研讨、实践；精心地协作、辐射、带动！

我们深知：班主任工作室的研究一定要基于问题的研究。我们班主任最常用的德育教育方式就是主题班会。但传统的主题班会需要时间长，准备时花费的精力也比较多。那么问题来了：如何利用较短的时间，多次反复、有系统地对学生进行德育教育呢？针对这个问题，我们进行了研讨，认为我校每周二、周四下午 20 分钟的读报课时间是最好的德育教育时间，但以前班主任一般都是用来处理班级的临时事务，拉拉杂杂，不成系统，没有实效。因此，我们提出了“以微班会提高初中生德育教育实效性的实践研究”的课题。

课题提出之后，我们进行了论证，研究时间有保证，研究的内容呢？初中生德育教育包括：爱国主义教育、理想信念教育、感恩教育、安全教育、环保教育、青春期教育等，我们还设置了时事热点新闻、中国传统节日等一共八个主题，每个成员负责一个主题，每个主题设立了无数个小话题，微班会研究内容新鲜出炉。各位成员开始就自己所负责的微班会主题查资料，做课件，写教案，上研讨课。

从 2018 年春开始，每周四下午是我们工作室的活动时间，每次一个老师上一堂微班会课。课后大家一起评课、修改、整理，形成优质微班会资料，整理成系统的成果。目前已经在校内推广。

微中见大　细中见实

我们的微班会是在 20 分钟内开展的主题班会，一个大主题下有多个小主题，每个小主题即为一个微班会。它既具有常态班会课的许多共性内容，又具有切入口小、主题鲜明、目标明确、内容短小等特点，更易被学生接受，是主题班会的有效补充。例如，我们开展的环保主题，就包括维护校园、公共场所的清洁，生活中节约用水用电，绿色低碳出行，保护动植物等。我们的安全主题微班会，包括引导学生如何在教室、寝室、运动场地和公共场所注意人身安全，如何在生活中注意交通、消防、饮食、用电、防溺水安全，以及网络安全等。不是泛泛而谈，而是细致入微，落到实处。我们采取了视频、采访、演讲、演示、知识竞答等多种方式开展。每节课一个小主题，真正做到了有的放矢，落实了实效性。

我们的微班会特别注重学生爱国、感恩以及意志品质的培养。爱国主题，很宽泛，但我们通过讲国旗、国徽的故事，看爱国主义电影片段，了解祖国几十年来的巨大变化，欣赏祖国大好河山等形式，让学生在潜移默化中接受爱国教育，激发他们的爱国主义情怀。尤其是工作室成员罗杰老师的微班会“民族魂，中国心——国旗背后的故事”，令人激动兴奋。他通过故事、视频、朗诵等形式，让学生深刻了解国旗背后的故事，了解革命先烈为了祖国和民族的未来抛头颅洒热血的英雄事迹，激发了师生的爱国热情，很多学生和听课老师都感动得热泪盈眶！在短短 20 分钟里能达到这么好的效果，令我们欣慰和兴奋，德育教育实效性得到充分体现！爱国是不变的主题，感恩是永恒而迫切的主题，当今的孩子太需要感恩教育了！我们通过开展感恩父母、感恩师长、感恩同学等微班会，引导学生学会感恩身边的人。通过开展感恩家园、感恩学校、感恩自然等微班会，引导学生们学会感恩社会，感恩我们这个伟大的时代，从而更加热爱生活、珍惜生活。随着社会的发展，物质的极大丰富，科技的高度发达，网络的广泛普及，学生的意志品质有些薄弱了，我们通过"坚持的力量""自律的魔力"等微班会，培养了学生学会坚持、自律、自觉、果断等意志品质。

近些年，国家加强了对传统节日的保护和传承。我国历史悠久，文化底蕴丰厚，传统节日是民族文化的结晶，每个节日都包含很多口耳相传的古老史事，是我们应保护和弘扬的非物质文化遗产。作为当代中学生，有责任和义务了解、传承我们引以为傲的传统节日。因此，我们在每个传统节日来临之前都开展了相关的微班会。比如2018年端午节前两天，班主任工作室成员谭雨晴老师就上了一堂"别样端午"的微班会。谭老师除了让学生了解端午节的背景知识和民间习俗，还手把手地教学生包粽子。班会课后，谭老师把粽子煮熟了跟学生分享。学生津津有味地品尝着他们亲手包的粽子，心里那个美呀！这真是一堂别开生面的微班会，学生既学到了中国传统节日知识，又培养了动手能力，生活中的德育教育润物无声。

每天发生在我们身边的时事也是对学生很好的德育教育题材。我们通过开展"开眼看世界"系列微班会，希望学生不要两耳不闻窗外事，一心只读圣贤书，要风声雨声读书声声声入耳，家事国事天下事事事关心，从而达到了德育教育的目的。班主任们跟政治老师联手，要求学生每周一次新闻播报，这个活动也由此一直坚持下来。

以生为本　立德树人

每一次微班会都是一次学习的机会，班主任工作室的成员一个不少，甚至还吸引了其他的班主任和科任老师前来观摩聆听。课后的评课环节又是一次学习提高的机会，大家各抒己见，有肯定，也有建议，更有反思和提升！安全、环保、节约、感恩，理想信念，对学生的成长都很重要，那就一定要落到实处，从细微处入手，以学生为本，以实效性为标，让学生学而有用，学以致用！一节微班会，要培养学生的各种意识是不可能的，这需要细水长流，需要循序渐进！学习、研究、进步，我们一直在路上！

我们以草根精神自我激励，脚踏实地，一步一个脚印地做着最原始、最基础的探索和研究。老师们也在研究中不断积累，不断反思，随时记录下收获和感悟。

我们的微班会还在持续研究中，今后也不会只局限于20分钟的班会课，我们还会采取微视频、微论坛等各种行之有效的方式开展活动。我们的德育教育，始终坚持以生为本，立德树人！我们会不忘初心，同心同行！

诚信是做人之本
——作弊的风波案例

何琪

看似风平浪静的班级，暗涌着一股作弊的浊浪。

上周日下午，我班进行了一次8单元英语测试。第二天，英语老师与我聊天时说，有小组长反映，这次测试有英语成绩一向不好的同学，竟然选择题全对，而这套题的“完形填空”10道选择题，很多一向英语不错的同学做得很糟糕，她也看过，这些完形填空确实有些难度。于是英语老师怀疑有人作弊。其实平时的单元检测作弊，我们早就有怀疑。班上有一名女生，一向成绩不理想，我们发现她这学期的每次语数外单元测试都出奇的好，可一到学校的大考，她的成绩就很糟糕。英语老师也曾说过，她的英语作文一下就写得很好了，这不太可能。一次语文考试，她的现代文阅读与答案一模一样，这时我就确信了。可我找她私谈，她说自己没有。想到女生脸皮薄，自尊心强，我也就没再追究。只是提醒她，要是有作弊行为，希望她以后不要再做了，这样虽取得了好的成绩，暂时满足了自己的虚荣心，但最终会害了自己。当时我想，班上一两个学生作弊也正常，到大考时他怎么作假呢。带着这种想法，我打算这次也不了了之。多一事不如少一事，平时班级事务本来就多。但在总结班级工作时，我还是在班上放了一下风，暗示学生老师已经知道班上有同学作弊。

在回家的路上，我纠结着，这件事真就这样搁置着？很明显，班上的作弊风已有些势头了。要是这次真不了了之，这股风越刮越猛咋办？这就犹如大火灾一样，它都是由点点火星引发的。不行，这次我必须彻查这件事，将作弊的学生“绳之以法”。“小时偷针，长大偷金”的故事不是告诉我们吗？孩子的错误要是不及时纠正，那渐渐地他就会肆无忌惮，最后付出沉重的代价。我不想看到“亡羊补牢，未为晚矣”这样的结果。于是，我立马打电话给班长，让他通知课代表将这次英语考试试卷收起来，因为我今天在教室看到课代表在发试卷。明天到学校，我要先翻阅这些试卷，然后再想对策。

让人欣慰的是，第二天到校就先后有两个学生到我这儿承认了作弊这件事，我安排他们写份说明书，说说这件事的经过。看完学生的说明书，我大致知道哪些人作弊了。但我在翻阅试卷时，我怀疑除了学生说明书上提到的这些人作弊外，应该还有，包括前面提到的那个女生，因为这次考试她仍旧考得出奇好，连写的作文跟范文也是98%相同。英语老师私下找她聊，她说是补课老师正好讲过这篇作文。怎么才能拆穿这些学生的作弊面具呢？不主动来认错的学生，其实都抱着侥幸心理，认为老师没有证据，也不能把我怎么样，同时他们也觉得承认了错误，老师同学会瞧不起自己，再者爸妈知道了还可能受责罚。可是一个人迟早会为自己的错误付出代价的，你瞒得了一时，瞒得了一世吗？就算一直瞒住了，可你会受良心煎熬呀，这样多累。

现在，我要彻查这件事，将班上这股邪风铲除。于是我找来课代表，让课代表将这套试卷上易错的选择题整理一下，编成一个小练习，不过选择题的选项要交换一下位置。然后我安排了几个我怀疑的对象，即没来主动承认错误的学生，到办公室，在我规定的时间内完成这套练习。我要让他们在证据面前无处遁形。很快这套练习的结果出来了，同样的选择题，在考试时他们是95%～100%的正确率，可这套练习他们只有30%～50%的正确率。用概率的知识解释，考试时蒙对的可能也就只有30%左右。

孩子呀，你们想过没有，大家的眼睛是雪亮的，平时作业敷衍了事，上课经常分心，课下也悠闲自得四处闲逛，考试却能考好，这能不让人怀疑吗？再说学习来不得半点虚假。想要取得好成绩，说明你们还有上进心，这是好事。可你们应通过自己的努力来赢得成功，“君子爱分，取之有道”，这样的成功才是问心无愧的，才是经得起时间检验的。我想，只要你们真正努力了，“一分耕耘，一分收获”，你们早晚会如“我”所愿。

更何况，“诚信”是做人的基本品质，是我们每一个人成就事业的基石。要想做到诚信，就要从生活中每件点点滴滴的小事做起。希望你们都能牢记这一点，在今后的学习、生活中，处处做到诚信，使自己的人生走向璀璨。

根除懒惰，扬帆起航

何琪

我们做教师的就像是一个常年在河边摆渡的船工，日夜兼程，送走一批孩子，又接着迎来一批孩子。我们的人生价值就在这迎来送走中体现。而在这迎来送走中，我们总是会面临诸多挑战，孩子冷漠怎么办？孩子不爱学习怎么办？孩子懒惰怎么办？苏霍姆林斯基《给教师的建议》就如我在黑暗路上遇见的一盏明灯，指引我在教育之路上前行。

受学校安排，我去了重庆市巴渝中学，做了一名帮扶教师，担任两个班的语文教学工作，并兼任一个班的班主任。与孩子们相处几周后，我发现这届的孩子存在一些问题：喜欢在教室里高声喧哗，追逐打闹，给人很活跃的感觉，可一上课，无论老师怎么启发，课堂都像一潭死水，只有寥寥几个孩子会跟老师互动，还有不少孩子大部分时间眼神都是恍惚的，不会积极思考主动回答提出的问题；垃圾随处就扔，大家也是熟视无睹，更不会有人主动拾起；打扫卫生的同学也常是视而不见这儿一粉笔头，那儿一小纸屑；运动时跑两圈就有不少孩子气喘吁吁，有的孩子干脆躲在寝室里借口帮同学打扫卫生，有的假装系鞋带，上厕所，逃避运动……前两天与一位家长沟通时，家长说孩子曾在日记中写道，希望妈妈能生双胞胎，这样我就可以安心走了，就不用担心爸爸妈妈没人照顾了。显然孩子们的这些行为都是懒惰的表现。

苏霍姆林斯基说："懒惰是游手好闲、虚度光阴的产物，是一帆风顺的成长环境造成的。"是呀，现在的孩子大多是独生子女，从呱呱坠地之日起，他们就享受着亲人们的百般呵护：一摔跤，赶快跑上前扶起来；渴了，喜欢喝的饮料就递过来了；饿了，色香味美的食物就出现了……他们不用动手，不用动脑，就能解决想解决的麻烦，得到想得到的所有。这样无忧无虑的生活一旦长期拥有，孩子们就有了变成懒汉的合适土壤，就会精神生活空虚，兴趣贫乏，害怕困难，意志薄弱。并且没有了自尊心，不管别人怎么看，他都毫不在乎。那应怎样消除孩子的懒惰心，让他们扬帆起航呢？

一、家校携手，助孩子生活自理

每到周末，我就会鼓励孩子回家后做一些力所能及的家务活，比如整理自己的房间，内衣裤、袜子自己洗；饭前和长辈一起做饭，端菜上桌，摆好吃饭的碗筷，饭后收拾餐桌，独自洗碗，和长辈一起拾掇干净厨房；陪长辈上菜市场买菜，做一道自己喜欢的美食。并将自己周末在家劳动的情况及家长的评价在返校时带回，进行全班分享。在学校，寝室里的内务和课桌里的学习物品要随时整理。如被子、衣服的折叠、鞋子的摆放、其他生活用具的放置，在一开学，就对孩子做了规定，并每学期评比两次。另外，寝室教室的清洁大家轮流打扫，也要定期评比，采取奖优罚差的原则。班上还成立了养花志愿组，搬水志愿组，整理图书角、卫生角、讲台等志愿组。让孩子依靠自己的双手劳动明白吃穿要自己去付出，劳动是有意义快乐的一件事，以培养他们热爱劳动的好品质。

二、磨练意志，使孩子坚强乐观

学期伊始，就与孩子们制定了运动计划。每天早晚跑步至少 20 分钟，跳绳 1000 个，每月初进行跳绳比赛；激励孩子积极参加学校每期一次的拓展训练，如“翻越毕业墙”“穿越生死线”“冲出亚马逊”等；假期要求孩子每周必须在家长督促下锻炼 5 天，还要定期爬山，去乡下参加收稻谷、掰苞米等活动，做完后要写出体验感悟。开学第一天，为检验孩子假期是否运动了，要安排时间对他们做体能测试，如男生 1000 米、女生 800 米长跑测试，1 分钟跳绳，1 分钟仰卧起坐，1 分钟平卧撑等。让孩子花费一定的体力去感受生活不单只是轻松、舒适，还得有艰辛、痛苦，使他们在流下汗水，消耗体力中去面对困难、战胜苦难，进而提高意志力。

三、丰富活动，培孩子精神沃土

引导孩子平时养成多读书的习惯，让他们在书中获得精神食粮。推荐孩子阅读经典作品如《牧羊少年的奇幻之旅》《小王子》《童年》《老人与海》等；名人传记如《居里夫人传》《富兰克林传》等；利用读报课时间与孩子分享励志文章如《不吃苦，要青春干嘛》等。帮助孩子制定短期目标、长期目标，让他们有奋斗的方向，前进的动力。鼓励孩子多与阳光，有进取心，热爱劳动的孩子交往。给孩子安排一些创造性的活动，如用废旧物品制作小手工艺品，周末回家做水果拼盘、比萨等。让孩子具有灵动的内心，对生活热爱，这样才能获得预防懒惰的免疫针剂。

孩子身上的懒惰毛病，不要企图一挥而就能除掉，不要期望用斥责、棍棒就能解决。苏霍姆林斯基说过：“教育就像一门十分精细的医术，它要医治并治愈脓疮，但不承认挖除是个好办法。”孩子的懒惰首先是在家庭中产生的，如果家庭中缺乏热爱劳动的氛围，只靠学校老师的努力是不可能取得良好效果的。因此，要根除孩子的懒惰，需要学校和家长加强沟通，齐心协力，这样孩子才能迎风破浪，驶向自己理想的彼岸。

鼓励
——学生成长的阶梯

何琪

鼓励，对学生的积极成长起着至关重要的作用。不过鼓励是一门艺术，它要以爱护学生为出发点，做到公正、合理、实事求是。任何夸大其词，不符合实际的表扬和评价，非但不能起到积极的群体心理效应，而且对被表扬者也会产生不良的影响。

在教育教学中，恰到好处的鼓励可以激发学生的自信，收到事半功倍的教育教学效果。在一次口语交际的公开课上，我发现授课刘老师有这样一个细节：当他抽一个孩子起来朗读的时候，这个孩子由于紧张，话说得不太流利，刘老师就说："孩子，抬头挺胸，我们一起来做一次深呼吸，好吗？好，现在老师和你一起读。你个人再读第二遍。"这个孩子又接着第二次朗读，显然，有进步。刘老师接着对全班同学说："给予他掌声！"礼堂内响起了孩子们鼓励、肯定的掌声。刘老师又接着让孩子第三次朗读，并这样对他说："你会赢得同学们的第三次鼓掌。"在孙老师的鼓励下，这个孩子一次比一次朗读得好。我想，通过这堂课，这个孩子会越来越自信，会喜欢上朗读，并且，在多年以后，这个孩子对当时这个场景仍然会记忆犹新。

课堂评价是课堂提问的重要组成部分。鼓励性的评价可以激活教学气氛，激发学生参与提问的积极性。但在教学中，不能走进无原则的鼓励性评价的误区。有这样一个案例，一位老师在综合性学习——感受自然的教学中，老师问学生："你们最喜欢哪个季节？"有一个学生回答："老师，我最喜欢夏天，因为夏天我可以到河里游泳。"老师夸奖道："你真聪明，还会游泳呢！"其实这位学生的聪明之处在于他不仅说出了自己喜爱的季节，还道出了理由，老师应及时指出："你真是个聪明的孩子，不但说出了自己最喜欢的季节，而且说出了喜欢的理由，让我们听得更明白了。"这样有针对性的鼓励评价才是真正的"润物细无声"的鼓励方式。而这位老师的鼓励性评语很可能会让学生觉得他的聪明是因为他会游泳，从而让学生错失了一次"扬长避短"的机会。因此，我们的评价要有针对性、准确性，不能像个大帽子似的，随意扣在每个学生的头上。

在课堂提问时，对于那些胆小、不爱主动回答提问的学生，我们可以巧妙地设计一些简单的问题，进行启发式提问，当他们回答后，就声情并茂地表扬并鼓励他们，渐渐地，他们就不会再因为回答问题而恐惧，不会因为回答不好而感到灰心，思维也会逐渐活跃，能与全班同学参与课堂讨论，学习成绩也就会有所提高。

此外，在课堂提问时，我们要时时关注每个学生的表情，用关切与期待的眼神，鼓励他们积极参与，对他们的表现要常常用点头、赞许的“表情鼓励”，向他们流露教师的满意心声，激荡起学生不断上进的信心；对他们的大胆想法给予充分的点评和肯定，用掌声促进他们大胆尝试，这种由衷的“信号鼓励”会引发全班学生的响应，形成“奋发而和谐”的学习情境和氛围。

适时适度地对“差生”进行鼓励性评语，可令他们步入学习的正轨。对于差生，鼓励可消除他们的胆怯，更新他们的认识，转变他们的学习态度，这是使他们步入正轨的必要因素。“精诚所至，金石为开”，差生身上隐藏的闪光之处一经发现，我们就要及时抓住这个机会，恰当地给予鼓励和诱导。而“差生”经过一个深刻的、动态的、发展的心理过程，很有可能发生一个质的突变，告别迷途，步入正轨。

我们要把握好每个学生的思想动态，及时引导和鼓励，学生才能在答问中保持一种积极向上的动力，从而更加努力，要求进步。鼓励是开启学生心理情感大门的钥匙。课堂提问中，我们一句中肯的鼓励语句，会让学生激动万分，学生还会模仿着老师的样子鼓励别人，“你能行，我为你加油”“你一定会坚持到底”“我希望坚强的你会再次笑起来”等等，他们都会为对方加油鼓劲。

每个学生就像天上闪烁不定的星星，有明有暗，有近有远。只要我们有足够的信心、耐心去寻找，就会发现每个学生的闪光之处，然后及时抓住这些闪光点，进行恰当的鼓励，这些闪光点很可能就会闪亮一点，照亮一片。

在大力提倡以学生为主体地位，积极倡导“自主、合作、探究”教学方式的今天，我们更应对学生进行鼓励，鼓励他们大胆答问。只有这样，学生的主体意识、创新意识才能得以培养，潜能才能得以充分发挥。

有这样一句教育名言：“最残酷的伤害是对一个人自信心的伤害，最大的帮助是给人以能支撑起人生自信风帆的信任、掌声和喝彩。”作为一名教师，我们应站在学生的立场上，给学生多点鼓励和喝彩、少些批评与指责，使学生成为勇于尝试、敢于探索，在失败和挫折面前不气馁，并成为不断进取、具有积极健康心理的开拓型人才。

与家长沟通形成教育合力

杨精密

案例背景

我班有一个男生孙某，16 岁，就读于重庆市商务学校初三 3 班。父亲是重庆市经营中药材的个体户，母亲曾经是教师，后辞职无业。家庭经济状况比较好，孙某是一个犟脾气。

分析与诊断

记得还在初一的时候，有一天，孩子的爸爸找到我，谈到他儿子的时候，他说，杨老师，不瞒您说，在小学时候，每一个刚教他的老师都说，他很乖，上课积极举手回答问题，脑子反应快，比较守纪律。可是过一段时间，老师们就会觉得他有点调皮了。他是有些东西没有暴露出来。当时我所了解和观察的情况是他经常被老师请到办公室，因为没有按时完成作业。他的懒还表现在记忆英语单词和背课文上。这之后，我有意识地关注这个学生，害怕他给班上添什么乱子。后来的一学期很多周末，我都会接到孩子家长打来电话或是当面给我反映他儿子的情况。比如周末放学后没有按时回家，他们怀疑孩子可能在外面打游戏或上网，希望老师帮助教育，严格要求。了解到这一情况后，我开始找机会与孙某谈话，我发现他有一个特点，喜欢为班级或寝室做好事，不计较这事是不是一定该自己做。我何不抓住这一闪光点，让他经常感受到成功和受老师表扬呢？家长在了解情况时，我也比较注意以表扬为主，我认为只要不是原则上的问题，有些小事情不必“告状”，要给孩子留一定的空间。虽然他有时也会有一些小错误，但是我还是非常信任地让他担任了寝室的室长，实践证明，他干得相当不错，一学期下来，407 寝室经常都是满分 10 分，多次获得流动红旗，期末还获得学校“文明寝室”称号。

有一次，他的犟脾气又犯了，因为在寝室不遵守纪律，值班老师发现后教育了他，他认为没有尊重他的人格，对教育的方式不能接受，我了解事情后，也有极力维护老师尊严的意思，和他在寝室争了起来，后来他冲下楼，准备跑出学校……这件事后，我与李主任找他进行了一次深入的谈心，他非常愿意与老师交流，并保证一定改正错误和缺点，我也更加注意到在教育学生时要因人而异，尽量多倾听，不要急躁。

从初二起，我与孙某的家长达成一致协议，要改变他打游戏的坏习惯，首先要保证上学和放学的时间要准时，家长也乐意每周接送，就这样坚持下来。另外，我们还及时给他分析打游戏的危害。特别是他的一个哥哥在市内某重点中学读书，因为喜欢玩游戏，加上学校管理不严格规范，最后不得不转学。这件事对他触动相当大，逐渐意识到老师、家长和学校在为他好。在双方思想激烈的碰撞中，孙某度过了初中最艰难的一段时光。初二时，我发现他的数学、物理成绩还可以，英语主要是不想记和背，导致成绩差，多次找他谈话，暗示他理科成绩都这么好，思维敏捷，如果认真地学，肯定还会在中等的基础上有大的提升，我不仅一次看到他的眼睛里一亮，那份自信与高兴洋溢在脸上，我知道教育产生作用了，心里非常高兴。到初三上学期，他与父亲沟通已经比较愉快了，主动提出不需要再接送他了，同学会笑话他的。这次碰到他父亲，他非常高兴地告诉我，周末，已经没有接送了，因为他向您保证过，在中考以前，绝对不再进网吧。现在还想考一个重点高中，英语在他妈妈和老师的共同努力下，成绩提高了不少，这次模拟考试还进入了班上前 15 名。课堂上经常有老师表扬他的进步，现在他已经是市内一所知名重点中学高一重点班的学生。

评析反思

从教育孙某的个案中，我再一次深深地认识到了“亲其师，信其道”的道理。作为班主任，在教育学生的过程中，要有爱心、耐心、包容心，尊重、关注和关爱每一个学生。每一个父母对自己的孩子都是含辛茹苦，在生活上特别是物质方面让他们吃好、穿好，给了他们无限量的满足。许多孩子都以为自己所得到的一切是天经地义、理所当然的，他们感受不到父母的奉献与爱，这主要是因为父母只顾默默地付出，而忽视了与孩子的交流。很多父母没有意识到：缺乏交流的爱是狭隘的，缺乏交流的爱是贫乏的。教育的一厢情愿，只会导致种瓜得豆。要改变一个学生真的很不容易，需要学校、老师、家长的相互配合，共同引导，形成教育合力，才能引领学生健康成长。

结 语

学校德育是对学生进行的有目的、有计划、有系统的道德影响的活动。它以理想信念教育、社会主义核心价值观教育、中华优秀传统文化教育、生态文明教育和心理健康教育为主要内容，对学生开展教育，不断提高学生思想水平、政治觉悟、道德品质和文化素养，促学生成为德才兼备、全面发展的人才。

对学生开展德育教育，是件很有意义、很有价值的事情，其最高境界就是点化和润泽生命，促进生命的成长。然而德育教育并非一朝一夕就可以完成，它贯穿于整个教育教学的始末，需要老师持之以恒地把它渗透到日常教育工作的点滴中，以期达到春风化雨的教育效果。这就需要教育理想、教育情怀、教育智慧和教育自觉的支撑。借广东省中小学德育研究与指导中心李季教授的德育宝典说，有意义的事情要做得很有趣、很感人、很恰当，才能有效抵达人的心灵。教师要善于把经验化为理念，把理念化为原理，把原理化为策略，把策略化为技术，把技术化为方法。

第二部分 | **活动拾趣**

卷首语

活动，是人类生存的基本方式，也是教育发生的基本形态，学校德育活动以活动为载体，以育人为宗旨。中共中央、国务院印发的《关于深化教育教学改革全面提高义务教育质量的意见》指出，坚持德、智、体、美、劳“五育并举”；习近平总书记在全国教育大会的重要讲话中提出要培养全面发展的社会主义接班人。

“五育”不是互相独立发展的，而是相辅相成、互相影响的系统性工程。德育、智育、体育、美育和劳动教育都是全面发展的有机结合部分。无论哪种教育，都是爱的教育！

德育是根本，起着灵魂和指导作用。从孩提时代吟诵《三字经》《百家姓》《弟子规》等经典历史文化遗产，到进入校园集体生活的遵守校规，进而养成举止文明、诚实守信、懂得感恩等良好习惯，种下理想信念的种子，逐梦未来……

智育是途径，提供智力支持。知识都是通过学习获得的，学校能学习书本知识，社会能学习实践知识，端正学习态度，找到科学的学习方法，大千世界，尽在掌握。

体育是物质基础，至关重要。我们深知强健的体魄是奋斗未来的底气，体育锻炼不能有丝毫松懈。病毒肆虐，我们要筑起健康的堡垒；摘去眼镜，我们要看清世界的精彩瞬间；甩掉脂肪，我们要走出自信人生路。

美育协调各育发展。每一位受教育者都应通过美育的熏陶，在生活中发现美、欣赏美和创造美。美育也是一种情感教育，把中华优秀传统文化、革命文化、社会主义特色先进文化的种子深深埋藏在孩子们的心里，让美由内而外绽放。

劳动教育是“工匠精神”的具体应用。劳动教育重回教育方针，其实质是对“人的全面发展”的回归和坚守。学校组织的研学旅行、暑假劳动系列活动，班级开展的劳动比拼，旨在培养学生崇尚劳动、热爱劳动、辛勤劳动、诚实劳动的劳动精神。

孩子们的试卷会渐渐发黄，学生的成绩终将成为过去，但他们的综合素养——这种特别而美好的品质，却是融入生命的因子，必须经过长时间的熏陶和培养才能得以提升。校园里一个个性格各异的学生就像一颗颗玲珑剔透的珠子，丰富多彩、融合“五育”的活动正是一根牢固的线，将它们串成一条条美丽璀璨的项链……

诗诵清明，在美的鉴赏中感受文化传承
——学校美育探索案例一则

牟强　杨琦

案例摘要

教育者的责任，有传承。创设情境引导孩子们感受传统文化是我们必须思考和实施的教育过程，用美的形式为载体，用美的触觉为支撑，以美的方式呈现传统文化，让孩子们在感受美的同时感受到传统文化的那一丝惊艳，是本次活动的主题目标。从铺垫展示的状态美，现场展示的意境美，任务完成的作品美，孩子们是在美的感染与引领中参与到活动中，同时在参与过程中又感受到中华传统的文化美。美的表现陶冶情操，美的情操浸润文化。本次活动案例初步设计仅仅是以美引领学生关注传统，却收到了孩子们对传统文化美的高昂兴趣，这实为文化的魅力，也为美育的魅力。

案例背景

传统节日、传统文化，在当前大部分孩子心中逐步远离、忽略、淡化，他们盼望圣诞节的钟声，憧憬情人节的玫瑰，垂涎感恩节的火鸡，甚至会迷醉万圣节的装扮，这些孩子们认为这是一种时尚，一种展示个性的生活方式。诚然，我们不排除西方节日有一些积极进步的元素，但太多的孩子没有静下心来感受五千年历史沉淀的中华传统节日、传统文化的厚重。教育者的责任，有传承。创设情境引导孩子们感受传统文化是我们必须思考和实施的教育过程，用美的形式为载体，用美的触觉为支撑，以美的方式呈现传统文化，让孩子们在感受美的同时感受传统文化的那一丝惊艳，是本次活动的主题目标。

实施过程

一、美的铺垫

各班提前进行清明节前的铺垫教育。要求各班班主任只能负责协助、审验、评价、点拨，不能直接讲析。各班以学生为实施者进行清明相关知识的宣讲，各班自行申报时间，德育处统筹安排时间，班级利用周二、周四的德育课时间进行展示，其余各班派代表观摩。没有评比，对传统文化的虔诚态度下不应分谁优谁劣，只有最佳状态的展示——漂亮的 PPT、标准的普通话、得体的仪态、有趣的创意等，以班级和学生认识到的最美，呈现对清明这一传统节日的理解与认识。

图 1　各班级组织孩子们自己讲，自己展示，感知清明节（摄影：牟强）

二、美的视角

视点 1：结合光线情况、周围草坪，德育处对活动背景进行了精心设计——绿色的主色背景，复古的暗纹，暗合清明踏青的寓意与传统对清明节的通感认识，同时又传达提倡绿色祭扫、绿色祭奠的含义，诗诵清明的主体大字，就传达了本次活动的形式。背景与操场的草坪浑然一体，给孩子们创设了强烈的视觉冲击，同时激起了他们参与活动的好感与好奇。

图 2　诗诵清明背景墙与环境浑然一体（摄影：牟强）

视点 2：活动选定在一个阳光明媚的周一升旗仪式时段，光线投射在背景墙上泛起的金色光斑，光线散射在冉冉升起的国旗上，在阳光中挺拔站立的升旗手，各班级团队的整齐服装，无一不在传达美的视角，美的仪式感。

图 3　升国旗营造的活动仪式感（摄影：刘小依）

三、美的听觉

《渔樵风月》《清明雨上》，古典风的乐曲，剪辑之下，能引领人穿越时空，平静心绪。但是，乐曲的前奏，在隆重的仪式现场，就足以让孩子们对音乐营造的氛围，传达的意境有了深刻的认识。

四、美的情感

“都说这个节日的春色非常浓稠，都说这个节日的内涵十分丰厚，清新的风和明亮的雨是中国特有的门帘，清秀的山和明丽的水是全球向往的窗口。”

“我们的清明多像一叶扁舟，缅怀和思念就这样静静地跨过时间的鸿沟。”

“梨花风起正清明，沾衣欲湿清明雨，今天，在这中华文化的殿堂里，为什么我们的脚步轻轻？为什么我们的心情肃穆？纸灰飞作白蝴蝶，血泪染成红杜鹃。”

“今天，在这中华民族的宗祠里，为什么苍天也在落泪？为什么大地也在叹息？那是因为：清明的风，把永远唐诗宋词化作岁月的澎湃与激情；清明的雨，把炎黄不屈脊梁与傲骨化作生命的慷慨与悲壮！”

中华文字的魅力，在文字渲染的情感中，我们能追溯往昔，能传达使命，能抓住孩子们对传统还比较陌生的心。

五、美的和声

在视觉、听觉的声光效果与文字情感综合营造下的情境里，让孩子们参与，才是本次活动的主题。随着古风乐曲的节奏，缓缓地打开诵读单册，在老师的领诵下，孩子们张开嘴，用稚嫩但虔诚的声调，慢慢投入进来。

“今天，我们继承传统，积淀智慧；今天，我们缅怀先烈，牢记历史；今天，我们砥砺前行，继往开来！”从刚开始的羞涩，到进行中的坦然，再到高潮时的浑厚，我们从诵读和声的变化中收到了美育的效果，完成了文化的传承。

图 4　最美和声——诗诵清明（摄影：刘小依）

六、美的回眸

趁着在活动现场的仪式感中燃升的传承意识，让孩子们以任务单的形式完成本次实践活动，为清明传统节日的主题画上完美句号。实践活动任务单，人手一册，

任务一：传统节日理念继承——查阅“清明”的来历和意义。

任务二：传统节日文化继承——记录“清明”的文化习俗。

任务三：革命烈士意志继承——摘录一段革命烈士光辉事迹。

任务四：搜录一段（首）以“清明”主题的诗句。

任务五：结合诗句意境完成一幅线描画（可上色）。

各班孩子们提交的任务单相当惊艳——资料搜集的全面、文字描述的翔实、图画表现的完美，超出了预期想象。在任务单的展评中，师生对“清明”文化有了进一步的认识。

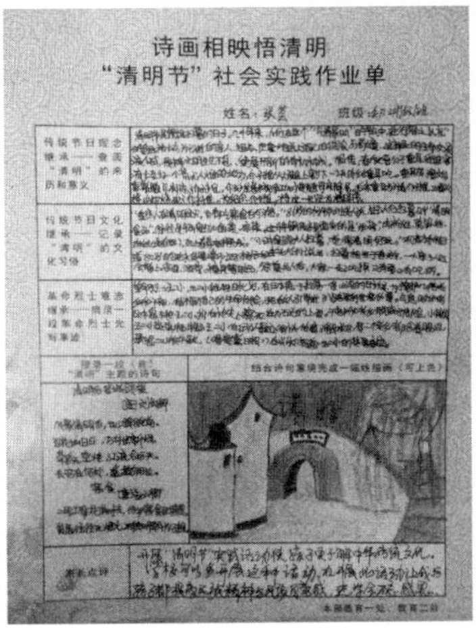

图 5　最美回眸——清明实践活动任务单（摄影：牟强）

收获成效

本次活动的圆满实施，起关键作用的是穿插其间的美育思想。铺垫展示的状态美，现场展示的意境美，任务完成的作品美，孩子们是在美的感染与引领中参与到活动中，同时在参与过程中又感受到中华传统的文化美。美的表现陶冶情操，美的情操浸润文化。本次活动案例初步设计仅仅是以美引领学生关注传统，却收到了孩子们对传统文化的美的高昂兴趣，这实为文化的魅力，也为美育的魅力。

反思改进

诵读是过程，任务单才是记录传承的工具。该任务单完成后进行班级评价，推选学校展示，在比较中完善对传统节日的认识。从任务单的完成中呈现下列优点与不足，总结便于后期改进。

优点：

1. 全面参与，全面填写，文字和图画覆盖了作业单内容，没有空白，说明全体同学投入的认真态度。

2. 部分同学追求作业的完美品质，涌现出七年级 8 班龙圣伊、七年级 7 班张境芝、七年级 6 班王逸帆、八年级 6 班陈庭兰玉、八年级 6 班周雨阳等超一流品质的作品，配图完美。

3. 节日理念继承板块的清明节的来历与意义、节日文化继承板块的清明节的文化与习俗、革命意志继承板块的革命烈士事迹，同学们查阅资料详尽，书写工整，呈现了严谨认真的完成态度。

班主任老师应关注与引导的几点不足：

1. 部分班级查阅关于清明的古诗词，缺少班主任老师的引导，过多的雷同，本来绚烂的古诗词文化对清明这个重大节日有很多的诗句描述，常见的至少三四十首，但很多班级只局限于“借问酒家何处有，牧童遥指杏花村”，我们应从更多层面进行引导与赏析。

2. 革命烈士光辉事迹简述部分：超过70%的文字是对刘胡兰、黄继光、邱少云、董存瑞的描述，牢记国家进步历程中的每一位革命烈士的名字与事迹，诚然是我们的责任与义务，所以我们设计了这个板块。但目前呈现出来的是学生对革命烈士的概念局限化、单一化，我们还应铭记更多的名字，铭记当前在和平时期、国家腾飞进步历程中，包括在灾难面前为国家为人民付出生命的更多人。

3. 家长点评：一部分家长点评写了家长名字或已阅。这是远远不够的，我们也希望在家长的认同中，在家长的赞许与赏识中，孩子能有进步，家校交流更加密切。应尽量避免这种没有情感的点评。

人人都有一双爱美的眼睛，人人都有一颗向美的心灵，通过多种形式呈现的美育载体，让孩子们在美的引领中了解并感受传统文化的美，是美育良性循环的效果，通过案例探索，我们坚定了美育引领孩子思想心灵的信心。

诗诵清明，在美的鉴赏中感受文化传承……

“五个一”走近“劳动者”
——“五一节”假期亲情实践活动

牟强　杨琦

活动背景

“五一节就是放假休息”“这个五一节到哪里去玩儿呢”“好不容易放假谁还待在家里啊”……和一部分孩子的聊天过程中收集到的这些信息让我有些震撼。受一部分家长价值观影响和环境的熏陶，他们眼中，“五一节”是消费的节日，是娱乐的节日，是人类虚构的节日……总之，是与劳动无关的节日。故我们有必要引导孩子们走进“五一节”，走进劳动者。

活动目的

爱劳动才能敬业，懂敬业才能更好地劳动，围绕价值观“敬业”关键词，设计多样形式活动的体验，让孩子们在亲情的陪伴中走近劳动者，体会劳动的辛苦，珍惜劳动的成果，感受劳动的快乐。

活动形式

利用“五一”假期，设计“帮父母做一次家庭内务整理”“在父母帮助下做一道餐点供家人享用”“通过网络查证或实地采访对父母的职业进行一次深入了解”“描述一位劳动者的感人背影”“写一段如何珍惜劳动成果的心得体会”为线索的“五个一”主题实践活动，通过实作、实访、实感的过程，利用文字、图片、讲述等方式进行交流，以达成目的。

实施过程

1. 召集班主任会议，交代活动背景及活动目的，强调本次“五个一”主题的实际意义，确立活动的德育高度，争取班主任的最大支持与主观能动性。

2. 组织各班强调活动意义，规范活动要求，激发学生参与活动的兴趣，鼓励学生上交图片文字，确立部分同学作为活动的典范，以便班级交流与总结。

3. 制作“探源核心价值观系列教育——‘五一节’假期‘五个一’主题实践活动”的项目记录表进行发放，让家长知晓、参与帮助，并进行活动评价与反馈。

4. 假期过后，收集活动记录表、学生活动图片等佐证材料，组织学生进行班级交流，关注家长评价与反馈，形成思想认识，制定行为改进措施，评选“五个一”活动中的“星级劳动者”。

成果分享

活动一：“帮父母做一次家庭内务整理”

“家里扫地比教室要难很多，很多细小的地方不易扫到，比如床下、沙发下，需要花些体力，但总的来说累趴了也有成就感，为爸妈分担了家务，听着表扬真的很愉快。”

——初 2015 级 8 班马紫云

“洗衣服要先浸泡一下，再倒入洗衣液，用力搓动，然后放洗衣机洗会干净许多。”

——初 2015 级 14 班王锐

“给爸爸妈妈梳理了一下本月家庭开支，尝试分了哪些该用，哪些可以节省，哪些不该用，知道了很多不该用的支出都是我的因素造成的。”

——初 2015 级 1 班杨洋

点评：累趴了也有成就感，洗衣服要先浸泡等文字令我感动，这些发自内心的愉悦，生活窍门的积累，就是孩子们在参与劳动体验中的宝贵收获，通过文字的描述，结合部分图片的串联，我能够想象孩子在家和父母一起合作劳动的融洽。其中杨洋同学没有选择家庭内务的整理而是家庭财务的整理，我认为更是活动中的创新与亮点，是从体力劳动到脑力劳动的过渡，到思想境界的提升，值得欣慰。

活动二：“在父母帮助下做一道餐点供家人享用”

“豆浆：头天晚上将两勺豆子用水泡好，第二天早上用豆浆机把豆子打成浆，用火烧开后，加点糖就好，但愿爸妈能喜欢，对了，爸爸在减肥，少放糖……”

——初 2015 级 1 班杨旭

“麻婆豆腐：豆腐切块，倒入适量食用油，放入豆瓣、大蒜、姜、花椒等调料炒出香味后放入豆腐加少许水烹煮，加盐、味精，放葱花后起锅。”

——初 2015 级 6 班樊玲璐

点评：记录表中有空格是填写制作餐点的步骤，目的是让孩子们知晓并熟悉劳动的过程及掌握技能的步骤。在文字的记载中，我能读出孩子们认真准备的态度，精细烹制的过程，我能感受到每一道餐点的色、香、味。也许，有些孩子是在网络或菜谱中摘录的制作过程，但即便是这样，也能丰富和提升自身的生活技能，这就是参与劳动的好处。特别是制作豆浆那位同学从头一天的准备，到第二天清早的忙碌，到“爸爸在减肥，少放糖”的自我提醒，我能感受到孩子为父母准备一个惊喜的情感变化过程，这就是亲情的交融，是本次亲情活动目的的达成。

活动三："通过网络查证或实地采访对父母的职业进行一次深入了解"

"销售：妈妈的销售工作需要有良好的为人处事经验和丰富的人力资源，要懂得如何推销自己和自己的产品，要大胆心细，半天的体验锻炼了自己的口才，明白了生活的不容易。"

——初 2015 级 5 班陈小雯

"焊工：焊工是采用合适的焊接方式、合理的焊接工艺、适当的焊接设备，选择同材料或不同材料的填充物将金属或非金属工件连接的一个工种。妈妈工作的地方温度很高，火星四溅，不论春夏秋冬，她总是穿着厚厚的衣物，手中的工具溅射的火星经常把手烫伤，真正感受到妈妈上班的辛苦，我再也不乱花钱了。"

——初 2015 级 1 班 李雯佩

"教师：教师是个普通的职业，但非常劳累，假期跟着妈妈去学校看望了留校的学生，了解到妈妈平常不仅要备课上课，还要担心学生的生活、安全，平常大部分时间，甚至假期都和学生在一起，十分忙碌，精神高度紧张，感觉妈妈很疲惫。同时我也明白了我的老师的辛苦，我要好好谢谢他们。"

——初 2015 级 9 班张晓乔

点评：这个活动，孩子们通过父母亲的帮助，反馈回来了很多职业内容，工人、教师、警察、工程师、销售、个体户等。通过网络查证、实地感受、父母讲解，孩子们初步体会到了父母亲在社会中承担的角色和其间的辛劳。在字里行间，大部分孩子表现出对父母辛勤付出的感激之情。从平常的骄横、自我，到接触了解父母的工作，发现父母劳作的辛苦，心疼父母感激父母，孩子们的思想认识在提高，心存感激的意识在增强。

活动四："描述一位劳动者的感人背影"

"在爸爸的工地上，叔叔们都不怕脏、不怕累，脸都晒得很黑，衣服被汗水浸泡，湿了又干，干了又湿，形成一个个白色的盐圈圈。"

——初 2015 级 1 班杨洋

点评：记得朱自清笔下父亲的背影感动了好几代人。现在的孩子缺少对生活中这些感人片段的捕捉与感悟。本活动是在前面几个环节充分体验劳动过程后，对孩子思想境界提升的一个设计。对于身处优越环境的这些孩子来说，能在文字中凸显汗水浸湿的盐圈圈，就是在劳动认识上的进步。

活动五："写一段如何珍惜劳动成果的心得体会"

"每一次劳动都会付出汗水与辛劳，而劳动成果更是来之不易，万分珍贵。每个人不但要珍惜自己的劳动成果，更要珍惜他人的劳动成果。"

——初 2015 级 1 班张洋

点评：大多数孩子总结的心得体会意思相同，即珍惜自己和他人的劳动成果，我想这不是思考得简单，而是对劳动成果认识的高度一致。通过活动，把虚化的珍惜劳动成果口号，具体化为节约不浪费，勤俭不攀比，珍惜他人的付出，心存感恩等实际行动，统一了思想认识，明确了行为准则。

总结反思

本次活动发放“五个一”主题实践活动记录表1930份，回收1930份，随机抽取样本128份，其中家长意见反馈表示高度赞扬与支持的113份，活动佐证照片113幅，家长陪同参与93份。

收获：

1. 本次活动引领孩子们进一步认识了劳动对人类及人类社会的重要意义——劳动创造人类，创造世界，创造文明；劳动，促进人的成长与发展，丰富人的精神世界。

2. 孩子们初步感悟到劳动可以锻炼我们的能力，磨砺我们的意志，强化我们自强、自信、自立的意识。通过劳动，我们不但能学会吃苦耐劳，而且能够体会劳动成果的来之不易。

3. 大多数孩子基本清楚了为什么要珍惜劳动成果——劳动成果是劳动者用汗水换来的财富，凝结着劳动人民的勤劳和智慧。珍惜劳动成果，就是尊重劳动。

4. 通过参与主题活动，孩子们充分认识了参加家务劳动的意义：能够掌握一定的劳动技能，有助于养成勤劳自立的习惯，能够锻炼和增强意志力。在紧张的学习之余，做一点家务，也是一种休息，可以调节大脑机能。家务劳动能力强的人，生活技能相对较高，独立生活能力也较强，对生活充满信心，能够独立面对各种困难。

不足：

本次活动中，孩子们对劳动的理解存在片面的状况，比如，在描写劳动者的背影活动中，收取了128份样本，有74份选择了清洁工进行描述；在烹制餐点过程中，有68份选择了番茄炒蛋和炒土豆丝，过半孩子选择了简单餐点，没有一份新品尝试，缺少探索与创造的精神。孩子们头脑中的劳动和劳动者的概念需要进一步更新与完善。

后期完善方向：

1. 应在后期的活动设计中强调新型劳动者的特点——善于学习新知识、掌握新技术，创新能力强。

2. 强化“劳动虽有分工不同，但劳动者没有高低贵贱之分”的意识。

3. 引导孩子如何做一个快乐的劳动者。

结束语

劳动是培养和发展人的道德品质、提高人的精神境界的重要途径，深化理解劳动，不仅能够促进人生理、心理和品德的发展，而且与个人的成才、事业的成功紧密相关。对劳动的引导、评点，有助于孩子世界观、人生观的正确树立，有利于核心价值观的渗透。“五个一”——感受劳动者的辛勤，“五个一”——畅享劳动者的快乐！

身未动，心应远
——研学旅行总结

牟强　杨琦

第一板块　回眸，令人感动的背影

2017年4月，学校获批通过重庆市研学旅行试点学校申报，正式启动本校“行路悟道，传承中华传统美德”研学旅行课程建设相关工作。

2017年，春季“拉练园林、拓展户外——探源核心价值观”实践活动选地市园博园，实践活动是一次课程，我们选择站在学生身后，力图让孩子们充分体验在课程活动中的主体地位。于是，我们欣慰地观察到孩子们一个个生动的背影。

一、看这一个虔诚的背影

重庆园博园127个展园都融入地域文化特色。游客可享受一道真正意义的“园林景观文化大餐”。园博园，是重庆的；建筑文化，是民族的；民族的文化，是世界的……孩子们通过课程单的设置，提前预习，带着对中华民族灿烂建筑文化的虔诚，享受这里的静谧。没有喧闹，没有乏味，烈日下，辗转于各园林、景观之间，不时地掏出笔记本记录下讲解员的介绍，专注地点头，本该生性活泼的年龄段，却能静下心来聆听观赏这些山水花石的精妙。看着孩子们虔诚的背影，我知道这是民族文化的魅力，我也知道，这是课程设置的主导与影响。

二、看这一个充实的背影

苏州园林，起始于春秋时期，形成于五代，成熟于宋代，兴旺鼎盛于明清。苏州古典园林被列入《世界遗产名录》，是中华园林文化的翘楚和骄傲。课程任务一：了解苏州园林的历史地位与意义——孩子们通过提前查阅资料和讲解员现场讲述，孩子们的笔记里、记忆里，完善了对我国园林瑰宝的历史认识。

“似乎设计者和匠师们一致追求的是：务必使游览者无论站在哪个点上，眼前总是一幅完美的图画。总之，一切都要为构成完美的图画而存在，绝不容许有欠美伤美的败笔。”带着这些文字，孩子们来到了苏州园（吴韵山居），休憩间，诵读课文经典文段，结合语文教材中对《苏州园林》的相关描述，实地考察印证苏州园林，并完成白描的静态写生。孩子们分散成小组，在不同的点，观察着园林的图画美。在白描写生的过程中，虽然笔法稚嫩，但专注严谨，用线条刻画着自己眼中，心中的苏州园林。

从历史到语文，从语文到美术，课程任务在学科中转换。让实践活动与学科教学进行了有效结合，丰富并拓展了课堂知识内容，提升了孩子们对学科的投入与兴趣。看孩子们充实的背影，我知道这是园林特色的魅力，我也知道，这是学科特色的主导与影响。

三、看这一个坚持的背影

本次活动坚持“多元化”原则，力求通过实施多元教育取得收获。拉练行动是本次实践活动的线索，对园林景观的了解欣赏，长途步行磨砺意志，孩子们坚持着；沿途的环保卫士行动，让孩子及时清扫休息场地，孩子们坚持着；保持队列行进，就餐游览规范有序不喧哗，孩子们坚持着。拉练，对孩子们的行为习惯进行了具体的指导与引领；拉练中，各班级拓展训练或创意美照，让孩子们爱校爱班的情感在活动中延伸。

看着孩子们坚持的背影，我知道这是过程育德的魅力，我也知道这是研学旅行的主导与影响。

看孩子们一个个生动的背影，在旅行中感受优美的自然、人文风光，利用所学知识拓展良好的科学素养、人文素养，在活动中养成良好的公民素养和社会责任意识，增强班级凝聚力，加强学生间的沟通和交流，……这如许多的教育期望，竟然能够通过研学旅行让学生得到发展与强化，我们深感旅行实践活动的意义重大与教育部门推进研学旅行试点项目的良苦用心。

尊重民族灿烂文化，是美德；广博求知，敏而好学，是美德；严谨修身，坚守立身之本是美德。“行路悟道，传承中华传统美德”，我们将在探索的道路上走得更稳，走得更远。

第二板块　思考，关于研学旅行

把课堂搬出校园，让学生在社会生活中拓宽视野、丰富知识，增进与自然、文化、社会的亲近感，这本身是一种美妙的过程。因为有对孩子们执着的感动，故有对研学旅行意义的重视与责任。总结前期活动，查阅观摩国内外旅学活动，深有感触因而有所思考。

上海师范大学朱立新教授在与记者的访谈中谈到了研学旅行的广义狭义之分。我想我们教育系统所说的研学旅行应是他所说的狭义范畴，即研学旅行特指由学校组织、学生参与的，以学习知识、了解社会、培养人格为主要目的的校外考察活动。其特点有四：一是强调目的性，即旅行的目的是探究学习；二是强调主体性，即要求是学校组织、学生参与的集体活动；三是时间上强调短暂性，也就是研学旅行是一种暂时离开日常生活、学习地的考察行为；四是空间上不特别注重异地性，即出了校门一定距离就算“旅行”。

一、关于“旅学”的思考

按照对研学旅行定义的查阅与市区教委文件精神，研学旅行的组织与实施应立足“旅学”重点——一定是因“学”而“旅”，而非因“旅”而“学”。学校应通过既定的课程大纲或体系，确定学习的主题而选定出行地点方向，落实实施的课程任务。若因一次出行而牵强设计实施课程，由“旅”而“学”可能就单次活动会呈现暂时完美，但就宏观来说，无法形成课程体系，教育教学的点显得散乱无序列，孩子们在活动中收到的效果只可能是分散的点，不能形成有效的面。同时也会呈现孩子的收获多与旅行相关的局限性。只有立足因“学”而“旅”，围绕学校课程体系构架，学校才能开创更多形式的研学活动。故“学”是目的，“旅”是形式，二者的顺序、主次必须要认清楚。

二、关于“机制”的思考

1. 推行机制

目前国务院、教育部的相关文件都已提及推广研学旅行的问题，很多地方也在积极开展试点工作。在试点工作积累经验的情况下，可以由市区教育管理部门发布研学旅行的指导纲要，把它作为学校教学和学生毕业升学的硬指标，并通过大数据平台辅助实施与督促，从官方层面推动研学旅行的开展。

2. 促进机制

当前我区试点研学旅行的费用采取政府拨一点、学校贴一点、家长出一点的办法来筹集。面临的问题是，如果学校生源家庭环境不够好，学校研学旅行的出勤率、有效率、达成率均受较大影响，校际组织活动的差别很大，形成研学旅行小范围的教育教学不均衡。建议对开展研学旅行的学校，政府应适当加大经费支持力度，或在普遍支持的基础上针对部分贫困家庭拨付专项的研学旅行帮扶经费；同时政府鼓励全社会本着做公益的心态积极参与研学旅行的开展，对积极参与的企事业单位可以给予一定的政策支持，以推动这项工作的全面展开。

3. 联合机制

一是教育系统与旅游系统的联合。研学旅行，仅从字面分析，就可以看出它涉及教育和旅游两个部门。教育系统有课程体系，旅游系统专长于出行资源，因此，要做好这项工作就需要这两个领域的主管部门联合起来，共同推广。研学旅行虽然是学校组织进行，但毕竟旅行机构比学校运行更专业一些，运作更可靠。特别地，学校跨省、跨境的研学旅行，还是委托专业机构更合适。这样学校可以把精力集中在“研学”上，而烦琐的“旅行”操作流程则交由旅行服务机构去办，并且学校还可由此转移一部分安全风险。二是校际联合，利用大数据平台，校际间加强联系交流，课程体系、教学任务、策略方案、旅行机构可以共享，有利于各学校精品课程的收集整理推广，形成区域研学旅行的完善资源体系。

4. 安全机制

研学也好，旅行也好，安全是第一位的。学校设立研学旅行工作小组，教育主管部门可设立研学旅行中心小组或专项工作室，在研学安排和安全防范方面指导各校的工作；学校必须对旅行线路和活动设计进行实地考察并进行风险评估，拟定安全规范，建立应急预案；学校在活动前就将可能存在的安全风险和注意事项对学生和家长进行说明和安全警示，防患于未然；学校必须对旅行活动各环节中提供服务的供应商进行全程参与的资质审查、质量评估，建立信誉档案。

三、关于“过程”的思考

1. 形式要多样化、操作要灵活化

目前的研学旅行主要还是由学校组织、教师设计、学生参与的集体活动，在既定的教学大纲前提下注意形式多样化，操作灵活化。可以根据不同的目的、不同的需要进行设计：有些研学活动由学校统一安排实施；有些研学活动可以由教师出目的要求和指导意见，让学生和家长具体设计和完成；还有些研学活动甚至可以由学生自主设计、自主实施，而教师负责指导和审核。

2. 主题要多元化、内容要开放化

研学旅行不是春秋游、科普游、红色游、公益活动、环保实践、第二课堂、学校教育，但可以是研学旅行的从属内容。研学旅行应是多方面的，人才培养是多维度的，自然和社会更是多姿多彩的，知识探究、能力培养、情感体验、人格塑造等目标都可以尝试在旅行活动中实现。诸如爱心扶贫、职业体验、民俗采风、危机体验、艺术欣赏等各种主题都可纳入研学的范畴。即便是统一研学课程时段，也可以是设置多元的课程内容，让孩子有多维度的收获体验。唯有如此，研学旅行才能更广泛深入地开展下去。

身未动，心应远。作为教育实施者和学校研学旅行的组织者，我们应感受到肩负的责任，应在出行前考虑更多，力求精细，扎实推进研学旅行工作，为孩子们的学习拓展搭建优质宽阔的平台。

化整为零、形散神聚，在家乡户外的山水间滋养
——重庆市商务学校（94 中）2018 研学案例回眸

牟强　杨琦

2018 春季，“城之忆”，研学“520”来了……

我们想在家乡的山水间做一次孩子们记忆深处的研学，一次孩子们斟酌回味的研学，我们尝试精善理念指导下的研学，我们探索突破常规的研学……

「化整为零」

研学，是课程，我们想让每位孩子在课程中有收获。本次研学活动主体是初中部七八年级学生，共约 616 人。针对本次研学的活动实效、管理实效、课程实效，我们对孩子们团队进行化整为零的调整。

1. 为保障活动实效而化整为零

本次研学的主要路径在重庆南岸南山景区及万盛黑山谷景区的两个基地进行，学校前期考察中获知基地依山纵深而建，虽有立体的层次，有错落的景致，但活动区域不够开阔。一棵树观景台、抗战遗址博物馆、飞跃丛林项目、绳降项目、攀爬项目等实施场地面积不大，单项目能同时容纳 2—3 个班级已经略显拥挤。故为孩子们参与活动能有足够的空间了解、观摩、学习、探索、体验，我们将学生团队化整为零，每 20 人一个小队，两个小队组成一个大队，大队全体师生一起活动，在场地间轮换穿插，保障活动实效，而不至于人多拥挤，等待时间过多。

2. 为保障管理实效而化整为零

孩子出门在外，因新奇而难免兴奋，出行过程中指导教师的陪伴、引导与管理是活动的保障也是安全的保障。每 20 名学生配备一名引导员或教官，学校配备一名教师，形成一个小队，两个小队形成一个大队，师生紧密随行，一起进行所有活动，遇突发情况，四名指导人员能分工处理协调，确保研学过程中，教师、教官或引导员紧密查控，及时督促与处理，突出了管理实效。

3. 为保障课程实效而化整为零

研学旅行作为一门课程，在课程教学过程中应有面向不同类别学生的分化，分层教学要针对不同类型的学生使其达到更好的学习效果。本次研学的板块试点探索了研

学课程的分层教学，结合学生及家长意愿、学生自身综合能力、学生自身生活管理能力，本次研学分化为常规教育观摩体验板块与试点拓展探索板块。一棵树观重庆全景、抗战遗址博物馆了解抗战文化、飞跃丛林体验团队互助作为主体课程，在 427 名孩子中推进，传递爱家乡爱团队情感意识；平常孩子们不常参与的皮划艇、绳降、攀爬、帐篷搭建收纳、徒步及喀斯特地貌植物的识别等户外拓展，在 189 名生活管理能力较强、运动协调能力较强的孩子中试点推进。

形散神聚

针对出行两个板块课程项目的实施，学校四次与承接机构衔接，落实课程任务，围绕本次活动的特点和目的进行个性任务设定，避免任务因普适性而空洞低效，让孩子丧失了本次活动中的锻炼机会与教育机会。

板块 1：“城之忆”——历史足迹凝团队。

课程任务：忆抗战历史，讲先辈故事，明确爱国的首要意义是民族的独立与自强；忆重庆发展历史，瞰两江风景，绘山城美丽，领悟家乡的情愫源于这片怡人的山和水；憩重邮食堂，品高校午餐，延续光盘行动展示我校学子礼仪规范；激个人潜能，悟团队协作，飞跃丛林就是飞跃自身的胆怯与孤单。

重庆抗战遗址博物馆参观学习。博物馆位总占地 500 余亩，遗址面积 4053 平方米，每一处遗址都带着浓厚的历史印记。遗址博物馆包括重庆黄山抗战遗迹博物馆参观游览区，13 处文物景点、一个综合陈列馆和一部分室外陈列。主要参观学习英雄纪念碑、综合陈列馆、松厅（宋美龄别墅）、松赖阁（宋庆龄别墅）、孔园（孔祥熙的二女儿孔令伟的别墅），仔细聆听专业讲解，重温重庆 14 年抗战点滴，让孩子们了解我们的家乡在中国抗战史中的不平凡。

南山一棵树平台鸟瞰重庆。让学生认识新重庆，通过了解重庆市的历史沿革、行政区划，了解重庆在新中国建立后所发生的变化和取得的成绩，孩子们拿出画板速写，在线条间深化重庆印象；孩子们拿出书本诵读，在唇齿间深化重庆印象；孩子们兴致而歌唱，在韵律中深化重庆印象……各班形式各异，既有承办方统一的组织安排，又有班主任老师个性的学习氛围营造，爱家乡的情怀，在俯瞰山城的格局与形式多样的活动中升华。

在辅导员和班主任老师组织管理下，孩子们到重庆邮电学院有序就餐，用餐前的列队等待，用餐完毕后按要求整理归放餐具，好的习惯好的修养，就是对家乡和团队热爱的一种体现。

飞跃丛林项目，是在距离地面 3—5 米高的层面，由各种攀爬器械组合而成。需要个人的胆量，也需要团队的激励。在为体验人员提供 100%安全保护的前提下，由体验人员独立完成一系列的障碍环节。让学生在快乐游戏的同时，学习到成长的意义，提高学生的意志力、执行力、判断力、协调力和平衡力；认识到有了好的身体，才能更好地为实现“中华民族伟大复兴梦”做出贡献。穿梭在丛林间的身影、播撒在场地内的笑声、弥漫在耳畔和心间的团队鼓励，是最好的课程收获。

板块2：“城之忆”——户外拓展促全能。

课程任务：攀爬、索降，勇敢者的游戏；皮划艇、对战，挑战者的体验；搭帐篷、独木桥，协作者的默契；包饺子、理内务，优胜者的素质；荧光夜行辨识植物，顽强探索者的坚持。

授旗仪式、营地规章制度、教练组成员介绍、安全注意事项、活动流程周知，有条不紊地进行着。孩子们第一时间熟悉营地生活区域：寝室、卫生间、食堂、活动场地等，整理规范自己的生活物品，不一样的体验，得从有序的管控与调整开始。

正确认识皮划艇，学会简单的皮划艇技能，了解水上运动安全知识，掌握户外水域安全及基础自救知识，有了基础知识的底气涵养，就有了对未知领域的跃跃欲试，从晃晃悠悠地下水，原地转圈，到后来的竞速，随意转向，是孩子们努力学习的结果，也是课程任务预期的结果。

“加油，别怕”“两腿保持半蹲姿势”“控制速度”……，对高度的恐惧，因教官的示范与讲解而逐步消散，绳降需要勇气，更需要团队的激励。了解绳降运动及正确的户外理念，认识装备及了解正规装备的重要性，能以规范的身体姿态进行绳降。培养学生勇于尝试、不畏艰难的精神，提高挑战自我的能力。依靠同伴之间的互相保护，增强责任感、认同感、信任感，加深友谊。该项目的意义与目的，在每位学生的尝试中，在团队的互相激励中达成。

丛林真人CS，团队之间分工协作，融合大自然，在丛林中奔跑，完成团队任务。团队之间的配合、协作、个人定位等，培养学生指挥能力与执行能力，增强善于观察情况和果断处理问题的能力。

荧光夜行课程，在充分熟悉营地生活环境并普及日常生活安全知识、户外安全知识前提下徒步，了解夜间的喀斯特地貌，有沿途的集结任务、植物观察任务，孩子们行进中要注意辨别线路，完成任务，防蚊虫叮咬，还要模拟野外迷路、遇险自救互救，这不是一次简单的徒步，而是由众多技能拓展串联起的知识链。

学会动手自己搭建帐篷，学会自己整理装具，学会自己动手包饺子……增强动手能力，拓展新技能，增强交流能力，强化团队协作在每一个课程任务中呈现。

不同的课程项目，但有相同的课程主题——热爱家乡，在家乡的山水间滋养。

一个代号

“520”是一个代号，代表的是94中人推进研学旅行的态度；“520”是一段记忆，代表的是我们精细实施的过程。

1.“5”——五个严谨规范的筹备程序

程序1，承接单位比选与课程任务选定；程序2，实践活动基地及拓展项目安全考察；程序3，参与并督促车辆检测、完善报备各项资料；程序4，发布通知收集反馈，拟定课程任务，完善系列资料；程序5，出行前的安全强化。

2.“2”——课程实施两大板块

（1）板块1:“城之忆”——历史足迹凝团队。本次活动的主要线路课程。

知识目标：通过对重庆抗战遗址博物馆的参观学习，了解重庆抗日战争时期概况及重要事件；在一棵树俯瞰重庆市容，让学生认识新重庆，了解重庆市的历史沿革、行政区划等，了解重庆在新中国建立后发生的变化和取得的成绩。

能力目标：通过对重庆不同时期的了解，争做家乡文化传播使者；在丛林冒险中，学生需要面对许多困难，独立判断如何做，遇到挫折后要独立思考如何解决等，让他们在获得快乐的同时，学习到成长的意义，提高意志力、执行力、判断力。

情感目标：通过对重庆不同时期的了解，提高学生的责任感、使命感和荣誉感；深化爱国主义教育及民族精神培育；激发对强大祖国的热爱、对现在生活的珍惜。

（2）板块2:“城之忆”——户外拓展促全能。

知识目标：了解皮划艇运动、绳降运动、射击运动、搭建帐篷的基本知识。

能力目标：学习皮划艇、绳降、射击等运动的基本技能；让学生的体力、耐力、平衡力、观察力等得到锻炼，学习野外生存技巧，提高野外生存能力，激发学生的探索精神。

情感目标：培养学生勇于挑战自我、勇于尝试、不畏艰难、积极向上的精神；培训树立集体观念意识，促进团队精神的形成，增强学生之间的团队合作意识。

3.“0”——安全责任事故零发生

保障条件：一直以来教育引导学生言行规范，出行前的班级、年级、全校逐级安全细节强调；对活动场地的安全排查，活动过程中的安全隐患预想与应急推演，老师的全程陪伴与尽心尽力；承接单位的运作成熟，辅导员、教练的专业程度和尽职尽责。

学校对2018春季学生校外研学旅行社会实践活动承办机构进行公开比选。比选小组成员：学校代表、教师代表、家长代表、学生代表，共计 10 人。重庆奥林匹克国际旅行社有限公司专业翔实的财务审计报告、资产评估报告、研学旅行课程系列、过程简讯、实践基地安全协议等获得参选代表一致认可。公司负责人两次陪同学校教师代表、学生代表前往实践活动场地进行考察，并就活动开展的课程任务进行协商。公司安排的随班辅导员、拓展教练员专业程度高，责任心强，出行过程随时要求学生注意文明礼仪、列队清点人数、就餐不浪费等细节与我校的规范教育一致。公司试点活动过程中，公司副总经理全程陪同跟随学生，并睡在学生宿舍进行夜间值守，获得一向以敬业尽职著称的我校教职工的好评与尊重。

封装收获与记忆

实践活动完成后，各班在班主任引导下进行活动总结与自我评价，同时学校发放班级总结汇报任务单，以班级形式呈报书面的活动收获，通过活动总结，强化研学旅行思想认知与心灵收获。

（1）板块 1 总结呈现内容。

主题：重庆——家乡。精彩文字描述渝中半岛，美丽线条描绘渝中半岛，“家乡重庆，你了解吗？”（回顾几个重庆的别名，说说几个重庆之最，精妙语句介绍一道重庆美食）；我爱家乡重庆的“一万个理由”。

主题：重庆——陪都。描述陪都的由来，推荐几处重庆的抗战纪念教育景点，说说重庆在抗战中的历史作用。

主题：重庆——感悟。飞跃丛林拓展项目的感受，本次研学旅行的班级亮点与收获感悟。

（2）板块 2 总结呈现内容。

主题：重庆——黑山谷的教室。精彩文字描述拓展基地，美丽线条描绘拓展项目，项目体验文字描述，领悟环保的重要意义，我爱班级的“一万个理由”，本次研学旅行的班级亮点与收获感悟。

一个温情补丁

65 名孩子因家庭原因没有出行，学校安排了 7 位老师全程陪伴，并聘请了拓展教练为孩子们进行校内的团队合作实践。没有未能出行的遗憾与失落，孩子们眼里充满了欣喜的阳光。

补丁板块：“城之忆”——留校也能沐浴学校关怀的阳光。

知识目标：了解团队合作、规则意识的意义。

能力目标：尝试团队合作项目，增进协调配合默契度，提升合作意识与能力。

情感目标：培训树立集体观念意识，促进团队精神的形成，增强同学之间的团队合作意识。

课程任务：团结就是力量，团队拓展训练。各班留守孩子在短时间内形成团队，感受团队和集体的凝聚力。

主题：学校——我的团队。精彩文字描述拓展过程，讨论并交流学校的重视与关注，我爱临时班级的“一万个理由”。

2018 春季“城之忆”研学旅行实践活动，有认真组织付出后收获的回报，也有进一步精细完善的总结与思考。进一步理解研学旅行的意义，梳理汇集更完善的研学课程，开发更有意义的实践基地，我们后期将力求完善。至诚，至精，至善。精善理念在研学旅行道路上发射的辉芒，将伴 94 中探索者的足迹和背影走向远方。

化整为零、形散神聚，在家乡户外的山水间滋养……

暑期引领，涵养新时代背景下劳动教育的底气
——重庆市商务学校暑期劳动主题教育实践构想

牟强　杨琦　张彦娜

一、探源培养目标，涵养意义深远的理论底气

习近平总书记在全国教育大会上指出，培养什么人，是教育的首要问题。习近平总书记把劳动教育纳入社会主义建设者和接班人的要求中，提出“德智体美劳”的总体要求，丰富发展了党的教育方针——要培养德智体美劳全面发展的社会主义建设者和接班人，培养一代又一代拥护中国共产党领导和我国社会主义制度、立志为中国特色社会主义奋斗终身的有用人才。“有用人才”的一个重要特征，就是具备劳动素质。能够崇尚、弘扬劳动精神、懂得劳动最光荣的传统，能够投入精力辛勤劳动、诚实劳动、创造性劳动。

重视劳动，强调教育与劳动相结合，是马克思主义重要的主张。马克思主义哲学认为，劳动推动社会历史进步，是人作为人之最本质、最显著的特征。马克思曾强调：“对社会主义的人来说，整个所谓世界历史不外是人通过人的劳动而诞生的过程。”因此，人民创造历史，劳动开创未来。劳动是推动人类社会进步的根本力量，是人民美好生活的源泉。构建德智体美劳全面培养的教育体系，加强劳动教育，是回归人之本质、回归学生自身的主体性教育方式，能够帮助学生在自主实践中发现自我，通过双手改变和创造自己的生活。

党的十九大报告指出：“中国特色社会主义进入了新时代。”在新时代背景下，加强学生的劳动教育，努力提高学生的劳动素质，对学生的成长和国家的发展意义深远。

“要在学生中弘扬劳动精神，教育引导学生崇尚劳动、尊重劳动，懂得劳动最光荣、劳动最崇高、劳动最伟大、劳动最美丽的道理，长大后能够辛勤劳动、诚实劳动、创造性劳动。”庚子年的暑假，在国家情怀持续感动的疫情过后，在举国上下复工复产经济复苏过后悄然来临，我们，面对祖国的未来，应围绕劳动教育做点什么，我们必须围绕劳动教育做点什么！

二、实施系列情感主题，涵养主动参与的执行底气

疫情防控仍然继续，面对这个“加长版”寒假后的最短暑假，我们尽可能有效率地规划实施劳动教育，让孩子们通过对疫情中国家情怀的回顾、复工复产中经济复苏

的见证、脱贫奔小康中生态发展的展望等情感线索，认识劳动教育的维度、广度和深度，乐于执行，主动参与。

1. *劳动致敬逆行者*

劳动课程一：创造洁净空间。

课程目标：经历家庭日常劳动过程，培养劳动意识，掌握家务劳动基本技能并形成劳动经验，增强自理能力；学习并知晓清洁剂、消毒剂的正确使用剂量与方法；在创造洁净空间的过程中形成对疫情防控一线人员的崇高敬意。

课程任务：

（1）参与完成洗碗、扫地、整理、铺床、叠被、洗衣等日常家务劳动。

（2）经历家庭定期清洁扫除，查阅并学习正确剂量、方法使用清洁剂、消毒剂。

（3）查阅了解防控一线医务人员消毒操作步骤细节及防护用品使用情况。

一个国家进步历程可以没有明星，但不能没有英雄。疫情肆虐时的逆行者就是我们的英雄。英勇的逆行者曾经在最危急的抗疫一线与病毒胶着对垒，我们曾经响应“宅”家疫情防控毫不放松，记忆之中，印象深刻！向逆行者致敬，应持续化为劳动的身影，除尘、清扫、整理、消毒，让环境整洁，让环境干净，每个人承担一份家庭劳动的责任，每个家庭传递一份健康生活的信心。

创造洁净空间，为健康美好的生活。不要忘记，我们的城市重新按下播放键的时候，很多人对生活的想法，去尊重，去奋斗，去参与……

2. *劳动感谢养育恩*

劳动课程二：舌尖上的亲情。

课程目标：经历洗菜备菜、烹饪制作、家人共享的过程，感受家人日常劳作的辛苦，懂得一粥一饭、一菜一果来之不易；尝试新的美食开发，学习拓展烹饪能力，在新品的探索中汇聚对家人的感恩之情。

课程任务：

（1）至少完成一次“今日我主厨”任务。

（2）保留自己的作品及家人分享场景图片。

家，是人生的驿站，是生命的慰藉，是生活的港湾。还记得疫情中长时间宅在家里，不仅仅是了解和学习疫情防控形势、知识，更是通过家庭劳动实践提升劳动技能，端正生活态度，表达对亲人的感恩和对家的眷恋。父母家人均参与疫情后期全面复工复产，平常感叹陪伴家人太少，总期待有时间、空间。殊不知，一道为家人潜心而为的美食，就能凝固时间，创设空间。生活百态，美食暖心，色、香、味、意、形……

不同的菜式，不同的烹饪，不同的风味，相同的，是感恩！

舌尖上的亲情，为不朽感恩文化的传承。不能忘记，我们的城市重新按下播放键的时候，很多人对家庭的想法，去陪伴，去珍惜，去表达……

3. 劳动助力新风尚

劳动课程三：剪刻中的垃圾分类。

课程目标：围绕学校“商务剪纸”特色项目课程，结合生活垃圾分类管理主题，经历创构图案、剪刻制作、成形裱装的过程，感受商务剪纸非遗传承项目工序流程的魅力，倡导生活垃圾分类管理新风尚。

课程任务：

（1）至少完成一张“生活垃圾分类管理”宣传剪纸图案设计并完成制作及装裱。

（2）保留自己的作品及家人分享场景图片。

商务剪纸，是学校特色项目，是国家非遗传承项目；垃圾分类，是环保基本国策，是循环经济可持续发展基本战略，充分认识垃圾分类的意义与要求，运用传统经典形式表达出来，于宣传教育、于劳动实践、于文化自信，都意义非凡！

剪刻中的垃圾分类，劳动助力校园新风尚。不会忘记，我们的城市重新按下播放键的时候，很多人对国家的想法，去热爱，去奉献，去报答……

三、丰富实施途径，涵养面向社会的实践底气

1. 用情感与网络构架的劳动实践活动途径

暑假期间运用智慧校园平台、德育处利用家校交流平台，发布劳动实践活动倡议及实践课程，班主任老师提醒并邀请家长配合参与，为避免提交心得体会、课程感受、课程任务单等形式主义，学生参与活动只发送图片（家长在照片中的出镜就是最好的支持与评价），便于老师了解及指导，班主任及时在网络空间给予点评，鼓励家长给予及时指导与评价，鼓励班级收集整理劳动实践资料形成德育档案。

爱卫生主题，致敬抗疫英雄；家庭感恩主题，致敬劳作父母；环保主题，致敬生态发展祖国，隔空不隔爱，大爱是引领，用情感与网络构架的劳动实践让师生在上个寒假收获良多，也定会在这个暑期收获良多……希望一如既往，没有老师的现场督促，没有实践活动硬性要求的指标，只有对活动实施过程的期待。希望孩子们参与课程的积极性高，效果好。希望图片反馈中孩子们的身影、神态、表情传递着师生及家长对暑期劳动实践的共同认识。

2. 以师生“讲劳动”“颂劳模”主题构架的视听实践宣教途径

学校组建以德育干部、思政老师为核心的团队，收集歌颂劳模的专题片、宣传片、纪录片，录制老师讲劳模短视频，甄选学生颂劳模演讲音频，综合编辑，组合宣教视听系列材料报学校审核后，于假期分布推送，形成“人人学劳模”宣传氛围，让劳模文化渗透劳动教育。

3. 以假期学生个体参与构架的社会实践体验途径

假期，在完善个人防控要求前提下，学校一如既往倡导学生参与社会职业体验。

体验项目：参与父母亲工作岗位职业体验。

实践要求：在父母允许并陪同下，选择父母亲推荐的工作岗位进行一天的职业体验。严格遵照推荐岗位作息时间，按时到位，了解并记录岗位工作职责，安全细节，跟随并陪同父母进行一天的工作流程，经历工作中的各重要节点，记录工作要点，安全纪律，工作强度，工作难点，完整填写实践报告单。

实践目的：有陪同、有示范保障前提下，通过对父母亲劳动岗位的职业体验，感受父母劳动的意义和完成社会职业岗位的初步体验。

4. 欣然劳作相约金秋

劳动教育的本身是通过劳动过程的体验，提升劳动意识，积累劳动经验，增强对劳动成果和劳动人民的敬畏之情。疫情持续防控下暑假的劳动实践，是现实情境中的尝试，也是劳动教育实施的必然。学校劳动教育课题组将对本次实践进行合理规划有序安排，进一步完善学校劳动教育实施构架，为学校劳动教育的真正落地生根涵养坚实教育底气。

爱劳动，敬英雄情怀；爱劳动，慰父母恩情；爱劳动，颂祖国赞歌！暑假，劳动教育正当时，让我们在劳作中相约收获的金秋！

厚植爱国主义情怀　培养时代四有新人
——《纪念抗美援朝70周年主题班会》活动方案及总结

徐菡　胡灵

一、活动背景

70年前的深秋，由中华优秀儿女组成的中国人民志愿军，肩负着人民的重托、民族的期望，高举保卫和平、反抗侵略的正义旗帜，雄赳赳、气昂昂，跨过鸭绿江，历经两年多的浴血奋战，赢得了抗美援朝战争的伟大胜利。2020年10月23日，纪念中国人民志愿军抗美援朝出国作战70周年大会在京隆重举行，国家主席习近平在会上发表重要讲话，强调在新时代继承和弘扬伟大抗美援朝精神。我们要深入学习中国人民志愿军的英雄事迹和革命精神，铭记抗美援朝战争的艰辛历程和伟大胜利，向着实现中华民族伟大复兴的中国梦继续奋勇前进。

二、活动目的

1. 让学生重温抗美援朝那段历史和先烈们的英勇故事，告诫大家即使坐拥和平，也不能忘记那些为了中华民族的尊严和荣耀而奋斗和牺牲的先辈们。

2. 弘扬爱国主义精神，厚植爱国主义情怀，勉励学生树立“振兴中华”的远大志向，不忘初心、牢记使命，做新时代的四有新人。

三、活动准备

1. 提前一周成立主题活动小组，并选出负责人，分工职责、分头准备。

2. 分组搜集感人至深的抗美援朝英雄故事。

3. 班级QQ群建立“纪念抗美援朝70周年”主题背景墙，添加背景音乐《中国人民志愿军战歌》《英雄赞歌》。

4. 以周末作业形式安排班级学生观看热播电影《金刚川》，并分3个大组从不同角度写出观影感受。

5. 统一购买信笺纸、信封和邮票。

6. 活动现场布置。

四、活动过程

1. 看：全班观看央视《纪念中国人民志愿军抗美援朝出国作战70周年》特别

节目。

2. 讲：小组代表讲抗美援朝英雄故事。

（1）“在烈火中永生——一级英雄邱少云”。

（2）“守护永远的精神阵地——抗战老英雄徐振明守护烈士陵墓 62 年”。

3. 祭：QQ 群云祭奠仪式——缅怀抗美援朝战争英烈，向逝去的英雄点燃蜡烛、敬献鲜花。

4. 说：小组代表上台，分别从中国步兵、炮兵和美国飞行员三个角度来说说《金刚川》这个故事给自己带来的震撼和感受。

5. 写：最后是“成长为新时代的四有青年——写信给未来的自己”环节，同学们以 5 年后的自己作为信件收件人，写一封勉励自己的信，贴上“中国人民志愿军抗美援朝出国作战 70 周年”纪念邮票，由班主任封存保管，约定 5 年后寄出信件。

6. 评：班主任做活动总结，激励学生继承先烈遗志，发扬革命精神，争做新时代好少年！

五、活动总结

本次纪念抗美援朝 70 周年主题班会活动通过精心策划、周全准备和师生的共同参与，取得令人满意的效果。其中有几个环节值得肯定：

1. 活动开场，我们一起观看了央视的特别节目，学生重温了那段历史，明确了本次活动的主题。

2. 我们利用班级 QQ 群网络平台，采用云祭奠的形式缅怀先烈，体现了绿色环保的理念。

3. 3 位学生分别上台讲述以金城战役为原型的电影《金刚川》的观影感受，情真意切，从不同角度表达了自己对那场战役的感受。

4. 在给未来的自己写信环节，同学们畅想未来，树立了远大志向，明确了奋斗目标，能很好地激励自己为实现理想而努力奋斗。

这次活动唤起了学生对于那段历史的记忆，大家都表示我们应珍惜这来之不易的和平，铭记英雄精神，好好学习，为实现中国梦贡献自己的那份力量。

地球很热
——主题队会方案设计

张磊

适合年级：七年级。

选题方向：重视环保，减少地球负担。

设计理念：七年级学生是一群特殊的群体，他们告别美丽的童年，走进懵懂的青春期。如何完成童年—青春期的顺利过渡，使七年级的学生转变角色，这是摆在七年级学生面前的一个难题。而这个时期正是他们形成社会认知的时期，更是他们形成社会责任感的关键时期，这时的他们充满激情，但在日常行为中又不同程度地存在挥霍浪费、乱扔垃圾的现象，对“环保”的理解就只限表面，并不了解“环保”的真正意义。“5・12”汶川大地震是那么真实地引发我们每一个人对责任，对生命的思考：面对全球变暖等问题的出现，学生不仅要理解“环保”更应付诸行动。因此，我选择“地球很热”作为本次队会课的主题，让学生经历一次精神成长，不仅更深层次地理解“环保”的真正意义，更为“环保”贡献自己的一份力量，从而提高生命的质量。

活动目标

1. 感受我们生活的环境及气候的变化。
2. 发现我们生活的环境及气候变化的原因。
3. 感悟环保对我们生活环境的改变。

设计思考

在设计这个主题时侧重于正面引导。在舒缓、和谐的氛围中让学生体验、感受地球负担是多么的重，从“社会大担当，到生活小责任”，从“发现问题”到“解决问题”，从而“反省自己”“主动践行”。这符合青少年认识事物从感性到理性的一般规律。整堂课的设计按照以上思路分为三大部分：一、地球好热；二、怎么能让地球不热呢；三、地球需要我们。围绕这三个环节，设计了丰富多彩的活动，加入了图片、队员游戏等，触动队员的心灵，让他们在课堂上受到启发和教育，从而把意识内化为具体的行动，从小事做起，从身边事做起，做一个新时代的环保青年。

活动方法：情景体验、讨论、游戏、现场访谈。

活动准备：

（1）查找地球变暖的原因等相关资料。

（2）开展“我们这么做才环保”系列活动。

（3）准备 8 张 A4 白纸，8 支笔。

（4）准备 20 张写好“环保物品”名字的卡片。

案例背景

活动过程如下。

一、队会程序

中队长宣布：××中队“地球很热”主题队会现在开始。

各小队整队，报告人数。

全体队员起立，出队旗，敬队礼。

合唱队歌（齐唱后全体队员请坐）。

二、队会过程

（一）地球好热

（1）设置感人的氛围，引入话题。

（2）讨论交流，引出主题。

（二）怎么能让地球不热呢

1. 地球为什么热

主持：气温在升高，海平面在上升，南极的冰川在减少，造成这些现象的原因就是地球太热了。

队员活动 1：说一说地球为什么会热。

队员 1：因为汽车越来越多，排放到空气中的二氧化碳越来越多。

队员 2：因为大量的森林被砍伐，空气中的二氧化碳不能很好地被吸收，因此地球变暖了。

队员 3：因为我们对煤炭和石油的过度开采，煤炭和石油燃烧后都会产生二氧化碳。

队员活动 2：播放纪录片“Beautiful Islands”，说一说地球热了会带来什么？

队员 1：地球热了，南极的冰川融化了，企鹅丧失了家园。

队员 2：地球热了，自然灾害增多了，比如地震、台风、暴雨、泥石流等；

队员 3：地球热了，海平面上升了，导致很多人失去了自己的家园。

2. 如何让地球不热呢

主持：地球是我们赖以生存的地方，怎么做才能让地球不那么热呢？我们要从小事做起，尽自己最大的努力做到“环保”。

队员活动 1：将班级学生分成 8 组，每组发放一张 A4 纸，让每组的同学在纸上写出自己能做的“环保”事情，并且每组派代表大声宣读。

组 1 代表：我们可以用节能灯泡，节约用电；我们可以将草稿纸双面用；我们可以让家长买小排量的车子；我们可以随手关灯——省一度电，少一份污染；我们可以自备购物袋，减少塑料袋的使用；我们可以将洗脸水存放用来冲厕所，废水利用；我们可以将垃圾分类，便于回收利用；我们可以尽量坐公交车上下学，减少私家车的使用。

队员活动 2：每组出 2 名同学进行游戏“我们很默契”。

（将 20 张纸板上分别写上“节能灯”“环保袋”“小排量汽车”“无磷洗衣粉”“无氟空调”“太阳能热水器”等环保物品名称，每组出 2 名同学进行游戏，一人用肢体语言表演，一人猜，每组猜 2 个词语，词语现场抽取，用时最短的获胜）

（三）地球需要我们

主持：给地球减轻负担是我们每个人的义务，我们的举手之劳会让地球健康地运转，会让我们的生活环境更加美好。

队员活动 1：答记者问。

每组出 1 名同学做记者，记者提问，问题要围绕地球需要我们，每位记者可问两个相关联的问题，记者可指定除自己小队外的任意一个小队的同学回答，回答者需尽可能地回答（注：每位记者所选的小队是不能重复的）。

队员活动 2：现场采访。

采访队员：你现在觉得应该怎样做才能帮助地球，帮助我们自己？（引导队员从三个方面谈：“环保”对地球、对人类、对环境的影响）

队员 1：我们要节约用水、节约用电，尽量少地向地球索取。

队员 2：我们要用新型的能源，比如太阳能、风能等来代替传统的热能，减少煤炭的使用，减少二氧化碳的排放。

队员 3：我们要多种树，让树木来净化空气，减慢地球变暖的速度。

队员 4：我们要坚持“环保”，减少地球的负担，我们的生活环境会变得更好。

辅导员点评：地球是我们的家园，我们只有善待地球，坚持环保，我们的家园才会更美好，不会消失。

（幻灯片显示：地球——要保护，环境——要改变，环保——人人做）

三、结束程序

主持人：请辅导员老师讲话。

辅导员：少先队员们，请现在从身边的小事情做起，坚持环保的生活方式，首先要以身作则，并带动和影响身边的人一起参加到“环保”事业的大军中，共同保护我们的地球母亲！

主持人：呼号（全体起立，举起右手）！

辅导员：参与环保你们准备好了吗？

队　员：时刻准备着！

中队长：退队旗（敬队礼）！

中队长：主题队会到此结束。

上好常态班会课　提升德育实效性
——常态班会课课型转变初探

苏功财

摘要：班会课是实施班级德育管理的重要途径之一，因此必须加强班会课的德育实效性。本文就改变常态班会课的课型结构以提升德育实效性的实践进行了深入的探究，总结出新的、行之有效的、能提升德育实效性的班会课模式，让班会课华丽变身，从学生讨厌的“说教课”变为充满智慧和个性化的、深受学生喜爱的班会课。

关键词：班会课　德育　实效性

作为班主任，上班会课是必备基本功之一，上好常态班会课更是班级工作成效的检验标准之一，也是实施班级德育管理的重要途径之一。但是，只要上了班会课就是在进行有效的德育教育吗？我看未必。那么，怎样的班会课才是具有德育实效性的班会课呢？笔者想结合班会课的课例来谈谈我的观察和思考。

一、现状观察

在学校的组织下，我们走进了班主任老师的班会课课堂，听了一些常态班会课。

课例一（初一年级）：

1. 总结班上的情况。

（1）学习情况（交作业不及时、背书拖拉）。

（2）清洁情况（卫生死角是老问题、保洁做得不好）。

（3）纪律情况（自习课不安静、“出口成脏”的现象屡禁不止）。

（4）就餐就寝情况（就餐不排队、就寝讲话）。

（5）走读学生迟到严重的问题。

2. 整改措施。

3. 强化扣分细则。

课例二（初二年级）：

1. 总结上周情况（运动会）。

2. 提出班上亟待解决的问题。

3. 强化班干部职责。

课例三（初三年级）：

1. 讲述古人十分注重学习环境的故事。

2. 班上的学习氛围出现的明显问题。

3. 提出班上对学习氛围营造的基本要求。

4. 扣分注意事项。

这次听课结束以后，我们在和老师的交流过程中发现：平时的常规班会课就只有两个环节：总结最近的优缺点，布置近期工作——关键是全部都是老师讲、学生听的模式。虽然最后一个课例有明显的主题意识，但是既没有脱离“老师讲学生听”的模式，又没有改变用扣分来强制实施的现象。最后该堂课的任课老师还私下告诉我们，这是因为有人听课临时加了主题、加了故事进来的，平时的班会课就是“总结—要求”两个环节，因为这毕竟是“常态班会课”嘛。

二、新思考

不得不说，第三位老师的这堂课是用心了。她在设计该课流程的时候，借用古人对学习环境的重视——学生必须养成的学习习惯，目的就是要让学生“明白事理”“明确要求”“心服口服”。

但是我们静下来反思一下，真的达到这些目的了吗？

1. 流程看起来很用心，但实际上大而化之，很难激起学生的共鸣。

2. 她忽视了学生的主体意识，只是强行使用“灌压模式”。

3. 最后这个“扣分细则”，实际上是加到学生头上的一道紧箍咒，学生是被迫的。这样的班会课除了引起学生的反感，还有更多的作用吗？

4. 前两个课例，全程都是老师讲学生听的模式，学生全程被动。

再仔细了解一下，我们发现这种“老师讲学生听”的班会课是每个班主任上常态班会课的真正常态。

这种没有实效性的班会课就这么重复上下去，老师累、学生苦，关键是德育任务也无法完成，于是就出现了一个奇怪的现象：班主任对一件事反反复复地讲，却始终没有多大的效果；学生对同一种错误反反复复地犯，也始终没有多大的改变。在班主任眼里，“这就是一群听不懂人话的熊孩子”，在学生眼里，“只要我大错不犯，你就不会把我怎么样”。

归根结底，这种班会课最大的问题在于：缺失了学生的主体作用，所以是没有德育实效性的班会课。

三、探寻新路

“问渠那得清如许，为有源头活水来。”要解决这种怪象，唯有学习。所以，我系统地学习研究了孙晓晖的《让品格同青春一起成长——如何上好常态班会课》。

孙老师在该书中，用大量翔实的案例，向我们深入浅出地说明了她眼中的常态班会课。我们获益颇深的有两点：

1. 常态班会课也要有主题。虽然看起来是班级的常态管理(特别是常规工作总结)，有点“包罗万象”的嫌疑，但是班主任一定要从中敏锐地发现教育点，确定主题，针对主题进行专题教育，切忌“眉毛胡子一把抓”的教育形式。

2. 孙老师的常态班会课采用的是“四段式”模式：学生总结——教师评价——故事引领——教师引导。孙老师的“四段式”常态班会课，充分体现了学生主体、教师主导的作用，是比较科学的班会课模式。

四、转变课型

在孙老师的常态班会课模式基础上，我们通过讨论、试讲、研究，创新了常态班会课模式。我们将孙老师的常态班会课模式进行了改编，认为应由“学生总结—故事引领”两个大的部分构成，因为我们在运用过程中发现，“教师评价”和“教师引导”是在学生总结和故事引领的过程中随机穿插进行的，而不应成为独立的板块。

下面，我举一个转变了课型的常态班会课课例来看课型结构的改变：

1. 学生总结。

(1) 主持人：班长。

(2) 学生依次进行总结：学习委员、纪律委员、清洁委员、体育委员、寝室室长、课代表；最后还有自由发言。(学生总结中既有优点、也有缺点，很全面；教师针对问题点评及时，建议或表扬都很有针对性)

(3) 班长总结全班情况。

2. 故事引领。

班主任老师针对学生出现的问题，讲了四个生动的故事，让学生在故事的情绪中受到感染，接受了四个方面的讯息：成长，需要努力；成长，需要坚持；成长，不要逆反；成长，不要冲动。(每个故事讲完，老师都会让学生自由讨论、发言，并进行及时点拨、指导、引领和总结)

故事一：比别人更努力些。讲述的是两个同时进公司的人，一个青云直上，另一个却原地不前，没有被重用的员工不服气，去找领导理论，领导让他去干一件事，他却漏洞百出，那个被重用的人去做这件事，却圆满完成了所有事情，让这个自怨自艾的员工羞愧不已。这个故事让学生热热闹闹地参与了讨论——努力的重要性。

故事二：坚持，真的有出息。讲述的是马云年轻时想要提高自己英语口语能力而坚持几年如一日地给外国游客当导游的故事。这个故事让学生震惊：原来马云的成功靠的不是神奇、不是幸运，靠的是坚持。

故事三：可以逆反，但要有理由。讲述的是一位母亲写给女儿的信。她的观点是，女儿，我不是希望你做个听话的小绵羊，而是希望你能用自己的头脑、自己的知识、自己的智慧慢慢地学着分析问题、解决问题，不要以为这个年龄的人都要逆反。还是那句话，你可以逆反，但要有理由！这个故事让学生明白，原来逆反并不可怕，关键是自己一定要正确对待。

故事四：什么时候把手还给我。讲述的是四岁的女儿把爸爸的爱车划了许多痕迹，冲动的爸爸把女儿的手绑起来、罚站，却忘记了把女儿放出来，等他想起来的时候，女儿的双手已经坏死，不得不截肢。后来爸爸的车重新喷漆以后，车子回来了，可是女儿的手却再也回不来了。这个故事让学生含泪明白了一个深刻的道理：冲动是魔鬼！

五、反观德育的实效性

毫无疑问，课型得到改变后的“常态班会课”是一堂德育实效性很强的班会课。

1. 学生的参与度高了，时时处处人人事事都是让学生参与到班级管理过程中。这一点，无论是在“学生总结”板块还是“故事引领”板块表现得都特别明显。

2. 学生发现问题、分析问题的能力增强了。在“学生总结”这个板块，学生必须要具备发现问题和分析问题的能力，总结的问题才及时到位，才能让学生心服口服；在“故事引领”部分，学生也能敏锐地发现问题中关键的地方，并联系实际，达到“以德育人”的目的。

3. 学生具备一分为二看待问题的能力。同样是在“学生总结”这个板块，我们看到学生不仅仅是用挑剔的眼光看待身边的人，也能用发现美的眼睛看待身边的同学，这是难能可贵的。

4. 学生的情商提高了。在“故事引领”这个板块，教师精心选用的故事，让学生被故事感动、被故事震撼，锻炼了学生表达感情的能力。

5. 学生具备“推己及人”的能力。在故事中，学生动了感情，所以更能分析故事带给人的启示，让“努力、坚持、不逆反、不冲动”这些难以接受的话题成为自觉行为。

所以，这样的班会课，才真正是充满了教育智慧的班会，是学生喜爱的班会，是充分体现了“学生主体教师主导”的班会，是具有德育实效性的班会。

参考文献

[1] 孙晓晖. 让品格同青春一起成长：如何上好常态班会课[M]. 北京：北京师范大学出版社，2012.
[2] 丁如许. 魅力班会课：初中卷[M]. 上海：华东师范大学出版社，2009.
[3] 林志超. 从班会课到成长课程：德育特级教师的班会课微革命[M]. 上海：华东师范大学出版社，2012.
[4] 李泽厚. 李泽厚论教育·人生·美：献给中小学教师[J]. 教师，2013（36）：F0002.
[5] 王家文，郭跃辉. 素材型班会课[M]. 广州：世界图书出版广东有限公司，2013.
[6] 杨兵. 魅力班会是怎样炼成的[M]. 北京：中国轻工业出版社，2010.

多方借力　资源整合

张园

从站上讲台的第一天，我就是一名光荣的职教班主任。我的班主任观从这时起，在“两学——学习、学生”的帮助下，正式踏上成长之路……目前，我的班主任观，在自我成长的这条路上，有了这样几点心得：基于实情，智化班级管理机制；整合资源，提升学生行为能力；智慧管理，构建班级教育合力；优化关系，搭建立体沟通平台；依靠专长，形成班级文化优势。

下面，是我在“多方借力，整合资源”上的班级小故事。

这是我 2011 级学生。班上共有 41 位学生，他们最初在一起时，真没有班集体的观念，就知道拉小团体。这不班里准备歌咏比赛的大合唱，选曲时就各有各的意见，统计下来有 6 首歌曲支持率一样，谁也说服不了谁。怎么办？我说了算？还是放弃？教育界里有这么一句话：哪里教师没有结合成一个统一的整体，哪里也就不可能有统一的教育过程。我把它思变为：哪个班学生没有结合成一个统一的整体，哪个班也就不可能形成统一的班级凝聚力。因此，我不仅不能放弃，还要借这个契机，让班里的孩子们做到：我们是一个整体。

我先向擅长唱歌的学生借力，量身打造出一首特别的曲子，把 6 首歌编辑为 1+5 模式，以一首歌为主体串起其余 5 首歌，新的模式让大家觉得很新鲜，积极性来了。然后我向学生干部借力，安排好每个环节的练习方式和时间，一起热火朝天地干起来。这时，新的问题又来了，在教室里练，会影响其他班级上课；在操场练，大家都不愿意；在实训室练，实训室没有空着的时候。怎么办？这时有学生跟我讲，我们学校旁边的社区，就有一个小平台子，在那里可以练习。

进社区？行吗？在学校里遇到解决不了的问题，当然得向学校领导和主管部门借力。在领导的积极帮助下，每周我和孩子们会在约定的时间点，一起到社区的小平台上练习。练着练着，我发现一个特别有趣的事：社区里很多老头老太太，平时生活有点单一，看到我们去，就会围过来拍拍巴掌啊，表扬表扬啊，指点指点，挺热闹的；孩子们在老年人面前，可大方了，不怕丢脸，越练配合越好。最后在歌咏比赛中，我们凭借多方优势拿了大奖。这让我意识到，要提升学生多方面的能力，特别是提高自信心、改善人际交往关系、提升班级凝聚力，借力社区是可行的。

多年的班主任工作，让我学会了树立利用教育资源意识，调动一切可以调动的力量，向学生借力、向任课教师借力、向家长借力、向学校领导和主管部门借力、向社区借力。这是今年我、我的伙伴们，带着我们的学生在社区活动的部分剪影。我们努力整合多方资源，使个子小小、单薄的我们，拥有了强大的力量和底气，在如何提升学生行为能力的研讨路上，走得更精彩。

校园安全在我心中
——主题班会教学设计

杨丽娟

一、教育目的

1. 结合学校安全教育的主题，对学生进行安全教育，学习安全知识，认识安全警示牌。

2. 树立学生的安全意识，让学生充分重视校园安全问题的重要性。

二、教育对象

高2012级财经二3班全体学生。

三、教具准备

挂图、警示牌。

四、教育环节和过程

1. 导入展示（时间2分钟）。

资料1展示：幸福、健康校园环境影像资料展示。

资料2展示：校园安全事故资料展示。

对比资料1和资料2，让学生初尝安全问题的重要性。

2. 出示挂图——“倾倒的家”，让学生代表发言，谈谈自己的感受。（时间5分钟）

教师小结：“一人安危系全家”。我们每个人都是家庭的重要组成部分，离了谁，这个家都不再完整不再温馨。所以无论何时何地，我们都要注意安全。

过渡语：作为学生，我们更多时间是在校园里度过的。我们应该怎样做呢？

3. 学生讨论：校园安全，我们应该怎么做？

（1）场景模拟（时间15分钟）。

当学生在这些地方时，应注意哪些方面的安全？让学生根据这些场景假设各种可能发生的安全事故，并逐一设法解决防患于未然。

场景1：教室。

场景2：走廊。

场景3：楼梯。

场景 4：操场。

场景 5：寝室。

场景 6：上学、放学路上。

（2）认识各种安全警示牌（3 分钟）。

（3）情景模拟（时间 10 分钟）。

当学生在这些情况下，应注意哪些方面的安全？让学生根据这些场景假设各种可能发生的安全事故，并逐一设法解决防患于未然。

情景 1：人际关系矛盾的处理，如同学之间、朋友之间矛盾的处理应注意方式方法，避免发生不必要的恶性人际关系安全隐患。

情景 2：食品卫生安全，如谨慎选用健康卫生食品，加强饮食安全。

4. 学生学习并齐读——校园安全顺口溜（时间 2 分钟）。

校园安全顺口溜

上课小腿莫伸长，走廊狭窄不疯狂，上下楼梯靠右走，危险游戏一扫光。

同学之间有摩擦，宽容谦让是良方，食品卫生有讲究，“三无”产品不上当。

5. 小结。

这节课我们从多个方面了解了校园安全知识，并学习了校园安全相关的警示标志，也练习熟读了校园安全的顺口溜，相信大家充分感受到校园安全的重要性，并对校园安全有了较为深刻的认识和理解。我们的校园安全教育主题班会马上就要结束了，但是我们的安全意识警钟应在大家心中长鸣。最后，衷心祝愿同学们安全快乐地成长，共建安全快乐健康的校园——和谐之“家”。（时间 2 分钟）

6. 课后作业，延展思考。

让学生思考并写出：校园安全方面，学校设施哪方面存在隐患？自己在哪些方面还做得不够好，应改善？（时间 1 分钟）

五、板书设计

校园安全在我心中

校园安全顺口溜

上课小腿莫伸长，走廊狭窄不疯狂，上下楼梯靠右走，危险游戏一扫光。

同学之间有摩擦，宽容谦让是良方，食品卫生有讲究，“三无”产品不上当。

“感恩的心”教育主题班会

张磊

活动目的

“感恩的心、感谢有你，伴我一生、让我有勇气做我自己”，这是歌曲“感恩的心”中的歌词。感恩也是中华民族的传统美德，但是随着社会的不断进步和发展，我们很多人缺少了这颗感恩的心。所以组织开展“感恩的心”班会暨家长会，培养学生有一颗感恩的心，在他们幼小的心灵中逐步形成感谢祖国、感恩父母和感恩老师的情怀。

设计方案

背景：七年级学生是一个特殊的群体，他们刚刚小学毕业告别美丽的童年，走进懵懂的青春期，这个时期正是情商形成的关键时期。

参与对象：全体学生及部分学生家长。

时间地点：2012 年 3 月，重庆市第九十四初级中学初 2014 级 18 班。

相关准备：①联系学生家长；②布置会场；③制作 PPT 及音乐。

班会过程：引题——全班起立合唱“感恩的心”并做感恩的心手语操，引入本次班会的主题“感恩”。讲“感恩的心”这首歌曲背后真实的故事（一个推平板车卖货的妈妈与自己又盲又聋女儿的感人故事）。

（一）感恩祖国

有国才有家，我们现在生活的环境、学习的环境这么好，是因为我们有一个强大的祖国。设想回到清朝的时候，任其他国家侵略，你会生活得这么好吗？你能有这么好的学习环境吗？所以我们要感谢祖国，感谢我们有一个强大的祖国。

（二）感恩爸爸妈妈

班主任：是谁给予你生命，是谁将你抚养长大——爸爸妈妈。

学生：全体同学将头低下，回想自己从出生到现在与父母的点点滴滴。

班主任：父母的爱是毫无保留的最真挚的爱，在音乐的伴奏下老师开始帮助大家一起回忆我们与父母的那些事。

故事：汶川大地震中，一位母亲用自己的生命救了孩子的性命，最后用手机短信给孩子留了一个信息，只有简单的一句话“孩子，妈妈爱你”。是啊，孩子妈妈爱你，这位妈妈用自己的生命证明了这句话。同时我相信天下所有的妈妈都是一样爱自己的孩子，爱着你们。

是谁教你说第一句话“爸爸妈妈”，父母教了你上千遍，而当你真正说出爸爸妈妈的时候，父母是无比的欣慰和开心。

回想在你学习走路时不慎跌倒的时候，是谁把你抱起来为你抚平疼痛，又是谁给予你鼓励 “孩子站起来继续往前走”。

你有没有想过当你在明亮的教室读书的时候，你的爸爸妈妈在干什么？让我告诉你们，他们正在努力工作，同时也会为了一点点的工钱和老板争吵，为了挣钱供你们读书他们每天工作十几个小时，都快把命搭进去了。

你小的时候经常喊爸爸妈妈我爱你，但不知道从什么时候起你就没有再喊过了。爸爸妈妈是那么爱你们，你们是不是应该对爸爸妈妈说：“爸爸妈妈我爱你”。

全体起立面对自己的爸爸妈妈，给爸爸妈妈一个拥抱，大声地喊上三遍“爸爸妈妈我爱你”。

问同学们有没有同爸爸妈妈生过气或吵过架？找部分同学代表说出自己和爸爸妈妈生气和吵架的经过，并问他以后还会吗？（学生在讲述的过程一直在流眼泪，并说都是自己不对没有理解爸爸妈妈的良苦用心，并保证以后不会再和爸爸妈妈生气或吵架，会帮助爸爸妈妈做家务，自己用最发自肺腑的声音喊出爸爸妈妈我爱你、爸爸妈妈我爱你。）

（三）感恩老师

俗话说：“一日为师，终身为父”，老师是自己的第二个父母，老师教你们怎么做人、老师传授你们文化知识，同时燃烧了自己照亮了别人。

让我们通过下面这个真实的故事来看看我们的老师是多么伟大吧！在汶川大地震时，一个老师正在上课，当时老师正对着教室的门口完全可以逃出去，但是他没有自己逃命，而是留下指挥被这突如其来的地震吓傻的没有反应过来的学生。学生听见老师的声音时仿佛找到了救命的稻草一样，按老师的指挥有序地撤离教室，但是还有两名学生吓得不能走路了，但已经没有时间了，老师义无反顾地扑向这两名学生，将两名学生护在自己身下，为了救这两名学生而献出自己的生命。

一位班主任妈妈和孩子对话，她说：“妈妈我不爱你，我爱我的老师。”妈妈说：“为什么啊？”孩子说：“老师每天都陪着我，你都没有时间来陪我。”最后孩子说：“妈妈你要是我的老师就好了。”妈妈听见孩子说的话悄悄流下了眼泪。是啊，我们的老师把自己的所有时间和精力全部放在学生身上，没有顾及家庭，没有做个好妻子，更没有尽到一个当妈妈的职责。同学们，我们是不是应该感谢我们的老师啊。

有请各位老师到前排来，同学们，现在你们有一个机会来感谢你们的老师，让我们向老师道一声感谢，老师您辛苦了，给老师一个拥抱，老师我们爱你。（学生一个个扑向老师，并喊着老师您辛苦了，老师我们爱你，老师也留下了幸福的泪水。）

总结：通过本次班会课，达到了班会课预期的目的和效果，让每一个同学都体会到感恩并懂得了感恩，让学生学会了感恩祖国、感恩爸爸妈妈和感恩老师。相信通过这次班会课，孩子们都长大了，并会在以后的学习和生活中不断地刻苦钻研，成为祖国的栋梁。

“言必信，行必果”主题班会教案

何琪

活动目的：通过“言必信，行必果”的主题班会，对学生进行思想道德教育，让学生从思想上认识到诚信的重要性，并在行动上积极落实。

活动形式：讲故事、话剧表演、诗歌朗诵、名言积累、齐唱《诚信歌》等。

活动准备：

1. 搜集古人诚信的故事、诚信的名言。
2. 总结身边诚信与不诚信的行为。
3. 话剧的排练。
4. 歌曲排练。

活动时间：一课时。

活动过程：

1. 导入：故事《狼来了》

一个放羊的小孩，有一天在山上放羊的时候觉得一个人很无聊，就想靠捉弄大家寻个开心。于是他冲着山下正在种地的农夫们大喊：“狼来啦，救命啊。”这时候，正在种地的农夫们都拿着锄头、镰刀往山上跑，一边跑还一边安慰小男孩：“不要怕，我们这就来救你。”等农夫们都跑到山上的时候没有看到狼。放羊的孩子就指着农夫们哈哈大笑道：“哈哈，你们上当啦，根本就没有狼。”农夫们很生气地下了山。

到了第二天，放羊的孩子在放羊的时候故技重施。农夫们到了山上之后还是没有看到狼的影子，被骗的农夫们对放羊小孩很生气，因为小男孩一而再再而三地欺骗他们。

过了几天之后，狼群真的来了，放羊的小孩拼命地叫：“狼来啦，狼来啦，救命啊。”这个时候，在山下种田的农夫们以为小男孩又是在捉弄他们，就没有理会放羊小男孩的求救，之后放羊小男孩的许多羊被狼群咬死了。

这个故事告诉我们：一个人要守诚信，“人无信不立”。诚信，是一种修养，一种境界。有句歌词唱得好：说到不如做到。说到做到，是对他人与自己的双向负责，非诚信之人不可与之交，所以我们要做到不说谎，不作假，做一个诚实守信的学生。

2. 诚信故事我来讲（部分故事略）

故事一　曾子教子

曾子的妻子要上街，她的小孩哭着要跟她一起去，她就哄他说："你在家里玩，妈妈回来杀猪给你吃。"当妻子上街回来，曾子就要抓猪来杀。妻子拦住他说："我跟小孩是说着玩儿的。"曾子说："对小孩不能说假话。小孩无知，要跟父母学，听父母的教导。你如今欺骗了他，就是教他欺骗。而且，母亲欺骗小孩，小孩以后就不会相信母亲，那还怎么对他进行教育呢？"于是把猪杀了。

故事二　季布一诺千金

楚汉相争时，项羽手下有一员大将叫季布。他为项羽出生入死，冲锋陷阵，立下了大功。刘邦对他深为痛恨，做了皇帝后，下令以千两黄金的重赏捉拿季布。

季布平时言而有信，答应别人的事情，一定竭尽全力去做，从不使人失望。这种美好的品质使他赢得了许多朋友，民间流传着一句话："得黄金百斤，不如得季布一诺"。当时敬慕季布为人的人，都在暗中帮助他。季布经过化装，到山东一家姓朱的人家当佣工。朱家明知他是季布，仍收留了他，后来，朱家又到洛阳去找刘邦的老朋友汝阴侯夏侯婴说情。

汝阴侯对刘邦说："以前季布为项羽打仗，这是他作为项羽部下应尽的责任。现在陛下为了从前的仇恨捉拿季布，气量未免显得太小了。况且陛下如此仇视季布，假使季布心生畏惧而投奔他国，这不是给陛下增添了麻烦吗？倒不如现在就把他召进宫来，委以官职。"刘邦觉得有理，马上派人撤去告示，并将季布召进宫来，任命他为郎中。

故事三　晏殊信誉的树立

北宋词人晏殊，素以诚实著称。在他十四岁时，有人把他作为神童举荐给皇帝。皇帝召见了他，并要他与一千多名进士同时参加考试。结果晏殊发现试题是自己十天前刚练习过的，就如实向真宗报告，并请求改换其他题目。宋真宗非常赞赏晏殊的诚实品质，便赐给他"同进士出身"。晏殊当职时，正值天下太平。于是，京城的大小官员便经常到郊外游玩或在城内的酒楼茶馆举行各种宴会。晏殊家贫，无钱出去吃喝玩乐，只好在家里和兄弟们读写文章。有一天，真宗提升晏殊为辅佐太子读书的东宫官。大臣们惊讶异常，不明白真宗为何做出这样的决定。真宗说："近来群臣经常游玩饮宴，只有晏殊闭门读书，如此自重谨慎，正是东宫官合适的人选。"晏殊谢恩后说："我其实也是个喜欢游玩饮宴的人，只是家贫而已。若我有钱，也早就参与宴游了。"这两件事，使晏殊在群臣面前树立起信誉，宋真宗也更加信任他了。

3. 诚信行动我来做

师：在我们身边，像这些古代圣贤一样诚实守信大有人在，他们也是我们学习的榜样。请大家讲讲身边诚信的小故事。

（1）我们的诚信榜样。

…… ……

师：可在我们身边，不诚实的行为也常有发生。请你说说平时自己有过哪些不诚实的表现。

（2）我的不诚实行为。

…… ……

师：诚信就是不骗自己和他人，能真诚地对待自己和他人，也许我们都曾犯过错，但只要我们能勇于面对自己的错误并知错能改，我们仍旧是诚实可信的好孩子。

（3）话剧表演《小田与小王》（过程略）。

（4）自创诗朗诵，题目自拟（学生作品附在后面）。

你对诚信有怎样的认识？以诗歌或三字经的形式表达。

师：是啊，时光老人说得好，没有诚信，金山再高也会垮掉，地位再高也会失去，权力再大也不会持久。

4. 诚信格言我来写

民不信不立。 ——孔子

诚信为人之本。 ——鲁迅

生命不可能从谎言中开出灿烂的鲜花。——海涅

如果要别人诚信，首先要自己诚信。——莎士比亚

君子一言，驷马难追。 ——孔子

一丝一毫关乎节操，一件小事，一次不经意的失信，可能会毁了我们的名誉。

——林达生

…… ……

诚信格言大汇串：每组派两人上来写，一人写一句。

师：如果说成功是一座雄伟的高楼，那诚信就是渺小的砖石；如果说成功是一条畅游的鱼儿，那诚信就是蓝蓝的大海；如果说成功是一匹驰骋的骏马，那诚信就是广袤的草原。我希望诚信的名言永驻我们的心间，时时荡涤着我们的心灵，鞭策着我们做一个言必信、行必果的人。

5. 齐唱《诚信歌》

诚信歌

程源

言必行行必果
一诺千金不打折
诚为根信为本
说话算话好品德
言必行行必果
一诺千金不打折
诚为根信为本
说话算话好品德
说了就要做
不做不要说
承诺要比泰山重
一撇一捺写人格

6. 课堂总结

诚实守信是我们中华民族的传统美德。诚信就是诚与信，诚就是真实而不欺，既不自欺，又不欺人，诚是一切道德行为的基础和道德修养的前提，也是一个人做学问和成就事业的根本。信就是遵守诺言，信是为人之本，一个不守信用的人很难得到人们的信赖，终究为他人、为社会所抛弃。我真诚地希望同学们都能成为一个诚实守信的人。

诗一

与诚信对话

任雨昕

你为什么在这里？
我来弥补世界的过失
我来抚慰人们的心灵

人们为何总提起你？
他们信仰我
他们的相处离不开我
社会和谐需要我

你从何时出现的？
我想
大约在文明出现的时候
在人类懂得情感的时候

可是有人将你遗忘了
不是吗？
就像月神阿尔忒弥斯
我不忠诚于别人
但背叛我的信徒终将受到惩罚

诗二

诚信书

江炫娜

夫君子之行，
诚以待人，信以处事。
非诚无以见人之真心，
非信无以成行之硕果。
虚伪则虚了真情，
失信则失了前路。
年与时驰，信与日去，

不复光景，踽踽独行，
将悔何及！

诗三

“诚”价连城

郑涵文

人之所交，贵在诚信；
君子一言，驷马难追。
一诺千金，言而有信；
精诚所至，金石为开。
若有诚信，远朋自来；
重于情义，专于诚信。
自由无价，“诚”价更高；
诚之必要，不言而喻。

诗四

诚信之美永流传

李梦汝

古今诚信事例多，其美万古都流传。
古有晏殊树信誉，今有华盛顿伐树。
古有樊迟学信礼，今有吴玉兰还债。
王充曰：精诚所至金石为开。
海涅言：诚信乃是生命之花。
诚信乃立身之本，诚信乃立业之基。
言而无信即欺己，背信弃义终弃己。
诚信之美永流传，践行诚信皆受益。

诗五

名为诚信

朱庆霖

你的每句话都成了真。
还说，因为这是己之所言。

你说许诺，终看的是果。
至少言行，不能负了承诺，
所以，即使再痛，
也要用流着血的手完成。

他们讥笑你的愚笨：
要个滑头，少使点劲，
就不用流汗流血……

“真是蠢，这样的小聪明都不要！”

可他们没想到，
你最终获得了人缘与机遇，
他们却丢掉了美好的明天
…… ……

你振臂高喊：
我对自己承诺过
用自身证明他们的愚昧。
人言必要成真
不能成为空头支票，
言必行，行必果
不能违背了自己的诚心。

诚，诚实面对，不欺自己；
信，信守承诺，不负他人。

反思与总结

在班委的努力排练下，在同学们的积极配合下，这次以诚信教育为主题的班会进行得十分顺利，不仅给了我们一次锻炼自我的机会，也给有才华的同学一个展示的舞台——话剧表演和自创诗环节深受听课老师的好评，更让学生深刻地理解了诚信待人、诚信为人的重要性和必要性。在当今社会中，不仅成人需要遵守法律、诚信待人，青少年更应学会诚信、坚守诚信。诚信是为人的基本准则，是同学们在现今的学习生活和将来踏入社会的工作生活中不可缺少的重要组成部分。人无信而不立，青少年应从小学习诚信，从小遵守诚信，这正是我们此次开展班会的主要目的，而且，在精彩的班会活动中，我们以充分的准备取得了成功，经过这次班会后，相信同学们更加了解诚信，并且为自己树立起诚信的准则，也更好地做到以诚信为人。

结　语

对于德育工作者来说，活动不是负担，而是一次次展示学校德育特色、展示班级精神风貌的机会。精心设计的特色活动，不仅能给学生留下美好回忆，使成长更有动感，更是这群德育阵地“坚守者”的初心体现。节日性活动，传承文化，增强美育熏陶；班会性活动，启迪心智，突出德育实效；主题性活动，增长见识，提升智育水平；兴趣性活动，陶冶情操，强化体育锻炼；社会实践性活动，锻炼成长，加强劳动教育。“五育”并举，融合育人的教育理念得已落实，蕴含教育因子、办学特色和育人特点的教育活动正成为学校一道迷人的教育风景线。

第三部分 **课堂采风**

卷首语

课堂教学也称“班级上课制”，是教育教学中普遍使用的一种手段，它是教师给学生传授知识和技能的全过程，主要包括教师讲解、学生问答、教学活动以及教学过程中使用的所有教具。课堂教学直白地说，就是老师用怎样的方式、方法上好课。提升课堂教学水平，这也是作为一名教育工作者亘古不变的追求。在一轮又一轮的教学改革中，对教师如何优化课堂教学不断提出新要求。各种新教学模式、教学方法也应运而生。新时代下的教师，不应只站在三尺讲台上“讲”，更应成为学生学习的促进者，教育教学的研究者，课程的建设者和开发者。

“理论是灰色的，生活之树常青。”所有的教学理念只有转变为生动的教学实践才具有生命力。可是，教学实践具有丰富性和复杂性。实际上，许多教师在课堂实践中碰到了大量的困惑与问题，比如，研究型、项目化、合作式学习如何实现，启发式、互动式、探究式教学如何实施，差异化教学和个别化指导如何把握等。要解决这些问题，一方面需要教师的个人实践反思和同伴互助；另一方面需要有针对性的专业引领。因此，为教师提供一些具有启发、借鉴作用的教学案例和反思，就显得非常有必要。我校兼有义务教育和职业教育两种教育序列。我们的一线老师，在多年的教学改革中积累了丰富的教学经验，收集这些宝贵的教学智慧，给其他老师以学习与借鉴，并且在实践中再催化出更多、更好的模式和经验，最终对我们学校课堂教学改革起到一定的推动作用，这就是我们整理这些文章成册的目的。

如何驾驭“众说纷纭”的课堂

牟强　杨琦

高效课堂是一种教学形态，其核心是融学生认知建构与情感激活、教学控制与情境创设为一体；高效课堂也是一种教学理想，其意义是为现实教学产生一种动力、牵引、导向作用。高效课堂的要求是在课堂一定的时间内获取最大教学效益的教学活动。在一系列先行者的探索足迹中，我们能够领略学习合作小组在高效课堂中的核心地位。对于小组的建设理念，小组的划分原则，小组学习的策略，我们都能通过交流、观摩、探讨等方式进行效仿，但小组学习中的灵魂——“教师指导”，是必须通过教师的实践探索与经验积累才能感知并获取的。

在我校“三全四步五型”学习模式的教改氛围指导下，在班级教学中，经历从理念到行动，从尝试到运作，从形式到实效的过程，我认为如何真正让学生的行为、认知、情感参与到小组合作中，如何驾驭形式上“众说纷纭”的课堂，关键在于教师的有效指导，故我把教师指导定位为小组合作学习的灵魂。

在探索初期，或多或少都会面对“课堂交给学生了老师怎么讲，讲什么”“如何调动小组积极性让孩子参与交流”“孩子们交流很困难”“课堂时间不够”“交流后评价些什么”“交流的课堂太沉闷”“交流起来跑题了一团糟”等问题，现结合自身摸索过程，就小组合作学习过程中的教师指导从以下几个方面进行交流。

一、小组合作学习过程中教师指导的意识

小组合作学习过程中，教师具备正确的意识，才能对学生进行适时有效的指导。

（一）“把课堂还给学生”不等于“把一切交给学生”

“把课堂还给学生”是使学生能在课堂上积极主动地学习，成为“学习和发展的主体”，而不是让学生驾驭课堂。学生的素质与经验不足以驾驭和掌控课堂的知识要点、学习进度、纪律维护、效率保证、总结提升等方面，尤其是数学学科的学习，知识板块之间严谨的逻辑，不是靠简单阅读、记忆、讨论等感性认识就能够掌握，必须有对知识情境的创设和学生思维的引导。因此，老师虽然不是课堂上的“主体”，但应是学习过程中的“主导”，导，用清晰的线索引领合作学习的进程；导，用明朗的态度引领合作学习的方向。

（二）“让学生动起来”不等于“让老师藏起来”

“让学生动起来”是在课堂中给学生一些权利，让他们自己去选择；给学生一些机会，让他们自己去体验；给学生一点困难，让他们自己去解决；给学生一个问题，让他们自己去探究；给学生一个条件，让他们自己去锻炼；给学生一片空间，让他们自己向前走。所有的这些给予，都是过程，这个过程中学生是亮点，老师同样是亮点。学生展现的是合作探究过程中的精彩，老师演绎的是启发点拨过程中的精彩。老师同样是在台前，不过更懂得尊重主体，更懂得画龙点睛。

二、小组合作学习过程中教师指导的方法

教师适时指导，对学生的小组合作学习起着引领和调控的重要作用。根据指导阶段主要分为以下三个方面。

（一）合作前指导

小组合作前，老师的指导具有抉择导向的作用，一般需考虑以下几方面：

1. 安排个体独立思考时间

在小组合作前，教师要有意识地强调或引导每个学生对合作的内容进行独立思考，留给学生必要的思索时间，有了自己的主观认识，才能对自己的想法进行统筹安排，为下一步小组成员相互交流、合作学习做好充分准备，也才能对其他小组的表述进行评价与分析，才能更好地达成合作学习效果。

2. 捕捉合作交流的时机

教师应选择有价值的，而且个人难以完成但合作能够解决的内容开展合作学习。对合作时机的把握，既来自对学生、教材熟悉了解后的预设，也来自教学过程中随即产生机会的捕捉，可通过观察学生的动态来确定要不要合作，比如：针对平行四边形的定义“两组对边分别平行的四边形是平行四边形”，大部分学生通过预习课本能回答上来，这就属于没有合作研究价值的问题，而当某个学生发言“一组对边平行且相等的四边形是平行四边形”后，引发许多小声议论，有的说是定义，有的说不是，这时候就该捕捉时机，说明此内容值得在小组进一步探讨，此时可作小组讨论，从而引导学生初步分辨平行四边形的定义与判定这两个不同概念。

3. 宣布明确的合作讨论要求

教师应针对活动内容对小组合作提出具体明确可操作的要求，包括合作的任务、合理的分工、参与的状态等。只有针对性的要求，学生才会合作得更有目的。例如，在组织全班对“勾股定理”的知识回顾中，我针对小组合作分派了如下任务：表述本章节的知识线索、提出一项本小组认为大家易混淆的知识点进行简单讲析、每小组两次展示机会、每次展示时长不超过 3 分钟。这样学生有明确的讨论方向，小组组长能通过老师给予的要求进行合理分工，从而提升合作交流的效率。

4. 讲授具体的合作交流方法

有了明确的要求，学生就知道要做什么，但如何有效地开展还离不开老师针对性的方法指导。例如，小组长如何分工，组员承担哪些角色与职责，交流时小组选择怎样的表现形式，如何对本组或其他小组的表述进行点评等，这都需要教师结合实例对学生进行方法上的具体指导。

（二）合作中的指导

小组合作过程中，教师不是没事儿干或者是退到幕后，而是担负起更大的引领和调控职责，教师必须对各个小组的合作学习进行现场观察和介入，为他们提供及时有效的指导。

1. 修正合作中的细节

教师在活动中需要不停地观察，关注小组学习任务的进展和小组成员间合作交往的情况，针对观察结果及时做出决断与修正。例如，小组讨论声音或动作过大，数学学科尤其严谨，即便是讨论，也不能影响他人的思维与展示过程。这时教师应适时介入，提醒控制音量，并对改进小组适时表扬；有些小组对任务目标尚不太明确，教师要耐心地向学生说明任务的内容及操作程序；有些小组讨论时跑题，要提醒他们合作方向，探究时出现难关要给予提示或给他们提供恰当的工具；有些小组对其他小组评价时不看重对方的优点而是针对缺点进行攻击，这时老师应及时引导转移学生关注重点，等等，对这些合作细节的关注，保证了合作的顺畅与高效率地利用时间。

2. 激发小组长管理职力

教师要适时关注小组长的表现，对他们进行具体的指导和评价。指导组长分工、总结组长对小组成员的评价、反思小组展示后的优缺点、肯定组长放弃自己表现而鼓励组员参与的进步、协调小组长与组员的人际关系，等等。通过多方面的观察，通过细节指导，激发小组长管理能力，带动小组进步。

3. 关注特殊的学生

在合作小组中总有特殊的学生，如学习能力或学习态度有差距的、对合作缺乏兴趣的、不被同组承认的、自以为是的、哗众取宠的、信心不够的，等等，这些学生可能会出现过度依赖同伴的帮助、没有足够的信心或不屑去承担自己的责任、对小组其他成员的蔑视等状况。对此，老师要对他们予以关注，加强监控和指导，为他们提供情感动力，使他们在合作学习小组中积极主动地与同伴合作。如在“实数”一章的复习回顾展示中，某一形式学习成绩暂时靠后，不敢表现，上台后半天说不出一个字，组内比较激进的同学因他而丢掉分数感到恼怒，这时老师及时介入，请该同学展示小白板，请全组同学一起上台，与之肩并肩，组员轮流大声鼓励他展示，通过小组共同努力完成刚才中断的交流，小组同样完成了任务，孩子的自信心得到激励，组内的凝聚力得到提升。

4. 评价学生的表现

在整个合作过程中，老师要及时进行评价，如小组活动开展得非常顺利时，教师应给予及时的表扬，并树立为其他小组超越的目标；对经历挫折又重新开始的小组要给予鼓励；对学生合作细节做得到位，尤其是个人品质表现突出的要及时肯定；这个过程中的激励性评价可谓是合作进程的良好催化剂。评价主要从以下几个方面进行：

（1）评价学生的展示内容。对学生的展示内容进行评价，对学生表述的知识、方法归纳进行点评，及时褒奖学生整理知识的亮点，并适时补充学生知识表述的遗漏与不足。

（2）评价学生的展示表现。对学生的落落大方，彬彬有礼，语言凝练，清晰表达，字正腔圆，肢体语言等表现进行评价与鼓励，有利于树立学生标杆，让其他同学明白哪些是需要改进的，有明确的努力方向，这对其他同学的展示能起到促进作用，最终促进班级整体展示技能的提升。

（3）评价学生的展示方式。学生从刚开始的一人被迫上台讲，到主动上台讲；从小组一人单演，到多人合作；从单纯语言表述，到结合小白板展示；从平淡的文字，到朗朗上口的顺口溜，等等，这些进步与成长都离不开老师对学生的引导与评价。

（4）评价学生的展示互评。刚开始通常学生在小组互评中不容易找到重点，有只重视其他小组的展示表现的，有只注重展示内容的，有只盯着其他小组不足之处的，有点评言辞犀利的，这些现象需要老师指导。让学生关注小组表现形式的同时，明白良好的表现形式是为了更好地展示小组知识内容，同时让学生清楚，关注其他小组的长处才是转化为自身优势的关键，通过上述调整与指导，学生的互评才更具备针对性与指导性。

（三）合作后的指导

合作过程结束，老师要组织交流、评价和总结等，在这些方面还应注意加强对“合作”的关注与指导。

1. 营造良好的交流氛围

要让学生意识到组间交流是合作学习的重要组成部分。老师要告诉学生学会从欣赏的角度听取他人的见解，倾听也是对他人的尊重，要学会换位思考，等等，从而为学生营造一个愉悦的交流氛围。老师要注意是否有的组还没有做好发言准备，如果有必要再多给学生一些时间，要用提问的方式确保大家都做好倾听和发言的准备后再开始交流。

2. 注重老师点评的针对性和多元性

有效的评价离不开过程的观察和积累，注意将过程评价和结果评价相结合，还要侧重于过程评价，这样才能使评价有据可依具有针对性；在评价时还要做到评价的多元性。在总结评价时，老师不但要侧重于小组合作的角度，还要引导学生在总结中反思自己在小组合作中的地位和作用，在合作方面自己最大的收获有哪些等，让有关合作意识性、方法性、经验性的内容在学生头脑中加以提炼，为以后的合作学习打下基础。

三、小组合作学习过程中教师指导的要诀

综合上述内容，小组合作学习过程中教师的指导体现为以下几个要点：

（一）四勤

（1）勤走动。在小组讨论时，教师绝不能袖手旁观，不能严守讲台这块阵地，或者站在教室一隅，要深入到每一个学习小组，随时留意每个小组的学习情况。

（2）勤观察。要关注学生学习的过程，看他们怎么活动，尤其要关注有问题的学生，也要随时关注活动中新的问题的产生。以便随时调整预案。

（3）勤倾听。要善于倾听学生问题，学生的需求，学生信息的反馈。

（4）勤调整。安排了小组活动，让学生动起来，老师不是就没事了，要根据学生的活动思考、课堂进程、学习反馈等综合因素，把课前备课与课堂发现的问题结合起来，及时调整预案，形成最有效的课堂教学设计。

（二）两少

（1）少指令。学生在小组活动中，不需要教师总插话给予这样那样的指令，尽量少暗示，不代替他们回答。要为他们提供“到位”不“越位”的引导。

（2）少灌输。要教给学生自主归纳、思考、讨论分析等，不能把知识或方法直接灌输给学生，而是引导学生讨论体验，交流总结。

如何驾驭“众说纷纭”的课堂？教师在实践中必须根据实际需要组织小组合作学习，参与到学生的学习中，始终监控学生学习过程，指导并调整学习方式，只有这样，才能指导小组合作学习真正达到预设效果。

会当凌绝顶，一览众山小
——引领学生鉴赏《一元一次不等式（组）》的“最高境界”

牟强　杨琦

不等式（组）是初中数学的重要内容之一，也是历年来各地中考的必考内容之一。学完北师版八（下）的《一元一次不等式（组）》后，学生对不等式中字母系数取值（范围）的确定颇有感触——敬畏于它的“高深莫测”，又钟爱于它的“灵活多变”，无奈与不甘之中把它称作这一章的最高境界。从“最高境界”的称谓中我体会到了学生勇攀高峰的那种跃跃欲试的心情，也捕捉到一次数学兴趣教学的机会。故而以“会当凌绝顶，一览众山小”为题引领学生鉴赏《一元一次不等式（组）》中字母系数的取值（范围）的确定。一为指明该类问题的思考方法，二为激励和培养学生乐于思索、醉于欣赏的数学情趣。

一、直接运用，一箭中的

【例 1】若不等式 $ax>b$ 的解集是 $x<\dfrac{b}{a}$，试求 a 的取值范围。

[分析与解答]：不等式 $ax>b$ 的解集应根据 a 的范围决定不等号的方向是否改变，现由题意可以推知，解不等式中，在把 x 的系数化为 1 时，不等号方向发生了改变，故逆用不等式的性质 3，可以确定 $a<0$。

赏析：逆用不等式的性质，一步到位解决问题。要求的是对知识点把握得精准，达到的是对问题解决的快捷，解题的思想与线索中蕴含着数学最朴实的韵味——简洁美。

【相关练习】

不等式 $(2a-3)x>b$ 的解集为 $x<\dfrac{b}{2a-3}$，试求 a 的取值范围。

二、“形”“质”等价，方程转化

【例 2】若 $y<1$ 是不等式 $a-3(a-y)<y-4$ 的解集，则 a 的取值。

[分析与解答]：由题意，不等式 $a-3(a-y)<y-4$ 的解集可表示为 $y<a-2$。又知不等式的解集是 $y<1$，故 $a-2=1$，$a=3$。

【例 3】已知关于 x 的不等式 $2x-m>-3$ 的解集如图所示，试求 m 的值。

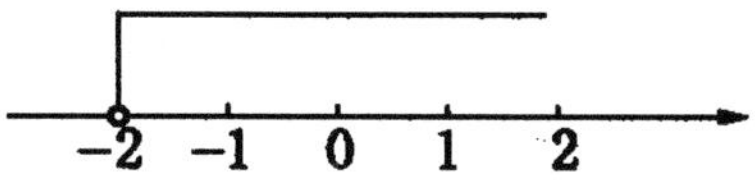

[分析与解答]：由题意不等式 $2x-m>-3$ 的解集可表示为 $x>\frac{m-3}{2}$。

又由图可知不等式解集为 $x>-2$，故 $\frac{m-3}{2}=-2$，即 $m=-1$。

【例 4】已知关于 x 的不等式组 $\begin{cases}x-a\geqslant b\\2x-a<2b+1\end{cases}$ 的解集为 $3\leqslant x<5$，则 $\frac{b}{a}$ 的值。

[分析与解答]：由题意，不等式组 $\begin{cases}x-a\geqslant b\\2x-a<2b+1\end{cases}$ 有解。

则解集可表示为 $a+b\leqslant x<\frac{a+2b+1}{2}$。

又知不等式组解集为 $3\leqslant x<5$，故可得方程组 $\begin{cases}a+b=3\\\frac{a+2b+1}{2}=5\end{cases}$，即 $a=-3,b=6$。

故 $\frac{b}{a}$ 的值是 - 2。

赏析：沿用字母系数求解不等式，即用含所求字母系数的代数式表示不等式的解集，作为形式上的解集，它与已知的实质上的解集是同一解集，故等价，进而建立关于字母系数的方程（组）求出确定的值。让人感受到的是数学思维的精细与巧妙，数学知识关联的紧密与自然，领略到的是数学知识的体系美。

【相关练习】

1．若关于 x 的不等式组 $\begin{cases}\frac{x+4}{3}>\frac{x}{2}+1\\x+a<0\end{cases}$ 的解集为 $x<2$，则 a 的取值范围是多少？

2．（2006 山西）若不等式组 $\begin{cases}x-a>2\\b-2x>0\end{cases}$ 的解集是 $-1<x<1$，则求 $(a+b)^{2006}$ 的值。

三、紧密结合，圆满求解

【例 5】若不等式组 $\begin{cases}-1\leqslant x\leqslant 1\\2x<a\end{cases}$ 有解，那么 a 应是什么取值范围？

[分析]：原不等式组可化为 $\begin{cases}-1\leqslant x\leqslant 1\\x<\frac{a}{2}\end{cases}$，如图所示，$\frac{a}{2}$ 分布在阴影区域内都能够满足题意。

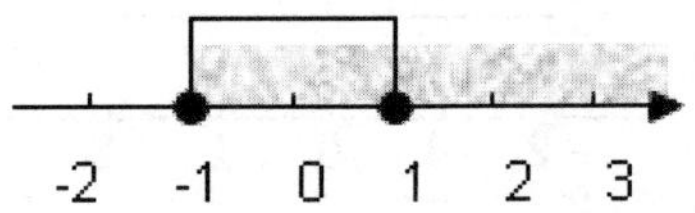

[解]：化简原不等式组为$\begin{cases}-1\leqslant x\leqslant 1\\ x<\dfrac{a}{2}\end{cases}$，由题意两个不等式的解集应有公共部分，故$\dfrac{a}{2}\geqslant -1$，即$a\geqslant -2$时原不等式组有解。

赏析：逆用不等式组解集的定义确定字母系数的取值范围是一个易出错的问题，稍有不慎则前功尽弃。需要数与形的紧密结合，在数轴上以直观的方式引导思维过程；需要点与面的紧密结合，尤其在不等式中对等号的分析定当严谨细致。数形结合相互提点，相互印证；点面结合，力争准确，力求圆满，正是这多重紧密结合中我们品出了融洽，品出了自然，品出了数学知识与方法的和谐美。

【相关练习】

已知关于x的不等式组$\begin{cases}5-2x\geqslant -1\\ x-a>0\end{cases}$无解，则求$a$的取值范围。

四、由点到面，全面突破

【例 6】已知关于x的不等式组$\begin{cases}x-a\geqslant 0\\ 3-2x>-1\end{cases}$的整数解共 5 个，则$a$的取值范围。

[分析与解答]：化简原不等式为$\begin{cases}x\geqslant a\\ x<2\end{cases}$，若使整数解有 5 个，即 1，0，−1，−2，−3 应在解集$a\leqslant x<2$中，故$-4<a\leqslant -3$。

【例 7】关于x的不等式组$\begin{cases}2x<3(x-3)+1\\ \dfrac{3x+2}{4}>x+a\end{cases}$有四个整数解，则$a$的取值范围是(　　)。

（A）$-\dfrac{11}{4}<a\leqslant-\dfrac{5}{2}$　　（B）$-\dfrac{11}{4}\leqslant a<-\dfrac{5}{2}$

（C）$-\dfrac{11}{4}\leqslant a\leqslant-\dfrac{5}{2}$　　（D）$-\dfrac{11}{4}<a<-\dfrac{5}{2}$

[分析与解答]：解已知不等式组，得$\begin{cases}x>8,\\ x<2-4a.\end{cases}$

所以不等式组中两个不等式的解集的公共部分为$8<x<2-4a$。

由已知不等式组有四个整数解可知，四个整数应为 9，10，11，12。

因此$12<2-4a\leqslant 13$，即$\begin{cases}12<2-4a,\\ 13\geqslant 2-4a.\end{cases}$

解不等式组，得$\begin{cases} a<-\dfrac{5}{2}, \\ a\geqslant -\dfrac{11}{4}. \end{cases}$ 即$-\dfrac{11}{4}\leqslant a<-\dfrac{5}{2}$，故选 B。

赏析：利用不等式组整数解的个数推导字母系数的范围，由点到面的分析，由特殊到一般的转化中真正做到了窥一斑而见全豹，动态的分析理念中弥散的是数学方法中的变化美。

【相关练习】

如果不等式组$\begin{cases} 9x-a\geqslant 0 \\ 8x-b<0 \end{cases}$的整数解仅为 1，2，3，那么适合这个不等式组的整数 a，b 的有序数对(a,b)共有多少对？

引领学生鉴赏一元一次不等式（组）的“最高境界”，在于对数学乐趣的发掘，在于对数学探索的肯定，更是更新学生数学学习观念的引导。回眸一元一次不等式（组），从性质到解法，从运用到字母范围的确定，踏着逻辑思维的台阶，站在了最高处，既有登高而望远的释然，更有成功达顶的豪迈，愿孩子们在更多的数学空间中，在更美的数学境界中咀嚼着那句话——“会当凌绝顶，一览众山小”。

怎一个“辨”字了得
——引导学生在辨识过程中全面解析“勾股定理”

牟强　杨琦

勾股定理是数学中一个重要定理，是数形结合的一个重要典范，是以后学习图形的有关证明和计算以及解直角三角形的重要基础，故引导学生扎实准确地把握勾股定理具有重要意义。

实际教学过程中，我围绕“辨识”这一活动，创设问题情境，引导学生对勾股定理的主要知识点进行了深入的分析与思考，孩子们在“是”与“似”的审视中，在“试”与“思”的过程里，在“识”与“释”的决策后，经历了从粗浅到深刻的升华，巩固了勾股定理的基本概念，提升了自身能力，教与学取得了事半功倍的效果。

一、辨“条件”

例如：判断“在△*ABC* 中，*AB*=3，*AC*=4，*BC* 是最长边，则 *BC*=5”是否正确？

设计意图：平常说的勾三股四弦五只是数学上对勾股定理的一个借代，但学生容易对其片面理解——只重视数据而忽略条件。这个问题情境的设置有利于学生全面关注勾股定理的使用前提。

思维引导：根据三角形的三边关系，BC 边的长度范围为 1—7，满足 *BC* 是△*ABC* 中最长边的数据有无数个，而不仅仅是 5。只有在直角三角形里，根据勾股定理，*BC* 的长度才是 5，故应把上述的说法增补为“在 RT△*ABC* 中，*AB*=3，*AC*=4，*BC* 是最长边，则 *BC*=5”才是正确的。

归纳小结：只有前提是直角三角形，三角形三边的平方才具备等量关系，因此要运用勾股定理中描述的三边平方关系，必须重视前提条件——明确是否直角三角形。辨识条件，走好第一步。

二、辨“图形”

例如：判断“在 RT△*ABC* 中，*AB*=3，*AC*=4，则 *BC*=5”是否正确？

设计意图：学生对知识落实的点理解不到位，就不能形成完整的知识面。实际运用中只关心是否直角三角形、三边的平方关系是不够的。学生往往忽略了数形结合的思想方法，忽略了确认斜边，从而造成计算失误。

思维引导：根据题目条件确认是直角三角形，故可以运用勾股定理，但 *BC* 边的性质不确定。若 AC 是斜边，则有 $BC=\sqrt{4^2-3^2}=\sqrt{7}$；若 BC 边是斜边，则有 $BC=\sqrt{3^2+4^2}=5$，故 BC 的长度是 $\sqrt{7}$ 或 5。

归纳小结：勾股定理运用的要点有三个：①确认是否直角三角形；②画（看）图确定直角三角形的三边及已知的数据；③运用三边的平方关系进行计算。**辨识图形，完善全过程。**

三、辨“本质”

例如：“在 RT△ABC 中，∠C=90°，AB=13，BC=12，求△ABC 的面积”与“RT△ABC 中，∠C=90°，AB=13，BC=12，求△ABC 斜边上的高。”

设计意图：在前面两个辨识的基础夯实后，学生能解决“在 RT△ABC 中，∠C=90°，AB=13，BC=12，求 AC 的长”的问题，这也是解决当前两个看似复杂问题的关键和本质，通过训练，能够达到举一反三的效果。

思维引导：根据题目条件确认是直角三角形，并画出图形后（如图 1）确定 AB 是斜边，长为 13，BC 是直角边，长为 5，AC 是要求的另一条直角边，故运用勾股定理 $AC=\sqrt{13^2-5^2}=12$。而对当前两个问题的观察中能够发现，题目条件是完全一样的，仅结论变为求△ABC 的面积与△ABC 斜边上的高。对于求三角形的面积，AC 的长度就是构造三角形面积的重要数据——直角三角形的面积等于两直角边乘积的一半。

对于求斜边上的高（如图 2），同样须求出 AC 长度，运用三角形面积的不同求法即可解决。故求出 AC=12 的基础上可求直角三角形的面积$=\frac{1}{2}\times5\times12=30$，斜边上的高$=\frac{5\times12}{13}=\frac{60}{13}$。

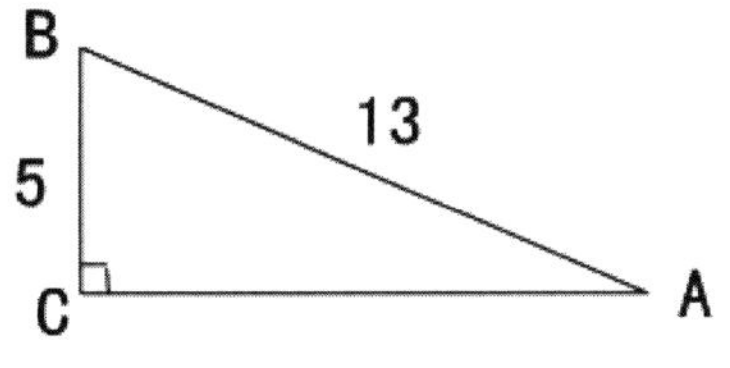

图 1

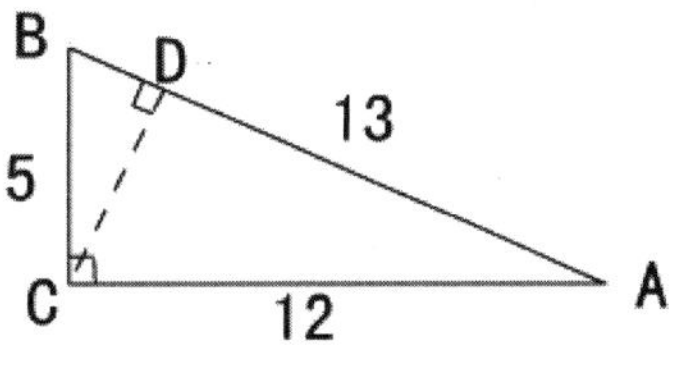

图 2

归纳小结：习题训练的过程中，我们所要积累的经验就是以典型的题目为基础，进而掌握这一类型的题目，避免题海战术，能够事半功倍地进行训练。辨识本质，“一道”变“一类”。

四、辨“情境”

例如：如图 3 有一圆柱，它的高为 12 厘米，底面半径为 3 厘米。在圆柱下底面点 *A* 处有一只蚂蚁，它想吃到上底面与 *A* 点相对的 *B* 点处的食物，沿着圆柱侧面爬行的最短路程是多少？（π 取 3）

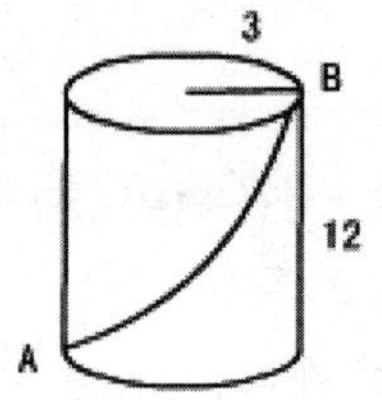

图 3

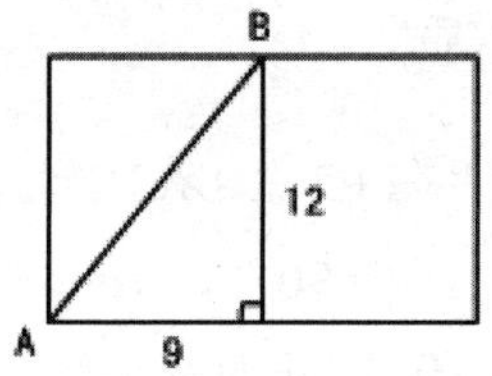

图 4

设计意图：勾股定理的运用不仅仅是简单的几何计算，更有对复杂的生活情境的理解辨识后的计算，把一些复杂的生活情境化为简明扼要的数学模型，既是解决问题的基本策略，也是数学化繁为简思想的本质体现。

思维引导：蚂蚁沿圆柱体侧面行进，从表象上看是难以捉摸的曲线，但如何体现距离最短？七年级的学习中我们已经知道两点之间，线段最短；曲的路径如何转换为线段呢，变曲为直的方法就是图形的展开与折叠。故展开圆柱体侧面如图 4，最短距离实际就是直角三角形的斜边 *AB*，故运用勾股定理可求 *AB*=15。

归纳小结：对复杂生活情境问题的辨识，就是对其具体化、数学化、模式化的过程，关键是运用所学找到问题的本质，这需要有逻辑的思考，有条理的搜索，促进学生解题能力的增长。**辨识情境，复杂变简单。**

数学学习过程中的研究方法很多，观、比、析、算、画、折、换等，不同的学习内容，运用不同的方法手段。作为勾股定理这一几何学习的基础内容，在辨识中猜测、在辨识中思考、在辨识中总结、在辨识中提高，一个“辨”，引出学习过程的又一条线索，这正是数学学习的乐趣所在。

勾股定理，怎一个“辨”字了得；数学方法，怎一个“辨”字了得！

“两个动作”全解初中三角函数
——赏析三角函数辅助线添加的“割”与“补”

牟强　杨琦

“直角三角形”是初中三角函数探究的大前提，我们针对锐角三角函数所做的所有分析与思考，都是在直角三角形中进行的，故构造直角三角形应是这一部分学习的主要内容，而作辅助线就是最有效的思维路径。

「割」

动作体验：

【例（2007年泰安）】如图1-1所示，一游人由山脚A沿坡角为30°的山坡AB行走600m，到达一个景点B，再由B沿山坡BC行走200m到达山顶C，若在山顶C处观测到景点B的俯角为45°，则山高CD等于（　　）。（结果用根号表示）

析：由30°、45°两个特殊角度，不难想到需要构造关于特殊角的三角形，如图1-2过B点作AD的垂线，过B点作CD的垂线，把多边形$ABCD$分割成两个特殊角三角形和一个矩形，CD的长度被转化为两个直角三角形的直角边之和。

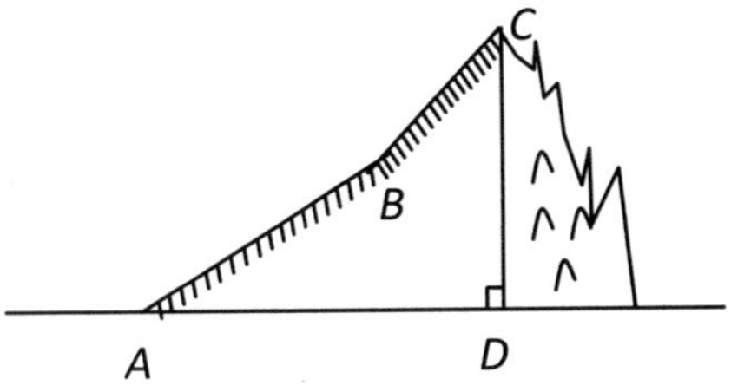

图1-1

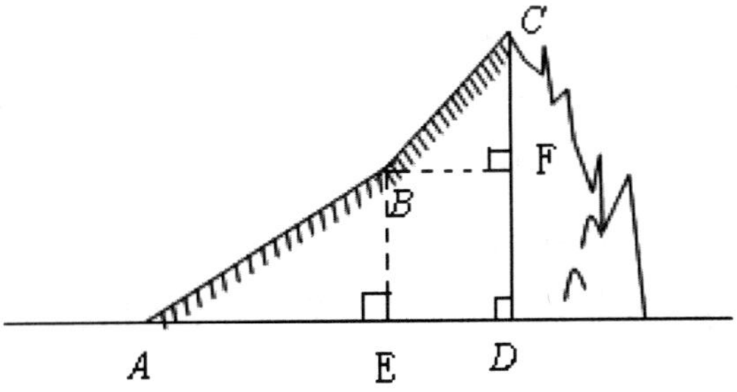

图1-2

赏：通过“割”，不规则的图形分化为规则、特殊的图形，在线段的数量转换间使CD长度的扑朔迷离变得一目了然，这就是数学方法的美妙之处。在本题的求解过程中，学生解决问题的方案得到了完善与补充——面对不规则的图形可以通过分割的方法，使之规则、简单，“割”的动作，透射的是化繁为简的数学思想。

妙题赏析：

【例（2007年芜湖市）】如图2-1，客轮在海上以30km/h的速度由B向C航行，在B处测得灯塔A的方位角为北偏东80°，测得C处的方位角为南偏东25°，航行1小时后到达C处，在C处测得A的方位角为北偏东20°，则C到A的距离是（　　）。

A．$15\sqrt{6}$ km　　B．$15\sqrt{2}$ km　　C．$15(\sqrt{6}+\sqrt{2})$ km　　D．$5(\sqrt{6}+3\sqrt{2})$ km

析：如图2-2，过C点作x轴的垂线，构造“两直线平行，内错角相等”的有利条件，得出结论$\angle BCD=45^{\circ}$，利用特殊角过B点作AC的垂线，把三角形ABC分割成两个特殊的直角三角形，利用三角函数求出CA的长度。

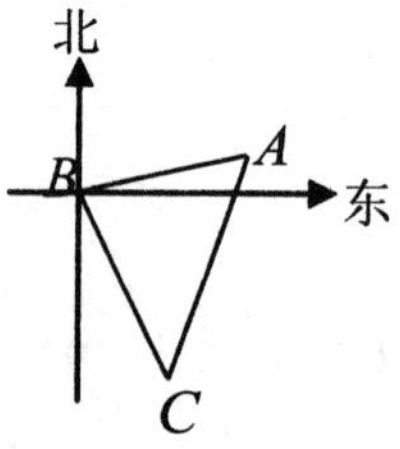

图2-1

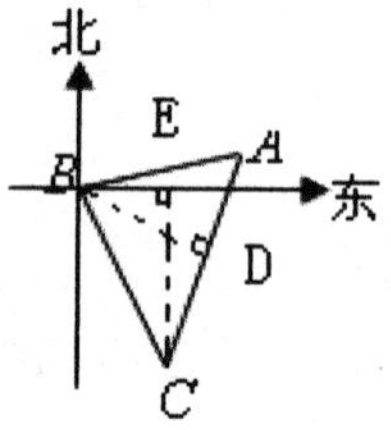

图2-2

赏：本题的辅助线更加精妙。原本看似无从下手的问题，经过C点构造平行线这一妙想进而构造特殊角，出现了特殊角的一般三角形，我们在上例的经验中知道应把它分割为特殊角的直角三角形，故过B的辅助线的分割出现了一举两得的效果——分割的两个三角形均为特殊角的直角三角形。学生的数学思维在本题的思考中得到充分发挥。从面对题目给出“无用”条件的无助，到构造平行线与特殊角，这是一大步台阶，也是一大步思维飞跃。突破难点之后就是学会“分割”的体验，在构造直角三角形的过程中有惊奇的发现——分割成的两个三角形均是我们期望的特殊角直角三角形，在欣喜之中，“分割”思想得到了强化，“割”的体验得到进一步巩固。

「补」

动作体验：

【例】如图3-1，我市在“旧城改造”中，计划在市内一块如图所示的三角形空地上种植某种草皮以美化环境。已知这种草皮每平方米售价30元，则购买这种草皮至少需要（　　）。

A．13500元　　B．6750元　　C．4500元　　D．9000元

析：解决问题的关键是求出三角形的面积，利用150°的邻补角是30°这一特殊

角构造如图 3-2 所示直角三角形，利用三角函数求得线段 CB、CD，利用两个直角三角形的面积差得出结论。

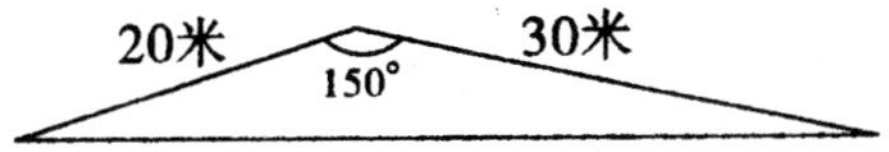

图 3-1

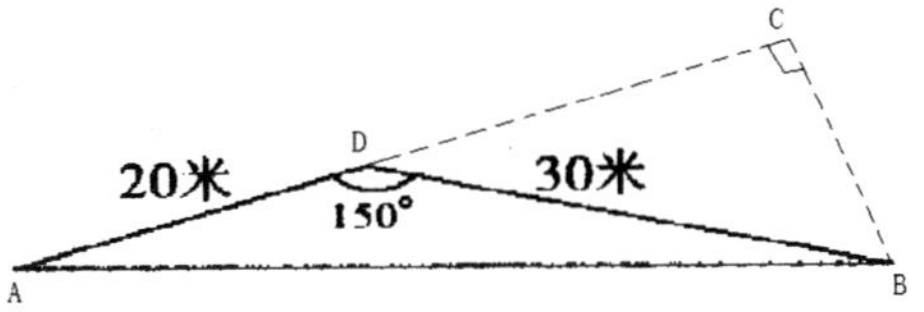

图 3-2

赏： 这道题的分析，容易纠缠在 150° 的分割上。学生很容易想到分割，但面临的问题是分割后的三角形不都是直角三角形，且不是特殊角直角三角形。在作“割”的尝试之后，没有得到预想的效果，经历“割”不是万能的体验后，重新审视 150°，思维跃到对其邻补角的分析上。对“割”的效用的质疑，这是一次很大的提高。利用 30°，通过“补充”图形，得到一大一小两个直角三角形，其中小直角三角形是特殊角直角三角形，利用三角函数能求出 BC、CD 边的长度，进而求出面积，大直角三角形能利用 AD、CD、BC 边求出面积，最终利用面积差求出原三角形面积。思维层层递进，丝丝相扣，严谨有序地展开，这一切都是在经过“补”之后，我们能深刻体会“补”的妙用，能近一步感知数学的方法美。

妙题赏析：

【例】某片绿地形状如图 4-1 所示，其中 $AB \perp BC$，$CD \perp AD$，$\angle A=60°$，AB=200m，CD=100m，求 AD、BC 的长。

析： 本题的解决方案不止一种，如图 4-2 的分割，把原图分为两个特殊角直角三角形和一个矩形，利用三角函数求出相应的边长得出结果；如图 4-3 的补充，把四边形补充为大的特殊角直角三角形，从而利用三角函数求各相关线段得出结果。

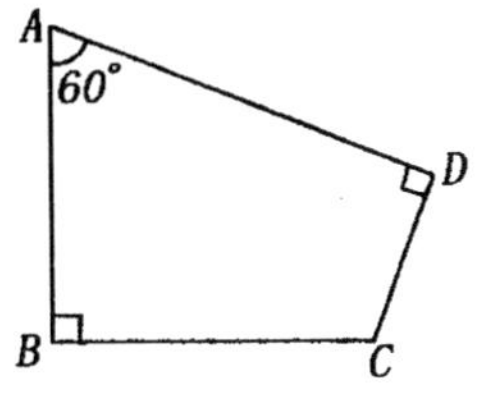

图 4-1

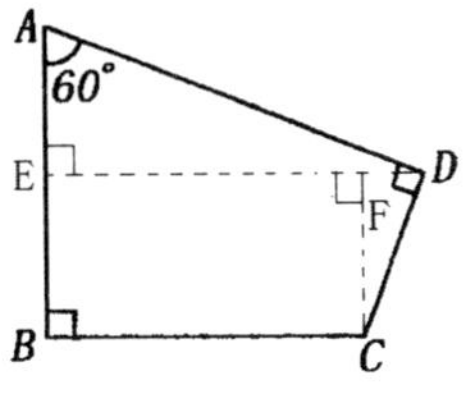

图 4-2

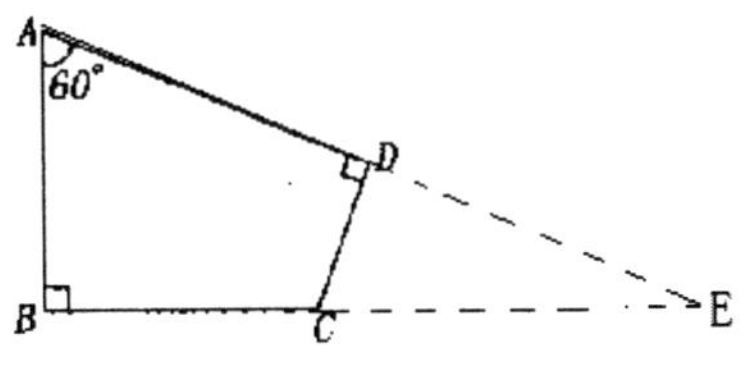

图 4-3

赏： 本题的精彩在于两种方法均可求解，两个动作都能达到预期效果。但使用“割”的动作相比于“补”在求解的程序上要复杂一些，线段的转化要烦琐一点。同时使用两个动作，就该题的条件，对两个动作的过程进行比较与评价，这就是学生思维的极大进步。学生在成功中，比较中获取欣喜，以实际的经历，以探索者的视点体验着数学的方法美。

一“割”一“补”，对知识点的掌握从抽象理论到具体动作，有了这样的通感，思维也就有了捷径。“割”与“补”，在初中三角函数中，有单独使用，有比较使用，也有综合使用，两个动作的思考，从无路到有路的思维，为学生面对三角函数的困惑指明了方向。

《师说》中有“师者，传道受业解惑也”，长期以来，我们用奉献、用汗水秉承着光荣传统，传授着知识与理论，方法与经验。但我们更应意识到，新课标的教学中更需注意如何解惑。学生在初中三角函数的困惑就是不能把条件与结果有机地联系起来，故引导他们对“割”与“补”两个动作的体验，对其使用过程与作用的赏析，打消了学生的犹豫，点明了思考的方向，更激发了数学学习的乐趣与自信。

数学的学习，就应是探索美，发现美，感受美的过程。一“割”一“补”，简单明确，方向明朗，以简洁美的内涵彰显着方法美的要义；一“割”一“补”，使用广泛，相辅相成，以普适美的精妙诠释着体系美的真谛。

“割”与“补”，两个动作，指点迷津；两个动作，全解初中三角函数；两个动作，美的升华……

观“变化”、品“变换”、学“变通”
——引领学生鉴赏《反比例函数》中的变化之美

牟强 杨琦

蝶变的精彩，嬗变的演绎，蜕变的新奇……生活中众多的变化传达的是美的景象，美的韵味。变化，是美丽的，在变化中品评数学的情趣更是有意思的。其实，《反比例函数》的学习可以比孩子们想象中的更容易、更有趣，把握函数中的变化，就能把握反比例函数学习的关键。

观

1. 表达式的变化

“一般的，如果两个变量 x 和 y 之间的关系可以表示成 $y=\dfrac{k}{x}$ （k 为常数，$k\neq 0$）的形式，那么称 y 是 x 的反比例函数”（其中 $x\neq 0$）。虽然教材中明确给出了反比例函数的表达式，但我们不应只注重表象，刻板地理解，更应全面掌握它的变化——通过恒等变形，关系式还可以变化为其他的形式，也就是说如果两个变量 x 和 y，在与上述定义同等前提条件下，满足关系式 $y=\dfrac{k}{x}$ 或 $y=kx^{-1}$ 或 $xy=k$，则称 y 是 x 的反比例函数。关注表达式的变化，让多变的形式更能应对多变的问题。

2. 函数图的变化

平面直角坐标系中，当 $k>0$ 时，双曲线分布在一、三象限，在每个象限内从左往右呈下降趋势；当 $k<0$ 时，双曲线分布在二、四象限，在每个象限内从左往右呈上升趋势；同时，双曲线关于原点成中心对称，关于直线 $y=\pm x$ 成轴对称。函数的图像是美丽的，有曲线的圆润，有对称的工整，关注函数图的变化，在高低起伏、相互对称中表现函数的规律。

3. 数与形的变化

数与形的变化，是直观与抽象两种认识事物的方式的联系纽带，让单纯的图像有了实际意义，也让抽象的理论有了趣味。

（1）点是构成函数图像的基本单元，点的位置与点的坐标数值是数形结合的基础。直角坐标系上的任意一点 $P(x,y)$，若在双曲线上，则将其坐标的数值代入反比例函数表达式一定能成立。若点 $P(x,y)$ 是反比例函数与一次函数图像的交点，则将其坐标的数值分别代入各函数表达式一定能成立。

（2）双曲线的分布，紧密联系着表达式中的 k 值，双曲线的变化趋势反映着函数的大小关联，从图形呈现的状态，变化为函数表达式中的数据，从直观到抽象的变化，是函数学习的基本观点。

关注数与形的变化，就能把函数的直观与抽象两种表现形式和谐统一，也就把握了函数学习的关键。

「品」

1. 变化的表达式

对表达式的理解，全面掌握三种形式的变化，应对不同的问题情境：

“$y=\frac{k}{x}$”的形式能够直观表述关系式中的自变量与函数，也容易清晰地确定 k 的值。例如：已知反比例函数 $y=\frac{3m-2}{x}$，当 m______时，其图像的两个分支在第一、三象限内；当 m______时，其图像在每个象限内 y 随 x 的增大而增大。根据题意，结合表达式的形式，我们能够确定，这时的 k 是一个代数式，$k=3m-2$，明确了方向之后，结合反比例函数的基本性质可知，$k>0$，即 $3m-2>0$ 时双曲线分布在一、三象限，故能够得出结论 $m>\frac{2}{3}$；同理 $m<\frac{2}{3}$ 时在每个象限内 y 随 x 的增大而增大。

“$y=kx^{-1}$”的形式专用于解决诸如“**若函数 $y=(m-1)x^{m^2-2}$ 是反比例函数，则 m 的值等于**”之类的问题，根据题目意思，对比表达式不难得出 $\begin{cases}m^2-2=-1\\m-1\neq 0\end{cases}$ 的方程组，从而得出结论 $m=-1$。

“$xy=k$”的形式能直接表述双曲线上的点的横、纵坐标与表达式中的 k 的数据关系。例如：若点(3,4)是反比例函数 y=$\frac{m^2+2m-1}{x}$ 图像上一点，则此函数图像必经过点（　　）。

A.(2,6)　　B.(2,−6)　　C.(4,−3)　　D.(3,−4)”，方法不当的思考很可能耗去大量时间，但实际上这样的问题解决不会超过五秒钟。由题意，双曲线上的所有点都应满足 $xy=k$，点(3,4)在反比例函数图像上，应该有 $k=12$，故观察选项，能够满足横、纵坐标乘积为 12 的点即为答案。

细品变化的表达式，以不同的表现形式，以不同的思维切入点，圆满地解决了不同情境的问题，用“直接”“迅速”的变化传达着数学的简洁美。

2. 变化的函数图

把握函数图形的变化，必须把握两个重要的参数——k 的符号与 x 的范围。它们直接决定着图像的分布、趋势与范围。例如：

如图，若正比例函数 $y=k_1x(x>0)$和反比例函数 $y=\frac{k_2}{x}(x<0)$，则它们的图像大致是（　　）。

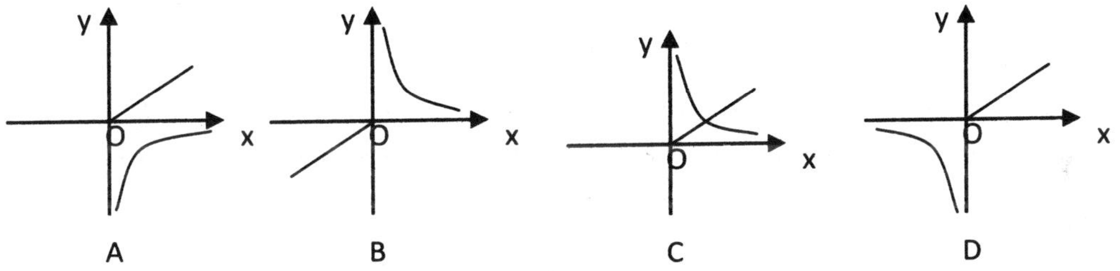

由题意分析，图像应是过原点的直线与双曲线各自的一部分，正比例函数 $x>0$ 时，图像应分布在一或四象限，故排除 B；反比例函数 $x<0$ 时，图像应分布在二或三象限，故排除 A、C，因此不难选出正确的结果 D。又如：

如图，已知关于 x 的函数 $y=k(x-1)$和 $y=-\frac{k}{x}(k\neq0)$，它们在同一坐标系内的图像大致是（　　）。

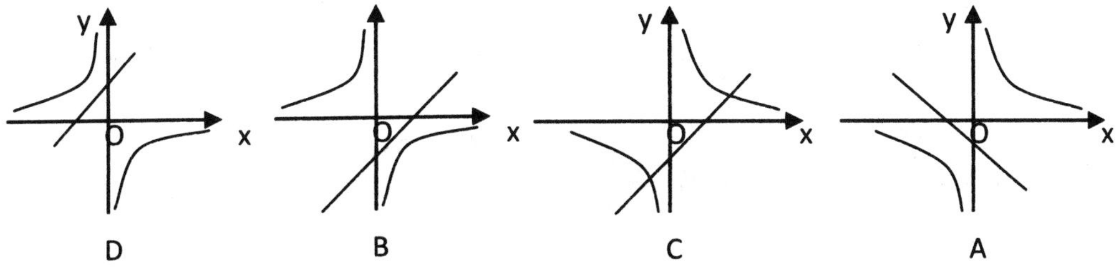

这样的问题中，图像是完整的，对图像的变化与把握取决于 k 的符号。两个函数中的 k 是相同的，故两个函数图像所表现出的状态应相匹配。根据两个函数的表达式，$k>0$ 时，直线过一、三、四象限，双曲线分布于二、四象限；$k<0$ 时，直线过一、二、四象限，双曲线过一、三象限，观察选项，A、C、D 中直线表现的 k 与双曲线表现的 k 是矛盾的，故选 B。

细品变化的函数图，所有的变化都牵系着两个重要参数　　k 和 x，它们的范围让纷繁芜杂的函数图变得有章可循。面对变化的函数图像，找准了方向，就找到了解决问题的方法，正是在这“抓一点而破一面”的效率中渗透着数学运用的方法美。

3. 变化的数与形

点的位置与坐标，函数表达式与函数图像，把数与形紧密结合起来，能够随时想到在数据与图像之间转换，就能自如地应对各种函数问题。例如：

若反比例函数 $y=\frac{6}{x}$ 与一次函数 $y=mx-4$ 的图像都经过点 $A(a,2)$，则 m=（　　）.

这是一个典型的数形转换问题，由题意，数据不完整的点 A 在有完整表达式的反比例函数的图像上，故代入点 A 到 $y=\frac{6}{x}$ 中求出 a 的值，得到完整的 $A(3,2)$，同时 A 也在一次函数 $y=mx-4$ 上，故代入完整的 A 点到一次函数表达式中，求出 m 的值。看起来好像辗转复杂，但其实逻辑是清楚的。能够这样清楚地想问题，也就基本具备了数形结合的意识

细品变化的数与形，点在图像上，点坐标满足表达式，不完整的点代入到完整的表达式中使点完整，完整的点再代入不完整的表达式，从而使表达式完整，在这样的变化中，有数形结合的意识，就有清晰严密的逻辑。同样的本质，不同的表现，相互转换，相互渗透，和谐与统一中表现的是数学知识的形态美。

「学」

所有的知识，最后都得落实到运用中，看过、品过之后，最关键的是得学习如何运用。变化是一种现象，变换是一种经验，而变通是一种能力。把陌生的问题情境变通为自己所熟悉的知识，同样的问题能变通为不同的解决途径，这才是真正的理解与掌握。

【例 1】如图，A 为反比例函数 $y=\frac{k}{x}$ 图像上一点，$AB\perp x$ 轴于点 B，若 $S_{\Delta AOB}=3$，则 k 为（　　）。

A. 6　　　B. 3　　　C. $\frac{3}{2}$　　　D.无法确定

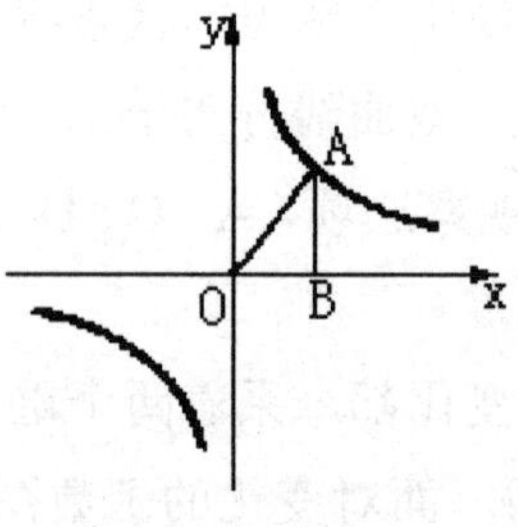

三角形的面积怎样与反比例函数建立关系呢，看似不同领域的知识点因为数形结

合而有了趣味。切入点就是双曲线上的点 A，因 $AB\perp OB$，A 在一象限，A 的横、纵坐标的数值正好等于$\triangle AOB$ 的 OB、AB 长度的数值，在此，两条思路碰撞，从代数方面，A 在双曲线上，A 点的横、纵坐标的乘积应等于 k，从几何方面，$\triangle AOB$ 是直角三角形，面积是线段 OB、AB 长度乘积的一半，故设点 $A(x,y)$，有 $OB=x$，$AB=y$，根据 $xy=k$ 和 $3=\frac{1}{2}\cdot OB\cdot AB$，有 $k=6$，检验与图像双曲线的分布一致，故为正确答案。检验的目的是避免 A 在其他象限时计算中出现符号的错误，从而保障准确。通过变化，三角形知识变通为反比例函数知识。

【例 2】已知 $P_1(x_1,\ y_1)$，$P_2(x_2,\ y_2)$，$P_3(x_3,\ y_3)$ 是反比例函数 $y=\frac{m^2+1}{x}$ 的图像上的三点，且 $x_1<x_2<0<x_3$，则 y_1，y_2，y_3 的大小关系是（　　）。

A. $y_3<y_2<y_1$　　B. $y_1<y_2<y_3$　　C. $y_2<y_1<y_3$　　D. $y_2<y_3<y_1$

初看题目，会纠缠于如何求 m 的值的问题，但实际上扎实的基础知识会告诉我们，判断比较函数值的大小并不需要确定的 k 值，只需判定 k 的符号。这里，同样不用求 m 的值，根据 $m^2+1>0$，图像分布在一、三象限，在每个象限内 y 随 x 增大而减小，p_1,p_2 同在三象限，故直接由规律比较，p_3 在一象限，故由图像分布进行比较。因此选 C。通过变化，表面是不知道 m，实际上是变通为确定 m^2+1 的符号；表面全是数据，实际上是变通为图像进行直观的比较。

【例 3】已知反比例函数 $y=\frac{k}{x}(k\neq 0)$与一次函数 $y=-x+8$ 的图像有交点，则 k 的范围是______。

面对这样的问题，我们往往想的是从直观入手，也应该这样进行思考。根据题意，尝试画出草图。一次函数图像是确定的，过一、二、四象限，反比例函数图像与之有交点，可能的情况如下图（1）（2）所示：

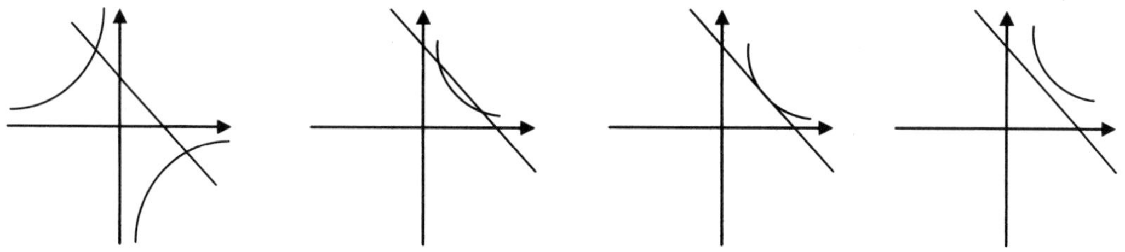

（1）　　（2）　　（3）　　（4）

图（1）所示第一种情况容易得出 $k<0$，但图（2）所示的第二种情况不能仅仅是 $k>0$ 就能解决问题的，因为当 k 取大于 0 的不同的值的时候会出现如图（3）、（4）的情况。到底 k 在什么时候会出现这样的状况呢？图像法解决的途径在这里出现了难以逾越的障碍。但解决问题的方法是可以变通的，图像法不行，我们可以从代数的角度入手。根据数形结合的理念，两个函数的图像有交点，即是两个函数表达式建立的方程组有解。故根据题意得方程组$\begin{cases} y=\dfrac{k}{x} \\ y=-x+8 \end{cases}$，代入得分式方程，转换为一元二次方程，该方程有解。

「悟」

孩子们总认为反比例函数很困难，特别是相关的解答题，连方向都不容易摸清楚，我想其原因是没有掌握学习的关键。函数的高度在于同时使用形象思维与抽象思维，那么熟悉数与形的转换中的变化，积累一定的变换经验，提升分析解答中变通的能力，就能舒展紧锁的眉头，体会函数学习的乐趣。

"变化"是形式的美，"变换"是方法的美，"变通"是思维的美，在反比例函数的学习中细细品味变化之美，美在柳暗花明后的欣喜，美在深思熟虑后的自信。

美就在我们身边，美哉，数学；美哉，生活！

把握“关键步骤”，勇涉“最高境界”
——解一元一次方程中的去括号与去分母

牟强　杨琦

一元一次方程是学习其他方程的基础，一元一次方程的解法是解其他更高级方程（组）的根本。面对形如 $2x-8=4-x$ 的一元一次方程时，孩子们的思路清晰，通过移项将其化为 $3x=12$，从而求出结果 $x=4$。然而我们所遇见的不总是这些形式的方程，有些方程擅于“伪装”，这就使孩子们在面对“扑朔迷离”的求解过程时产生畏惧感。

怎么办呢？结合新课标要求，我认为在《一元一次方程解法》的教学过程中应避免简单直接的说教，而应更加注重学生对方法的领悟和对从畏惧到自信这样一种成就感的体验。

孩子们，面对“装模作样”的一元一次方程，把握主导——化繁为简的转化思想，注重关键——解方程过程的易错点，严谨自信，就会取得成功！

让我们一起来尝试提升自己解方程的能力。

能力进阶 1

解方程　$2(x-4)-(x-8)=12-2x$

求解要点：去括号是解本题的方向，关键是去括号时注意使用乘法分配律，即 $2(x-4)$ 中的 2 应乘以括号里的每一项；同时注意括号前有负号括号的去法，即 $-(x-8)=-x+8$。

[解] $2x-8-x+8=12-2x$　　（去括号）

$3x=12$　　（移项，合并同类项）

$x=4$　　（系数化为 1）

归纳总结

解一元一次方程去括号易犯的错误如下：

（1）括号前面是负号，而去括号时忘记变号。

（2）一个数乘以一个多项式，去括号时漏乘多项式的后面各项。

能力进阶 2

解方程　$\frac{1}{2}(x-4)-1=-\frac{1}{4}x$

求解要点：去分母是解本题的主旨，关键就是根据等式性质在方程两边每一项都乘以分母的最小公倍数，别漏乘不含分母的项，即 -1 这一项也应乘以 4。

[解]　$4\times\frac{1}{2}(x-4)-1\times4=-\frac{1}{4}x\times4$

$2(x-4)-4=-x$　　　　（去分母）

$2x-8-4=-x$　　　　（去括号）

$3x=12$　　　　（移项，合并同类项）

$x=4$　　　　（系数化为 1）

归纳总结

解一元一次方程去分母易犯的错误如下：

没有做到每一项都乘分母的最小公倍数，造成漏乘，特别要注意不含分母的项。

能力进阶 3

解方程　$-\frac{4-x}{2}=1-\frac{x}{4}$

求解要点：本题是去分母与去括号的一种特殊结合方式——去分母的过程中产生括号，关键应注意呈现“去分母，显括号”这一过程。

[解]　$-(4-x)\times2=1\times4-\frac{x}{4}\times4$　　　　（去分母，显括号）

$-8+2x=4-x$　　　　（去括号）

$3x=12$　　　　（移项，合并同类项）

$x=4$　　　　（系数化为 1）

归纳总结

分数线有两层意义，一方面它是除号，另一方面它又代表着括号，所以在去分母时，应将分子用括号括起来以降低出错概率。

能力进阶 4

解方程　$\frac{x+4}{0.2}-\frac{x-3}{0.5}=1$

求解要点：本题是分母为小数的一元一次方程，这类题难计算、易出错，若我们仍然利用转化思想方法，把这个问题转为已知的、熟悉的、较为简单的问题就方便多了。方法如下：

[解法一]　$\frac{10x+40}{2}-\frac{10x-30}{5}=1$　　　　（利用分数性质化小数为整数）

$5(10x+40)-2(10x-30)=10$　　（去分母，显括号）

$50x+200-20x+60=10$　　（去括号）

$30x=-250$　　（移项，合并同类项）

$x=-\frac{25}{3}$　　（系数化为 1）

[解法二]　$\frac{x+4}{0.2}\times 1-\frac{x-3}{0.5}\times 1=1\times 0.1$　　（等式两边各项乘以分母的最小公倍数）

$0.5(x+4)-0.2(x-3)=0.1$　　（去分母，显括号）

$0.5x+2-0.2x+0.6=0.1$　　（去括号）

$0.3x=-2.5$　　（移项，合并同类项）

$x=-\frac{25}{3}$　　（系数化为 1）

[解法三]　$\frac{x+4}{\frac{1}{5}}-\frac{x-3}{\frac{1}{2}}=1$　　（把小数转化为分数）

$5(x+4)-2(x-3)=1$　　（利用分数的除法）

$5x+20-2x+6=1$　　（去括号）

$3x=-25$　　（移项，合并同类项）

$x=-\frac{25}{3}$　　（系数化为 1）

归纳总结

法无定法，不拘泥于法则，仅遵从化繁为简的转化主旨，化陌生问题为已知的、熟悉的、较为简单的问题，就能轻松面对复杂的一元二次方程。

从$2x-8=4-x$到$2(x-4)-(x-8)=12-2x$，到$\frac{1}{2}(x-4)-1=-\frac{1}{4}x$，再到$-\frac{4-x}{2}=1-\frac{x}{4}$及$\frac{x+4}{0.2}-\frac{x-3}{0.5}=1$。相同的实质，相同的思想，不同的形式，不同的演绎，从中我们能明确解一元一次方程实际上就是将一个方程利用等式的性质进行一系列的变形，最终转化为 $mx=n$ 的形式，然后求解 $mx=n$ 的过程。变形的主导思想是化繁为简的转化，转化的具体步骤为——小数化整数、去分母、去括号、移项、合并同类项、系数化为 1。把握了去分母、去括号过程中的要点，就能轻松应对解一元一次方程的“最高境界”。

把握“关键步骤”，勇涉“最高境界”，孩子，祝你成功！

随风潜入夜，润物细无声
——小谈初中数学教学过程中的德育渗透

牟强　杨琦

“坚持德育为先。把社会主义核心价值体系融入国民教育全过程。”这是《教育规划纲要》提出的战略主题之一。政治思想和道德品质是一个人成长的根基。当今我国处于开放的国际环境与多元文化的背景中，而青少年正处在世界观、人生观、价值观形成的过程中，德育为先更具有必要性和紧迫性。坚持德育为先，立德树人就是教育的首要任务。

新的课程标准把德育放在十分重要的地位。新课程的培养目标指出：使学生具有爱国主义、集体主义精神，热爱社会主义，继承社会主义民主法制意识，遵守国家法律和社会公德；逐步形成正确的世界观、人生观、价值观；具有社会主义责任感，努力为人民服务，使学生成为有理想、有道德、有文化、有纪律的一代新人。这充分说明了德能教育在整个教育教学中的重要地位。

数学教学中的德育渗透，就是将德育本身的因素与数学学科所具有的德育因素有机地结合起来，使德育内容在潜移默化的过程中逐步内化为学生个体的思想品德。

初中数学教学中如何渗透和呈现德育教育，是当前形势下初中数学教育工作者必须清楚意识的重要问题。理清和认识数学教学中的德育内容、德育原则、德育途径、德育误区，才能有机渗透德育教育，把知识技能的传授与为人处世的教导融为一体，才能构建学生有用的数学、有效的数学。

一、清楚数学教学中德育教育的主要内容

1. 爱国主义教育

爱国主义教育是学校德育的主要任务之一。在我国现行的数学教材中，有丰富的爱国主义教育素材，在教学中适时地、自然地利用爱国主义教育素材对学生进行思想教育，会达到事半功倍的效果。古往今来，中国数学有着灿烂的历史、伟大的成就。从《九章算术》到《陈氏定理》，都是极具说服力的史料，都是向学生进行爱国主义、民族自尊、勤奋自强思想教育的好素材。中学数学课本中多次涉及数学家、数学发现、数学方法等方面的内容，并以习题、注解、课文、附录等多种形式出现。这些内容都是进行爱国主义教育的生动素材，教师应结合教材，介绍我国在世界数学发展史中所占的重要位置。这些真实典型的数学史实，不仅可以激发学生强烈的爱国热情和民族

自豪感，还能激起学生学习的进取精神。

2. 集体主义教育

数学并不是一门枯燥乏味的学科，它具有和谐、对称、秩序、统一等特征。众多的知识点形成的数学知识总的体系所呈现的美感，就好比是个人与集体的统一所呈现的和谐，同时，在面对数学问题时，个人的探究与集体的研讨，更能让学生感受到，个人经验与集体交流的价值与效率，从而增强集体主义观念。

3. 辩证唯物主义教育

数学蕴含着极其丰富的辩证思想，它较其他学科更为具体和广泛，这是数学学科的一大特点。中学数学中含有极其丰富的辩证唯物主义教育因素。教学中应注意渗透以下观点：

（1）诸如“任何一个数学概念、判断、推理的内在矛盾”表现的运动与发展观点。

（2）诸如“相等与不等”“常量与变量”表现的对立与统一的观点。

（3）诸如“圆的切线就是割线运动的特殊状况”表现的量变引起质变的观点。

（4）诸如“定理、定义、公式、法则之间相互制约、相互联系、相互依赖”表现普遍联系的观点。

适时地、恰当地渗透这些辩证唯物主义思想教育，不仅有利于学生对数学知识的深刻理解和对数学方法的熟练掌握，更重要的是有助于学生形成良好的思维品质和科学的世界观。

4. 个性品质教育

通过数学中严密的推理、论证，通过错例分析、检验解题过程的合理性及条件的等价性等，可以培养学生严密思考、言必有据以及实事求是、不轻率盲从的科学态度和作风。数学需要智慧，更需要热情和毅力，尤其需要创新精神。数学是发展的，其历程又是艰难曲折的。通过数学教学，可以培养学生坚韧不拔的意志；还可以通过一题多解、推广命题、难题巧解等手段，培养学生勇于探索创新的精神。利用数学应用教学，培养学生理论联系实际的作风。数学应用的广泛性是数学学科的基本特征之一，加强数学与实践的联系，强化应用已逐渐成为人们的共识，这不仅在于数学应用教学可以培养学生的应用意识和应用能力，还可以对学生进行思想教育。同时启发学生，数学知识只有最终同实际问题相结合，运用到实际问题的解决中，才能真正体现出它的实用价值。

同时利用前辈数学家的事迹和成果激发学生的学习热情，以榜样引领学生树立崇高理想，完善个性品质。

5. 审美教育

“到处都是美，对于我们的眼睛，不是缺乏美，而是缺少发现。”数学是美的，这门学科的准确性、简洁性、和谐性就是它的美学特征。中学数学中有着丰富的美学素材。数学语言的简练，数学思维的灵巧，数学与形的对称……它们无不展示了数学之美。数学教师不要忘了美的诱因、美的魅力。数学教育要使学生获得对数学美的审美能力，激发学生对数学的爱好，增强学生的创造能力。

二、清楚数学教学中德育教育的主要原则

1. 找准教材中的“渗透结点”

教材是教和学的根本，也是进行思想教育之“源”，数学教材中蕴含丰富的“育人因素”，如“平面直角坐标系”“圆周率”“国旗中五角星的大小比例”等。新教材中有更多与实际生活息息相关的内容。数学教材中的育人因素绝大部分寓于知识中，有一定的“隐蔽性”，这就要求数学教师深入钻研教材，深刻领会教材的内涵和外延，只有在充分驾驭教材的基础上，才能悟出育人的真谛，找准教书与育人的“最佳结合点”——德育渗透点，数学课堂中只有找准“渗透点”，思想教育才能“随风潜入夜，润物细无声”。

2. 掌握过程中的“渗透时机”

数学教学由于知识性较强、注重知识运用，对课堂结构的严谨，连贯性要求较高，因此，数学教学中不能不顾知识随意安排思想教育内容，进行强迫“渗透”冲击教学，教师必须遵循教材中知识的结构、层次、所处的特定位置，安排好教学过程，使思想和心理健康教育随教材要求的变化而随机渗透，做到因材施教，还要注意学生的心理和学习态度的变化，捕捉其情思的变化。调整思想渗透的“点”与“时机”，做到因人施教。要把握好渗透时机，教师要做到“眼明、耳灵、腿勤”：眼明则不失察；耳灵则信息准；腿勤则深入，掌握了解学生的知、情、意、行。再针对学生、教材实际，精心思考设计，思想教育的最佳渗透“时机”就不难把握了。

3. 把握教育中的“渗透力度”

“结点”与最佳“时机”的结合中，教师应注意恰如其分地处理好二者关系，数学是一门科学性、知识性、应用性较强的学科，如果“透”得“过度”，就会改变数学的性质，降低数学的知识性与科学性；如果“渗”得不够，“透”不到位，则不能与学生

的“兴奋点”发生共振而功亏一篑，因此数学教师要注意数学教学的特点，把知识教育与思想教育有机融合，不偏不倚，调度得当，准确把握渗透的“度”，使其到位而不越位。

三、清楚数学教学中德育教育的主要途径

1. 充分发挥教师在数学教学中体现的人格魅力，寓德育于情感教育中

教师自身的形象和教师体现出来的一种精神对学生的影响也是巨大的、直接的。教师的一言一行、一举一动都能感染学生，我们要以严谨的教学风格、一丝不苟的工作态度和与时俱进符合时代特征的言行来影响学生。着装亮丽大方、普通话标准流畅、语言幽默富逻辑、板书美观、课件制作精良、形体美观、语气亲切……诸多的一切可以无形中给学生美的感染，既能使学生体会数学学习的乐趣，又能让学生在心里产生一种对教师的敬佩之情，从而陶冶学生情操，使学生感受美的教育，有助于培养学生良好的人格。

2. 充分进行良好学习习惯的教育，寓德育于日常规范中

数学课上，老师对学生学习习惯的严格要求，是培养学生良好生活规范的主要方法。教师要通过自己的一言一行、一举一动来感染学生，以自己严谨的教学风格和一丝不苟的工作态度来影响学生。例如：上课认真听讲，学习认真刻苦，作业正确、整洁，思考问题机智灵活等。又如：教师不仅要求学生听课专心，而且要手脑并用做好笔记，解应用题时要借助线段图分析题意、理解数量关系，计算时要选择简便方法，要自觉检验等。总之，教师都要有目的、有意识地培养学生认真、严格、刻苦的学习态度和学习习惯；培养独立思考、克服困难的意志品质。

3. 充分挖掘教材信息，寓德育于教学素材中

在中学数学教材中，蕴含丰富的德育因素，教师要善于把教材作为数学知识来传授，更要善于把教材作为德育内容来渗透。但教学时，不顾教材的体系和特点，不顾学生的实际情况，牵强附会、生拉硬扯，将德育内容与知识传授融为一体的做法是荒谬的。“随风潜入，育人无声”，欲使学生在自然轻松的氛围中接受思想教育。这就需要教师认真钻研教材，充分发掘教材中潜在的德育因素，把德育教育贯穿于对知识的分析中。例如，在进行统计图教学时，可列出我国当前建设发展中一些积极数据让学生进行分析，这样一方面学生掌握了知识，另一方面也从中体会到我们国家取得的辉煌成就；在反比例函数应用题的“药效”应用题型中，可以渗透实践生活中量变与质变的辩证唯物主义观念；在方位角教学的应用题中可以渗透我国钓鱼岛领土问题，以

激发学生爱国主义观念等。

4. 借助中国古代数学成就与典故，寓德育于中国数学史中

爱祖国，是每个民族的灵魂。爱社会主义祖国，是中国人最基本，也是最崇高的情感。进行思想教育、爱国主义教育是小学数学重要的任务之一。我国有着灿烂的古代文化，当了解到我国古代劳动人民的创造，必然会激起学生的民族自豪感。培养爱国主义思想和民族自尊心。如在《有理数》这一章教学中，向学生介绍中国是最早使用负数的国家，关于负数取得的成就比埃及、印度早六七百年，比欧洲早了一千多年。在几何教学中关于圆周率的计算，祖冲之是第一个算出圆周率到七位小数的人，比外国人早一千一百多年。这些事例的介绍，让每个中学生懂得，我们的国家和民族，过去和现在在数学领域中都有过极大的贡献，让学生树立民族自尊心、自信心，培养他们的爱国主义感情。

5. 注重课堂教学实效，寓德育于教学进程中

采取灵活多样的教学方法潜移默化地对学生进行德育教育，如研究性学习、合作性学习等。在数学中，有很多规律和定律如果光靠老师口头传授是起不到作用的，这时候就可以引导学生进行讨论，共同思考、总结。这样不但可以培养学生的各种能力，而且可以培养他们团结合作的能力等。就教学方法而言，我们可以采取小组合作学习法，这种学习法共享一个观念：学生们一起学习，既要为别人的学习负责，又要为自己的学习负责，学生在既有利于自己又有利于他人的前提下进行学习。在这种情景中，学生会意识到个人目标与小组目标之间是相互依赖的关系，只有在小组其他成员都成功的前提下，自己才能取得成功。还可以从小让他们养成严肃看待他人学习成绩的习惯。

四、清楚数学教学中德育教育的主要误区

误区一：数学是自然科学，不能像语文、历史、政治等学科那样直观地进行德育教育，没必要进行太多的德育教育。

作为基础学科的数学也必须重视德育教育。数学中蕴含的德育教育恰好是社会学科中渗透德育的有益补充。数学教学形成的推理意识对于形成正直、诚实、不轻率盲从的道德品质，形成尊重真理的习惯和严肃认真的生活态度都有积极的作用。解题教学有利于培养学生克服困难、纠正错误的勇气和耐心，细致的工作态度、坚强的毅力，以及数学审美；同时可以培养学生高尚的情操，良好的价值观念和对美的追求。通过数学教育，还可培养责任感和辩证唯物主义观点以及爱国主义精神，数学教育的德育价值甚至胜过空洞的政治说教。

误区二：数学教学中的德育就是适时地在教学过程中穿插一些德育言论。

数学教学中的德育并不是让教师在数学课堂上进行一种说教，而是寓德育于数学教学中，追求的是德育和智育的有机结合。简单粗暴地在教学中插入不相关的、牵强附会的、空洞高全的德育口号和理论，既无法有效引导学生思想，又不能有利促进教学。数学老师在课程中渗透德育教育绝不能简单，恰恰相反，教师必须用政治家的敏感去捕捉信息，适时呈现深思熟虑后加工的德育元素，并注意观察学生的思想变化和行为变化，教学活动中渗透德育才能有的放矢，具有明确的目的性和针对性。

误区三：数学中的德育内容是隐蔽的，理性抽象的，初中学生不易领悟。

的确，数学研究的是客观物质世界的数量关系及空间形式，它相对抽象、枯燥，其德育功能相对于一些文科来讲是隐性的、潜在的。但是，数学中蕴含丰富的科学人文精神，通过数学活动，学生可以从中吸收一定的道德知识和思想观点，从中接受道德、科学思想的熏陶，进而形成一定的人生观、价值观、道德观和科学的思想方法。在数学探究的过程中，学生经历了一个从具体到抽象的数学化过程，形成对数学的理解，在与他人交流的过程中逐渐完善自己的想法。学生对生活中的问题如何转化为数学问题产生好奇心，从探索规律中增加数学知识，培养创新能力，学会倾听、交流、反思，发展科学思维，增强科学精神。因此，数学教育不仅仅是知识的传授，能力的培养，更是在教学之外的一种文化传播。故数学中的德育是容易被学生领悟的，也是必须被学生领悟的。

误区四：每节课一个德育目标，就能搞好数学教学中的德育教育。

数学教学中的德育具有长效性、深刻性的特点．它反映出一种迟效性，不能收到立竿见影的功效，而需要利用数学的特点，长期熏陶方能见效。但这种德育的功效一旦获得，将不易被改变，且终身受益。数学教学渗透德育绝不能随心所欲，每节一换，想讲什么就讲什么，必须完成数学课程标准对思想教育的要求，这是数学教学渗透德育的基本依据，必须长期贯彻，克服随意性，不搞运动式，使德育内容规范、完整。教学中要研究哪些内容跟思想教育联系紧，哪些内容能有机结合，要求数学教师制订整体计划，形成相应序列，这样才能紧扣教材，有计划分层次地进行德育渗透，使德育目标融入教材。

数学教学中的德育渗透，只要我们精心设计，就能使学生受到“润物细无声”的教育，同时激发学生的学习兴趣，培养良好的道德情操，提高了数学教学质量。德育渗透的关键是教师要备好德育课，要提高渗透的自觉性，把握渗透的可行性，注重渗透的反复性。我相信只要在教学中，结合学生思想实际和知识的接受能力，点点滴滴，有机渗透，耳濡目染，潜移默化，就能达到德育、智育的双重教育目的。

做一名睿智的数学教师，就是用数学学科的魅力去引领学生兴趣，影响学生观念，启迪学生心智。“随风潜入夜，润物细无声”，立德树人，从每一课做起……

小设计，大情怀
——《从三个方向看物体的形状》教学中的课程思政有感

牟强　杨琦

回眸，学校进行的年度公开课比赛。组内教研并推荐参加全校总决赛的课题内容为北师大版七年级数学《从三个方向看物体的形状》。在课程的打磨研讨中，针对学生变化角度观察物体的环节设计，产生了激烈争执——观察由立方体搭成的几何体时，究竟是学生站在不同位置看，还是转动几何体进行观察。动人？动物？效果如何？意义如何？

参与其间，与同事的思维碰撞过程中，深有感触。

一、课堂片段实录：一个特殊环节体验——从不同的方向看几何体

"六个小组的同学先各自排成一列"

"注意老师观察几何体时的位置"

"记住你在不同位置观察时的画面"

…… ……

授课教师搭建相同的几何体，让孩子们分为六个小组，引导小组成员轮流进行观察。观察者先正对几何体，然后走到几何体侧面，最后回到正面从几何体上方进行不同角度的观察，孩子们直观感受过程中，老师穿行在各小组之间，指导并修正孩子们的身体位置和姿势。

【问题呈现】

1. 孩子们在观察过程中，因为人员移动，显得有些混乱。
2. 一部分孩子因为没有在意老师的提示与要求，观察点和角度不准确。
3. 五六名孩子因为知道结果而漫不经心。
4. 有四名孩子动手直接转动图形进行观察。
5. 课堂因为对观察几何体的指导消耗了较多时间。

【讨论焦点】

1. "这个知识学生在小学都接触过，有必要花大量时间让学生站在不同的位置进行观察吗？"

2. “这节课老师把大部分时间放在观察体验，后面的训练受到冲击。”

3. “学生的站位观察造成了教学场面的混乱，让正常的秩序受到了冲击。”

4. “可以再次强调并教会学生把几何体搭建在纸上，旋转几何体，这样效率高，且可以就在座位上完成，本环节节省的时间可以为后续画三种视图及课堂训练提供充分保障。”

…… ……

授课老师的课堂观察安排，成为教研时讨论的焦点，更多的是对这个环节设置意义的质疑与调整建议，为提高效率，绝大部分老师选择一起抵触这一环节安排。

二、教育随想：课程思政正当时——体验从不同的方向看几何体

1. 观点阐述

作为一名教育工作者，站在课程思政和立德树人的立场，我特别赞同任课教师对孩子从不同的站位进行观察体验的安排。本课就是以从不同的方向看物体的知识点为主线，最终上升至以不同的角度思考问题，以便全面分析问题。课程思政，应以学生为主体，站在不同的方位以直观感受形成切身经历、积累经验、形成价值观，这是一条完整的成长线索。

转动物体进行观察，虽然小学老师讲过方法，虽然当前来看效率很高，但孩子缺少了体验的过程，缺少了参与研究、形成方法的耐性。这是一种比较功利的做法。我承认，对于搭建的规则几何体，转动物体观察形成结论是必须要给学生讲的，但就旋转物体观察而言，这仅仅是由客观到主观形成认识后期应提炼的一种便捷方法，且有一定的使用局限性。但就孩子一开始系统接触观察几何体来说，应该坚持尊重客观实际，坚持物质决定意识的辩证唯物主义观点，以学生对物体的不同站位观察获得观察体验，这也是我党一直强调并一以贯之的世界观和方法论。

可以设想，没有引导学生充分尊重客观现实，自己找办法的过程，课堂上搭建的几何体棱角分明、轻巧便捷，但如果我们观察的事物不便移动，或者是不规则图形时，又该如何旋转，旋转多少度呢？这都会给学生带来迷茫。学习如人生，必须体验与经历的过程就应让孩子充分参与，必须坚持的观念和态度就应让孩子体验积累。所谓的简便、效率、捷径，这都应是认知形成后的一种补充，绝不能作为体验认知的过程，否则会给孩子造成一种急功近利的暗示，这对于学生的思想成长，人生观、世界观格局树立有极大的影响。

小设计呈现大情怀，课程思政正当时！

2. 完善建议

结合该课题情境引出的课程思政问题，有如下一些想法与思考。

（1）消除授课与育德的分化，提升课程思政的境界。

参照《道德经》相关思维，课程育德的最高境界是彻底消除德育与教学的二分，教师在教学中不刻意去育德，只按照教育教学的本质和教育教学的宗旨进行，自然会有育德效果。

重返当前课堂情境：老师对孩子移动走位观察几何体的设计与探寻认知规律相契合的。只是缺少了必要的行为指导与引领，可进行如下的设计实施教学：就当前几何体从不同角度看到的形态，现场收集统计学生对立体图形的认识，以便实施分层引导与问题设置。对于知道结果而略显漫不经心或不屑一顾的孩子，老师要及时修正态度，要求其严谨对待，不能一知半解，同时提出能否尝试把知道的结果规范地画出来的高层次任务；对于试图转动物体观察的部分孩子，老师要表扬其创意，但要指出我们面对的不都是规则轻便的几何体，要求具有对客观实际的尊重敬畏意识，同时承诺在本节课结束时，可以由该部分孩子来展示转动物体从不同方向看与我们站在不同方向看的契合度；对于准备按照老师示意站位观察的孩子，老师要提出要求——为方便大家观察，各小组应有序列队，安静有序进行，不影响他人，也不随意走位，老师对孩子们的规范行为及时点评，师生共同营造一个探索认知的和谐氛围。

只注重一些外在形式显性的德育，对一些隐性德育没有引起足够的重视，是无法在课程思政育德中取得进展的。要突破境界，就要有意识地淡化教学与育德的二分，显隐结合，自然渗透价值观、世界观、情感认知、行为规范，等等。如上述情境，对相同问题情境而有不同基础呈现的孩子，我们就有了教育教学的分类指导与个性化设计，提醒与激励、知识探寻与方法指导、教学与育德也就有机地结合在一起了。既是对不同孩子的尊重，又是对传道解惑的尊重。意识不同，站位不同，境界就不同。

（2）把握课程现场，创生课程思政时机。

当前老师在教学现场中捕捉育德的时机意识明显不够，很多时候是按照预设好的一套教学程序，在完全的控制中人为强制地生硬地进行育德，没有为生成的育德课堂创造条件。课堂现场教育过程中，不管是教师传授式的育德，还是引导学生感悟式育德，都不应是最终在教师迫不及待地提示下得出理想的标准答案，而应是对生成的思政问题的发现、显性化并及时抓住教育契机，触发学生自我、灵魂、深刻深入地反思探讨。

再返课堂情境：老师前期组织引导学生以站位的形式观察，但指导设计不到位，也无法达成教育教学效果。比如，孩子们虽然能有序地排队站在不同位置观察几何体，但预设的环节出现了新问题——站多远观察？站多高观察？哪种姿态观察？教师就应及时捕捉生成的问题实施有效应对。

在确定几何体的正面时，先观察孩子们站位的姿态，收集信息后有意识强调正面看和侧面看应适度远离几何体，让视点与几何体相对高度一致，而体验从上面看时应适当走近距离探头观察。这些师生一起经历并积累的“远离”“走近”“蹲下”“探头”的动作尺度，让学生能够体验探究问题的规则、规范意识，也能初步呈现量变与质变的辩证关系。同时师生的情感融合来自课堂中的共同经历，老师在轻轻拉远，推近孩子，扶正身板，辅助探头的肢体触摸中创生的德育时机，会让孩子感受老师的帮助与亲近，从而增进师生情感，拉近师生距离。

从课程思政及学科育德的预设性、生成性而言，在兼顾两者的情况下应更注重生成性的特点。预设并不是不好，没有预设，教育与育德就会陷入无准备、无序的状态。好的预设是通过对学生实际情况的了解、对学科知识的德育信息进行充分挖掘后的设计，能很好地完成教学目标中的要求。但对教师而言，如果只注重预设而忽视生成，会使课堂僵化，失去生命力，将成人的应然德育理解灌输给学生，最终让学生失去进一步理解、充分体验德育情感的机会。好的德育生成可能来源于课堂情境中一些偶然因素，如学生学习行为不当、言行中反映出的观念不当等，这些偶然因素为德育生成提供了可能，这时，需要教师的及时发现、主动引导才有可能创生出育德的情境，进而在教师有效的组织下，在学生自由、充分的讨论中，达成育德的教学目标。

3. 拓展思考

课程思政，以切实提升教师的道德价值观认识水平为前提。

学科育德，课程思政也好，如果还停留在“受命”阶段，没有将其上升到学科知识的同等地位，课堂就丧失了思想引领的意义。这和习近平总书记要求“坚持党对教育事业的全面领导”和“立德树人是教育的根本任务”的要求相距甚远。课程思政或学科育德，需要教师拥有较高层次的道德价值观水平。

知识层面的德育，或者个别情景化的德育仅仅影响学生一时，我们更应看重的是教师在道德层面长期给学生树立的一种德育氛围，而教师的道德行为践行和价值观境界非常重要，不能结合教师的道德践行和价值观去施展德育影响，也就不能真正地感染学生。

（1）教师应对“教育规律”心存敬畏。

要遵循教育教学规律，谨慎地对待教育教学工作中的每一个细节，避免一时的疏忽和大意对学生的健康成长造成伤害。“能顺木之天，以致其性焉尔”，尊重学生身心发展的阶段性和顺序性，避免学科中的德育过程刻意而为，避免育德过程揠苗助长，避免教育刻痕过重。高度敬畏教育中学生对直接经验与间接经验的摄取规律，高度敬畏掌握知识与发展智力相统一的规律，高度敬畏传授知识与思想教育相结合的规律，高度敬畏教师主导与学生主体相结合的规律。要做到这些，教师要加强自我教育，努力提升自己的教育教学水平和能力。

（2）教师应对“教师形象”心存戒惧。

“吐辞为经，举足为法”，教育活动中，教师的思想品德、治学态度、言行举止，都直接影响着学生。历来教育家都强调以身作则，为人师表，老师穿着整洁得体，言语文明中肯，行为规范沉稳，心态阳光平和，以儒雅之气感染学生，以正能量的形象传播信仰和理论，在学生面前表现的正确行为，校内校外一致，人前人后一致，才能在学生心中树立威信，才能让学生心悦诚服，才能达到教育的效果。课程育德，以高尚道德价值观而树立的教师形象是前提。

（3）教师应坚守“师德底线”。

一名好教师，不仅要有学术上的影响力，更重要的是人格的感召力。高尚的师德就是一部好的教科书，就是课程思政强大的推动力量，对学生的教育是潜移默化的、巨大的、深远的，甚至是受益终身的。榜样是最好的教员，它教给学生许多书本上根本无法得到的东西。榜样的力量在于行动，行动比语言更能说服人、教育人、启示人。行动就是力量，教师的师德影响力就显得尤为重要。即使一些看似细小的行为，也不能等闲视之，因为这些细小之处对于学生品性的好坏有不可低估的作用。若干年以后，往往是教师谆谆教育的东西早已忘得一干二净，而教师在日常表现出来的有关情感方式、纪律观念、勤劳风范和自我控制等具体行为仍然存留在学生心中，并产生持久的影响。

我们纵有直观教具、阅读材料、辅助读物、艺术作品、电子媒介手段及其运用、计算机网络及其运用等多种课程思政情境化方式，但若没有育德授课融合并举的站位，没有抛开教育功利回归朴实的态度，课程思政，很苍白，很牵强。不可因效率的功利而抹杀了孩子在课堂中应积累的思政体验，不可因效率的功利而抹杀了教育者思政育德的情怀，是教育者必备的态度与良知。

玩转数学课堂
——提高中职数学课堂教学效果之我见

胡灵

冷冰冰的数字，晦涩难记的公式，看不透的几何……提起数学，人们心中的紧张和头部的摇摆足以表示“数学，是一个我走不进去的世界”，对于数学基础薄弱的中职学生，恐怕最不愿意见到的就是数学老师了。从教二十余载，我在探索如何提高中职学生学习数学的兴趣和能力的道路上从未停止脚步，本文根据自身的教学经验来谈谈提高中职数学课堂教学效果的措施。

我认为，只有缩短师生间的距离，培养学生学习的自信，帮助他们掌握良好的学习方法，通过多元化的教学模式来改变当前中职数学教学的不足，才能让中职数学充满活力，师生玩转数学课堂。我主要从以下几个方面做起。

（一）缩短师生之间的距离

数学本是一门逻辑性很强、高度抽象的学科，教师枯燥的课堂讲授往往会削弱学生的学习兴趣，不利于学生数学成绩的提高。师生之间一旦产生距离感，学生往往会因为不喜欢数学老师而不学习数学课程。教师要充分发挥自身魅力，缩短师生之间的距离，真正走入学生的心里，学生才有兴趣听你的课。第一印象尤其重要，和学生第一次见面要做好充足准备，包括个人形象、话题素材、语气语调、表情动作等，这些一定要花功夫思考。微笑是最好的语言，微笑的实质是亲切，是鼓励，是温馨，是爱，我的每一堂课都是微笑面对学生，力求用最通俗的词句、最生动的语言将数学知识娓娓道来。

（二）培养学生学习数学的自信心

中职学生普遍对于数学学习存在一种恐惧感，作为教师，要做的就是培养他们的学习信心。教师首先要认可学生是有可塑性的，才能将这份自信传递给学生，每当学生取得一点点进步，都要大力称赞和鼓励他们，让学生对数学产生兴趣，从内心深处接受数学。教师还要多思考如何将数学这种枯燥乏味的知识用趣味性的形式传授给学生，让学生体会到数学学习的快乐。例如，在讲解指数函数的相关知识时，可以准备一张纸，让学生一直对折，对折几次之后，学生会发现无法进行下去了，此时教师引入指数函数的概念，让学生思考一下，这张纸在对折 40 多次之后，高度会达到多少呢？

此时，学生就来了精神，七嘴八舌地讨论开来，在公布结论后，他们会立刻产生探究的欲望。而一旦学生通过自己的探究掌握知识，就会带来成功感，进而增强自信心，促使其继续学习。

（三）帮助学生掌握正确的学习方法

很多中职学生之所以学不好数学，正是因为他们缺乏科学的学习方法，抓不住数学学习的本质，无法进行知识迁移和举一反三，虽然学生认真地学习，但是往往无法收获理想的效果，长此以往，学习的积极性就大受影响。为此，教师要教会学生掌握预习的方式，只有提前将教材中的内容通读一遍，标注出自己不了解的知识点，在上课时才能够做到有的放矢。此外，还要帮助学生掌握听课技巧，这项工作是要手把手教，也要根据不同的学生做差别指导。要知道，课堂上的40分钟是尤为重要的，在听课时，学生应学会抓住难点与重点，认真记录知识点，做好笔记。对于课堂练习，学生也要认真，课堂练习可以帮助学生总结重点、突破难点。之后，还要鼓励学生在课后进行有效复习，加深对相关知识的理解，梳理好不同知识点之间的脉络，如果学生可以做到头脑清晰，那么就说明这样的学习方法是有效的。

（四）采用多元化的教学模式

作为中职数学教师，需要紧紧跟随时代的发展步伐，更新自己的教学思路和教学模式，摆脱传统教学模式的禁锢。要知道，中职学生正处于青春期，存在一定的叛逆心理，枯燥乏味的说教式教学模式往往无法提起他们的兴趣，为此，教师可以采用多媒体数学教学法，将重点和难点知识利用多媒体呈现给学生，吸引学生的注意力，让学生对数学学习产生新鲜感。有时候，还可以利用学生的兴趣特长，把数学“演出来”“唱出来”。例如，函数实际应用小节中的例题，学生可以演绎；三角函数和差公式可以用顺口溜唱出来。此外，在数学教学中，要严格遵循因材施教的原则，根据学生的知识水平与学习能力采用不同的教学模式，将学生分为不同的群体，针对每一个群体的学生制定相应的教学策略，让每一个层次的学生都可以实现数学能力的提升，这对于学生数学学习成绩的提升是非常有益的。

总之，数学教学是培养学生能力的关键，是学生得到知识的平台，努力让每个中职学生都学好数学是教师的责任。教师必须结合学生的实际情况和教学需求制定相应的教学方案，既能将知识完美地传授给学生，又能在学习中提高学生各方面的能力，力求数学课堂教学效果达到最佳。

“美”与“育”的完美结合
——记我校第二课堂英语话剧展演

晏东升　刘华容

案例摘要

2018 年 6 月 8 日，我校初二英语第二课堂活动汇报展演拉开帷幕，英语戏剧惊艳登场！《白雪公主》《花木兰》《灰姑娘》《新武林外传》《爱丽丝的王子》《“大小姐”的杀手生涯》这一系列学生自编自导的英语话剧一一亮相。华丽的阵容、精彩的表演，流利的英语，让观看演出的师生们为之叹服，博得了大家雷鸣般的掌声和喝彩声！

人生如舞台，你导演，你精彩！戏剧如人生，你参与，你快乐！校园是一个大舞台，教室是你的第一课堂，走进书本，享受知识的熏陶；关上书本，走进第二课堂，把知识搬上舞台，让知识灵动起来，你会收获不一样的体验！

开学前期，各科老师都提前返校，对本学期的工作进行了探讨。艺术教研组的老师热烈地讨论着，如何在学生紧张学习之余推进学校美育改革发展，提高学生审美能力与人文素养，促进学生全面发展。与此同时，英语教研组的老师也在探讨着英语口语表达的重要性。如何让学生敢说、会说、说清楚、说明白，娴熟地掌握口语表达的本领？提高学生的整体英语水平，成了亟待英语教师解决的问题。那么，如何才能提高学生口语表达能力呢？老师们陷入了沉思……于是，两个教研组老师决定做一次大胆尝试：让英语和艺术结合起来，摒弃过去以一支粉笔、一本教科书、一张嘴巴完成单调乏味的英语教学模式，把书本搬上舞台！以英语语言的外在形式美与英语课文丰富的内容美为基础，借助舞台话剧表演的艺术魅力来实施教学。让学生在一种轻松愉快的氛围中提高英语口语表达能力，以此提升学生鉴赏美、表现美、创造美的能力。

这是一次全新的尝试。为此，两个教研组进行了探讨与合作：利用本学期初二英语课本上的英语童话故事开设英语话剧的第二课堂。英语口语部分由英语老师负责对学生进行指导和帮助；舞台表演部分由音乐老师负责对学生进行训练和提升。因为是英语与艺术的第一次合作，就选择了初二年级 5、6 班作为实验班级，尝试开展这次活动，负责辅导学生是音乐组刘华容老师和英语组晏东升老师。

这学期的英语课本中有《愚公移山》《后羿射日》《西游记》《皇帝的新装》等童话故事内容。英语课上，老师先对这些内容进行讲解，让学生学习重点词汇，练习口语对话。同时，在艺术赏析课上，音乐老师先让学生认识了话剧这门综合性艺术，并让学生学习了基本的表演手法。然后，把两个班的学生分成了 8 个剧组，剧组的每个成员都要承担一定的工作：编剧、导演、演员、独白等等。最后，老师给学生安排了任务：把英语课本上的故事改编成话剧剧本，进行排练，每堂艺术课各个剧组轮流上台表演。学生们沸腾了！纷纷围在一起热切地讨论起来：每个学生根据自己擅长的，选定了自己的角色，然后就各司其职开始为表演做准备了。编剧集思广益，认真查阅课文和网络信息，融合英文电影里的对白，兼收并蓄，撰写剧本；导演根据剧情和学生的性格，挑选合适的演员，念读白的男生为了让自己的口语更标准，不断向老师和同学请教……

虽然学生很认真地在准备着，但老师的内心还是非常忐忑：学生从来没有表演过话剧，而且还是英语话剧，就这样放手让他们自编自导，能行吗？俗话说得好：兴趣是最好的老师，对感兴趣的活动，学生总是充满激情。所以，当学生第一次在课堂上表演的时候，刘老师惊讶了：那些平时羞涩的学生纷纷变成了"戏精"，把角色的动作、神态表演得惟妙惟肖！晏老师更吃惊：这还是平时都不敢开口说英语的学生吗？不仅敢大声念出对白，还能那么流利、自然！表演完毕，我们都为学生认真的态度感动，为他们的表演天赋所折服！当然，也及时对他们在表演技巧、语音和剧本内容等方面的问题做了指导。

8 个剧组的初演都结束后，我们对他们提出了更高的要求：让他们准备好道具和服装，我们将进行一次英语话剧比赛，从中选出 6 个质量较高的节目，准备参加全校展演。

这一次，各个剧组都行动起来，大家齐心协力，无论是主角还是跑龙套的纷纷抽出休息时间，积极配合排练，剧组编剧更是不辞辛苦，努力改进剧本，力求使剧情生动、引人注目。比赛开始，为了使演出效果逼真，需要摔倒时，学生就真的摔在地上，听到那砰然砸地的声音真令人心疼！为了剧情需要，许多剧组更是男扮女装、女扮男装，反串不同的角色，演得不亦乐乎！博得观众和老师的阵阵喝彩！经过各班英语课代表组成的评委团一致评判，最终选出了 6 个话剧参加全校的展演。

2018 年 6 月 8 日，我校初二英语第二课堂活动汇报展演拉开帷幕，英语戏剧惊艳登场！学生们分别演绎了他们自编自导的话剧：《白雪公主》《花木兰》《灰姑娘》《新武林外传》《爱丽丝的王子》《"大小姐"的杀手生涯》。华丽的 PPT、漂亮的演出服、惟妙惟肖的表演，流利的美式英语，让观看演出的师生们为之叹服，博得了大家雷鸣般的掌声和喝彩声！俗话说"台上一分钟，台下十年功"，从开学初期的话剧表演零基础，到期末登台演出时所表现出的专业范儿，无不显露出学生完成了一次心灵的蜕变！

演出非常成功！毫不夸张地讲，这次英语话剧展演不仅提高了学生学习英语的热情和兴趣，还充分发挥了他们的创造力、挖掘了他们无穷的潜力，学生自己诠释"美"

与“育”的融合，更能提升学生的学习动力，使学生在乐中学、在学中乐、相互学习、互相交流，共同进步！同时，通过 PPT 的制作、道具的收集、舞美化装、背景音乐挑选等方面学习，培养了学生认识美、欣赏美、感受美的能力，是我校美育改革的完美突破！

人生如戏，自己导演就是享受！戏如人生，只有辛苦付出才有丰硕的成果！这次活动，不仅好好练习了英语口语，还培养了学生的表演才能，更是丰富了学生的校园生活！

今后，我们还需要给学生提供更多这样展示的机会和舞台，引导学生发现美和感受美，活跃学生的思维，以美促智，在紧张的学习中培养学生积极向上的性格，提升校园文化层次。

让我们将“美”“育”相结合的课堂一直进行到底！

要自信，敢担当

熊鑫

一、教学背景

1. 青春期学生心理发展的客观要求

哈佛大学教授埃里克森认为，人要经历八个阶段的心理社会演变，这种演变称为心理社会发展（psycho-social development）。八个阶段包括四个童年阶段、一个青春期阶段和三个成年阶段。每一个阶段都有这些阶段应完成的任务，并且每个阶段都建立在前一阶段之上，这八个阶段紧密相连。他认为一个人的青春期（12～18 岁）是自我同一性和角色混乱的冲突时期，一方面青少年本能冲动的高涨会带来问题；另一方面更重要的是青少年面临新的社会要求和社会冲突感到困扰和混乱。所以，青少年期的主要任务是建立一个新的同一感或自己在别人眼中的形象，以及他在社会集体中所占的情感位置。这一阶段的危机是角色混乱。因此，对于青春期的少年，逐渐开始在意外界对自己的评价，尤其是肯定和赞美，但矛盾性使得他们又佯装成不在意或者假自信，希望自己变得自信，却又无法突破。

2. 新时期立德树人，五育并举的重要目标

新时代国家将立德树人，培养德智体美劳全面发展的社会主义建设者和接班人确立为教育的根本任务。切实将立德树人这一根本任务落到实处，就要找准立德树人的基点，青少年的三观养成和品德铸就显得尤为重要，而自信恰恰是最重要的品质，如何将个人品质与家国情怀、民族使命、历史责任感有机结合，成为这堂课最值得尝试的一点。

与此同时，2022 年年初，以习近平同志为核心的党中央领导全国人民展开了一场空前的疫情防控阻击战，生动彰显了中国特色社会主义制度优势，深刻诠释了中华儿女爱国力行的家国情怀。这场全国人民的抗疫战，为广大师生提供了一本生动鲜活的爱国主义教科书。教育部明确要求“要将抗击疫情与爱国主义教育贯通起来”，本课将学生自信与民族自信融合一体，紧跟时代热点，更容易激发学生共鸣，也更容易达成课堂目标。

二、教学思路

板块一	鼓掌游戏，引出“不自信”（知）
板块二	自我测评，认识“不自信”（知）
板块三	讲好故事，突破“不自信”（意）
板块四	观看视频，必须要“自信”（意　情）
板块五	读信总结，还要敢担当（行）

三、教学目标

（1）通过游戏和自我测评，让学生了解心理问题的普遍性，以更加轻松平和的心态面对不自信的心境。

（2）通过讲故事、看视频的方式，帮助青春期的学生找到不自信的原因，从而启发学生运用逆向思维提炼克服不自信的方法，学会用科学思维和方法解决心理问题，学会简单的心理保健。

（3）联系中学生实际与当下热点话题，将中学生的自信与国家的需要紧密相连，坚定信念，坚守信仰，树立远大抱负，使之深刻意识到增强使命感和责任感的同时，增加自信的原动力。

四、教学重点与难点

（1）重点：激活学生主动探求问题根源，寻找解决方法的意识。中学生本就不喜欢主动面对自己的内心世界，必须借助外在的策略才能使之主动参与，甚至引发思考。设置的游戏、故事、视频，都是为了启发学生运用逆向思维，即根据结果探求原因，其中合作讨论与个人体验相结合的模式，也是为了总结出克服不自信的方法——正确认清自己的实力，正确评估困难的大小，树立远大的目标（坚持）。

（2）难点：从小我走向大我。在不自信的问题上，大多数学生只把原因着眼于个人的处境，而忽视了社会角色的责任感和时代进步的使命感，当小我遇上大我，必须有一个激发情感的连接点作为桥梁，才能让课堂升华得当。以社会当下热点为出发点，以爱国主义教育为落脚点，巧妙借助疫情期间班级德育亮点——为定点医院捐赠口罩的事件为连接点，让学生自然融合小我与大我。

五、教学准备

（1）利用德育时间，通过谈心、日记等形式了解学生对自我的认可度，找准活动课的切入点。

（2）利用每周德育活动时间，观看“抗疫”主题的纪录片或者新闻节目，从情感上奠定基调。

六、教学过程

环节一：鼓掌游戏，引出“不自信”。

师：同学们，今天的心理活动课，我们先来玩个小游戏。请大家拿出一张纸，根据自己的实际情况，想想在半分钟内，你可以鼓掌多少次呢？把次数写在纸卡上面。

接下来，我们就来尝试一次吧。请大家数出自己鼓掌的次数。

半分钟计时，在纸卡上写上实际的鼓掌次数。

大家观察下，得出什么结果？

明确：实际鼓掌次数高于预计的次数。

这说明什么呢？

明确：说明对自己的信心不足，实力估计不够。也就是缺乏自信。

（设计意图：通过鼓掌这个简单的小游戏，走进学生常见的心理问题，并由学生自己发现并得出结论，可以营造轻松自主的学习氛围，还可以为后面的环节深入开展做好铺垫。）

环节二：自我测评，认识“不自信”。

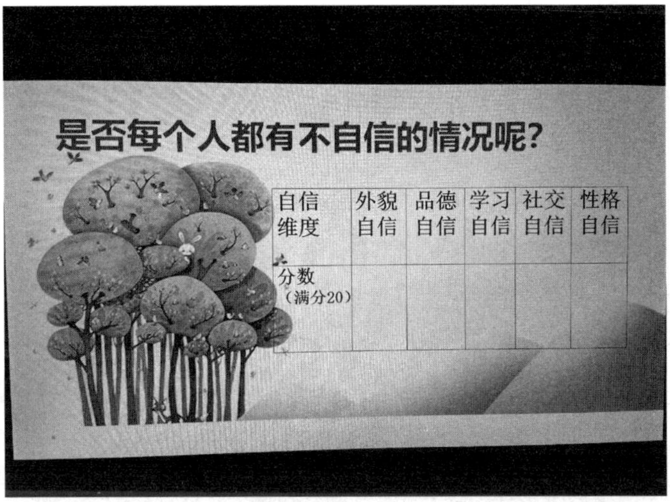

师：在生活中，我们经常听到有同学说，某某同学真有自信，我好羡慕她（他），要是我也能这样就好了！其实，不用对别人表示艳羡，也不用对自己感到怅惘，不信，我们试着填一填这个自信维度表。

自信维度	外貌自信	品德自信	学习自信	社交自信	性格自信
分数 （满分 20）					

师：现在我们来看看大家的自我评价如何。

先展示自己的最终得分，并说说得分最低的是哪个维度。再提名一个自己认为最自信的同学，分享他（她）的自我评价。

明确：每个人都有不自信的时候。

（设计意图：通过简单的自我测评，自我评价与他人评价相结合等心理评估方式，暗示学生心理问题的科学性和重要性，让学生在交流中自主发现“不自信”是中学生较为普遍的心理，不必隐藏也不必介意，从而让学生彻底在课堂上放下戒备心理，完全融入。）

环节三：讲好故事，突破“不自信”。

师：接下来，我们听一个小故事，看看，还有什么原因导致我们不自信。

（多媒体展示故事，请同学讲故事）

1796 年的一天，在德国哥廷根大学，一个很有数学天赋的 19 岁青年吃完晚饭，开始做导师单独布置给他的每天例行的三道数学题。

前两道题他在两个小时内就完成了。第三道题写在另一张小纸条上：要求只用圆规和一把没有刻度的直尺，画出一个正十七边形。

他感到非常吃力。时间一分一秒地过去了，第三道题竟然毫无进展。这个青年绞尽脑汁，但他发现，自己学过的所有数学知识似乎对解开这道题都没有任何帮助。

困难反而激起了他的斗志：我一定要把它做出来！他拿起圆规和直尺，一边思索一边在纸上画着，尝试着用一些超常规的思路去寻求答案。

当窗口露出曙光时，青年长舒了一口气，他终于完成了这道难题。

见到导师时，青年有些内疚和自责。他对导师说："您给我布置的第三道题，我竟然做了整整一个通宵，我辜负了您对我的栽培……"

导师接过学生的作业一看，当即惊呆了。他用颤抖的声音对青年说："这是你自己做出来的？"

青年有些疑惑地看着导师，回答道："是我做的，但是我花了整整一个通宵。"

导师请他坐下，取出圆规和直尺，在书桌上铺开纸，让他当着自己的面再做出一个正十七边形。

青年很快做出了一个正十七边形。导师激动地对他说："你知不知道，你解开了一桩有两千多年历史的数学悬案！阿基米德没有解决，牛顿也没有解决，你竟然一个晚上就解出来了，你是一个真正的天才！"

原来，导师也一直想解开这道难题。那天，他是因为失误，才将写有这道题目的纸条交给了这位青年。

每当这位青年回忆起这一幕时，总是说："如果有人告诉我，这是一道有两千多年历史的数学难题，我可能永远也没有信心将它解出来。"

这个青年就是数学王子高斯。

师：当高斯不知道这是一道有两千多年历史的数学难题，仅仅把它当作一般的数学难题时，只用了一个晚上就解出来了，高斯的确是天才。但如果当时老师告诉他那是一道连阿基米德和牛顿都没有解开的难题时，结果会是怎样呢？生活中你有没有类似的经历？和身边的同学讨论，说说我们的不自信是由什么原因造成的？

明确：对困难过分恐惧，将大量的精力与时间都浪费在对困难的恐惧中，而不是积极寻求解决问题的方法。

（设计意图：结合故事，回望游戏，通过主观和客观两方面引导学生自我剖析，"不自信"的原因并不是我们想得深不可测，无非就是不能正确评估自己和困难，难题解开，学生对于"不自信"的心理困境也就豁然开朗了。）

环节四：观看视频，必须"要自信"。

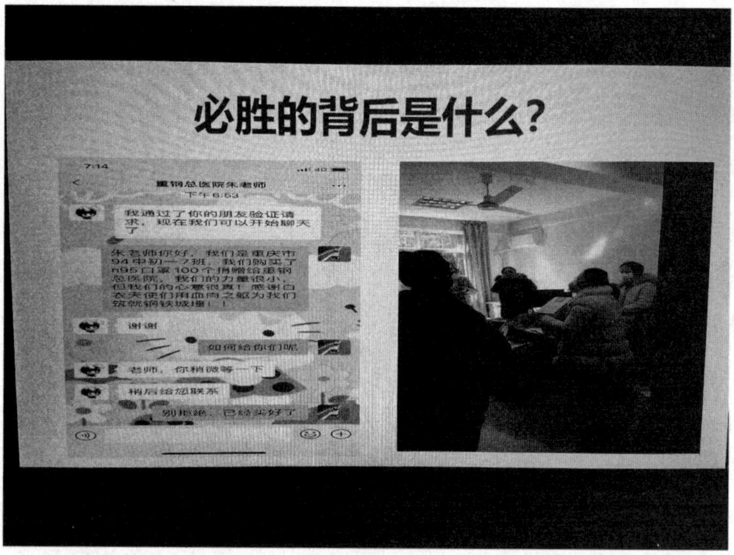

师：同学们，老师想给大家分享一个短视频，它见证了我们的悲苦，也见证了我们的强大。

大屏幕播放《“战”疫》视频。

师：

己亥末，庚子春，

荆楚大疫，染者数万，众惶恐，皆闭户，

道无车舟，万巷空寂。

然外狼亦动，垂涎而候，华夏腹背芒刺。

在如此恶劣的情形下，无数医务者在除夕夜奔赴一线，无数各行各业的劳动者坚守自己的岗位，万千华夏儿女捐资献物，所有龙的传人都在振臂高呼：抗疫必胜！中国必胜！

同学们，我们都经历过这惊心动魄的一幕幕，我们也曾排除万难，向定点医院捐赠 100 个口罩，聊表心意。可是，我们真的从一开始就知道病毒如何战胜吗？我们真的从一开始就知道，所有人都可以平安吗？我们真的从一开始就知道，这场战役我们能够全面获胜吗？

回答：不能！

师：但是我们每一个中国人，上到国家领导、医学专家，下到普通工人、在校学生，我们都不约而同地坚信，我们必胜！这无数的实事告诉我们，自信还需要什么？

明确：坚定的信念——对国家、对民族、对人民深沉的爱与崇高的使命感、责任感。

（设计意图：结合当下热点话题，再现学生亲身经历，唤醒内心深处的感情，营造强烈的时代召唤氛围，让学生深刻意识到，要自信不再是个人发展的需要，更是家国共建的使命。至此，将“自信”的内涵丰富起来，立意也更加高远。）

环节五：读信总结，还要敢担当。

师：同学们，面对全国青少年无限尊敬与崇拜，抗疫英雄钟南山爷爷也给你们写了一封信，现在我们来读一读其中的一段文字。

（大屏幕展示，全班齐读）

用知识缝制铠甲，

不远的将来，

各行各业都将由你们披甲上阵。

希望你们不惧艰辛、勇敢前行！

师：同学们，新的时代，新的期许，你们作为当代青少年，在纷繁复杂的国际形势下，在人才济济的竞争环境里，为了自我发展，需要树立自信，为了民族的未来，也必须树立自信！大国少年，要自信，有担当，树立远大理想，敢与日月争锋芒！

（设计意图：时代英雄钟南山院士刚刚获得共和国勋章，正是最好的榜样。楷模更具激励的力量，通过读钟南山院士写给青少年的信，既有说服力又有时代性，对于当下的青少年来说，更能鼓舞其斗志，激发其力量，至此，个人品质与民族精神已融为一体。）

七、教学反思

本次活动，创造性地将心理辅导和主题教育有机结合，虽然时间紧凑，但是内容丰富，环环相扣，立意高远，既有教育意义，又有深远的现实意义。在抗疫期间，党和国家就对教育提出了新的要求——用好“抗疫”这本大教材，因此，从这个角度来说，本堂活动课是成功的。

对于青春期的学生来说，活动太过于活跃，反而不利于他们在短时间内全身心投入其中，活动形式短平快更能立见效果，因此选择鼓掌小游戏迅速暖场，选择表格填写更注重学生的私密性和真实性，而自己的得分与别人得分的比较，又可以将不自信这种心理普及化，从而完全突破学生心中的防线并卸下压力。对自身实力的认识不清和对客观困难的畏惧是青春期的学生略有自卑的普遍原因也是暂时原因，要想从根本上持久拥有自信力，就必须加强信念，守住信仰，为崇高的理想而奋斗。共同经历过的“抗疫”实例，更能引起学生的共鸣，燃起心中的斗志。从效果来看，是不错的。

从心理团体辅导的角度来看，本堂课因为时间有限，不能再深入专业一些，只是简单渗透基本心理元素，但是，能够让学生尝试正视各种心理状态，并且学会根据现象探求原因，寻找心理保健的方法这一科学思维模式，也算心理辅导的重要意义了。

八、教学建议

有了这次心理主题活动课的铺垫，可以在后续的思政教育和德育活动中开展理想教育、职业规划教育、爱国主义教育，甚至新一轮的心理评估，在班级自信力提升的基础上，进行抗压抗挫等心理辅导，使得本次活动的影响更加全面，也更加持久。

教学《致女儿的信》时的启示

何琪

《致女儿的信》是人教版九年级（上）中的一篇课文。它是苏联教育实践家和教育理论家苏霍姆林斯基写给女儿的一封信。面对正值花季的女儿，一个对爱情充满好奇与遐想的少女，针对爱情这一既简单又深奥的问题，身为父亲的作者没有选择回避、敷衍，也没有教条式地说教，而是采用一个充满诗情画意的故事去诠释爱情的内涵。教学时，考虑学生正处于青春期，此时他们的生理和心理都发生着极大的变化，并且班上有个别学生已有了“早恋”的苗头。编者安排这篇文章，不正是要求教师借助文本对学生进行爱情观教育吗？因此，教学时，我有了这样几方面的思考。

一、让学生正视“爱情”的话题

说到“亲情”“友情”等话题，我们都能激情澎湃、侃侃而谈。可提到爱情时，因为受传统思想、家庭社会等因素的影响，人们往往一谈到相关话题就左言他顾。孩子呢，即使遇到它，大多也羞于启齿。要是有人大谈特谈，那他可能会遭到别人的鄙视，认为此人思想复杂，心理不健康。其实爱情与亲情、友情等话题一样，也是一个人类传唱不衰，古老而新鲜的话题。历朝历代，不管是文人墨客的笔下，还是影视作品中，它是不可缺少的角色，少了它就成不了一台戏。更何况，青春期的学生，心理、生理都趋于成熟，也有了一些性意识。再一味地躲避它，将不利于孩子的身心成长。苏霍姆林斯基也说过：“高尚的爱情种子需要在年轻人产生性欲之前的时候，即在他们的童年、少年时期播在他们的心田里。……我们所说的爱情种子，当然不是指爱情的说教，而是指培养道德尊严和人格的过程，指在每一个行动中树立起真正的人道主义观点，指培养对人道美的理解能力和创造。”而现在，教材中选了关于“爱情”方面的课文，就是让教师关注学生的青春期变化，进而引导他们正视“爱情”这一话题。说说自己的心里话，不要有任何顾忌。让爱情的种子植于学生的心里，在他们年轻的心灵里培养出高尚的思想和情感，培养出能够给人巨大幸福的一种美的责任感。

二、引导学生明白爱情的真谛

在今天的教学中，家长和教师最棘手的问题就是对中学生“早恋”现象的处理。其实，这一现象说到底，就是由于中学生生理的成熟而对异性产生了好奇心，进而渴望探求的心理现象。这种青春期产生的朦胧情感，是一种完全正常的心理。而实际上，此时的他们对爱情内涵的认识是一片模糊，教师与其让他们雾里看花，沉迷其中，还不如拨云见日，让他们明白爱情的真谛，使得他们能坦然地经过这片美景。这时，教师就应充分利用好这篇课文教学，让学生从这个一波三折的童话故事中，深入浅出地懂得爱情的真谛：不是卿卿我我、海誓山盟，也不是单纯的繁衍生息、传宗接代，而是经得起时间考验的“忠诚”和永恒的“追念”，更是关系到民族发展壮大的润滑剂、推动器。

三、帮助学生树立正确的爱情观

让学生明白爱情的真正内涵，进而树立正确的、积极向上的爱情观，这才是编者在教材中安排此文的目的吧。因此，在教学的最后环节，我考虑：由学生畅谈文人骚客的爱情诗句——“在天愿作比翼鸟，在地愿为连理枝”“执子之手，与子偕老”等，讲述耳熟能详的爱情故事——“白蛇传”“梁山伯与祝英台”等，最后再由他们谈自己身边的爱情以及对爱情的畅想。通过从古到今，从远到近的爱情，让学生明白只有树立正确的爱情观，人生才能获得真正的幸福。苏霍姆林斯基就非常重视对学生进行青春期教育，包括男女相处的教育。这不是在讲中学生谈情说爱的技巧，而是在和他们谈人性美，教给他们彼此尊重，以及对人生对他人的责任感。而此时教师引导学生畅想爱情，既是让他们树立正确健康的爱情观，又是对他们进行人性美、责任感的教育。

四、培养学生的人文素养

《语文课程标准》中明确指出：“语文课程应重视提高学生的品德修养和审美情趣，使他们逐步形成良好的个性和健全的人格，促进德智体美劳的和谐发展。”这就是说教师在教学中不能只注重对学生听、说、读、写能力的培养，更应对学生进行审美情趣、情感态度、品德修养、人生价值的教育。这充分体现了《新课标》中要求培养学生人文素养的精神。本文就是通过一个生动有趣、浅显易懂的爱情故事，让学生明白什么才算是真正的爱情，让他们经受住青春期关于爱情的最严峻考试。在教材中，这种贴近学生生活，与学生生活息息相关的，且容易与学生产生共鸣的课文，还有很多。教师应该使用好这些文本，帮助学生解决好生活学习等方面的烦恼与苦闷，让学生潜移默化、循序渐进地形成良好的人生观、世界观。这样比枯燥乏味地讲大道理形象可感，易于接受得多，同时这也正是对学生进行人文素养教育的具体体现。

另外，作为教育家的苏霍姆林斯基知道女儿正在跨越生理、心理成熟的界限时，用自己的智慧为女儿解决了情感的困惑。正是这种循循善诱的教诲，平等和谐的父女关系，让孩子从教育中饱尝亲情和关爱。这也提醒教师，在教学中，教者不要以严师自居，而应多以耳闻目睹或亲身经历的故事与学生进行心与心的沟通，引导他们树立远大的理想与抱负，直面并克服自己在成长阶段出现的身心问题，踏实学习，扬起青春的风帆，在实现人生远大理想的航线上，乘风破浪，驶向成功的彼岸。

德育之花，在初中语文教学中绽放

何琪

语文教师的任务："传道受业解惑。"这包括两个方面：传授语文知识，即"受业解惑"；思想道德教育，即"传道"。刚刚从童年期步入初中的学生，他们的人生观、价值观正在逐渐形成，对人、对事、对社会已开始有了自己的看法，这时他们的思想正需要人正确引导。而九年义务教育阶段语文课标也明确指出："通过优秀文化的熏陶感染，促进学生和谐发展，使他们提高思想道德修养和审美情趣，逐步形成良好的个性和健全的人格。"因此，教师在语文教学过程中，除教给学生语文知识外，还应将思想道德教育作为教学的重中之重。那么，怎样在教学过程中让德育之花绽放呢？下面将自己平时教学中的做法与大家一起分享。

一、认真研读教材，找准德育切入点

思想教育要因文而异，语文教材中所选取的课文大多是文质兼美、经久不衰的经典佳作，融文、史、哲、自然科学等诸多学科内容为一体。我们在备课环节必须读透教材，明确每一篇课文的思想教育目标，不能牵强附会，更不能张冠李戴。例如：王家新的《在山的那边》就要让学生知道奔向理想的人生征途是漫长而崎岖的，但是，只要百折不挠地坚持奋斗，终将到达理想的境界。泰戈尔的《金色花》就要启发学生感悟父母伟大无私的爱，并要回报这种至爱亲情。教学沈石溪的《斑羚飞渡》就是让学生懂得团结协作可使生命之花怒放，也可教育学生摒除私心，爱护动物。教学朱自清的《春》就是让学生珍惜青春，热爱生活，激励其在风华正茂之时奋力拼搏，勇往直前。不同的课文，应有不同的德育目标。还有唐诗、宋词、元曲，更是民族文化的精髓，蕴含丰富的德育分子，多让学生诵读，学生的情操得以陶冶，心灵得以净化，心胸得以开阔。他们会为杜甫"会当凌绝顶，一览众山小"的壮志而鼓舞，会为范仲淹的"人不寐，将军白发征夫泪"的忧思而扼腕，会为晏殊的"无可奈何花落去，似曾相识燕归来"的无奈而惆怅，会为王维的"大漠孤烟直，长河落日圆"的壮美而击节……一篇篇文章，或是对真、善、美的颂扬，或是对假、丑、恶的鞭笞，或是作者高洁品性、高尚人格魅力的写照，或是对祖国大好河山、社会主义建设日新月异的热情洋溢的赞美……无一不是作者某种思想感情的宣泄，其间蕴含丰富的思想道德内容。这是语文学科得天独厚的教书育人的有利条件。语文老师应充分把握好语文学科的优越性，积极探索在语文教学中如何用好语文教材，充分挖掘教材中的德育素材，找准德育切入点，加强德育渗透。

二、把握好德育教育与语文教学之间的关系

作为语文教师，不单单要传给学生语文知识，培养学生语文技能，还要让学生的思想道德修养得以提升，这是由语文的学科特点决定的，是社会赋予语文教师的神圣使命。但语文教学中的德育渗透，用时不宜过多，点到为止，不能让语文课堂成为思想政治教育课，使得语文味尽失。这就要求语文教师除了要正确把握好教材、找准德育切入点外，还要认真研究教材，处理好德育与语文教学两者之间的关系，不能主次不分，本末倒置。如在教学鲁迅的《孔乙己》时，由“孔乙己是否死了？为什么”，让学生结合文本内容和作品的时代背景分析得出“孔乙己真的死了”这一结论，然后我接着发问：“孔乙己在今天还会死吗？”趁机让学生真切感受我们国家对弱者的人文关怀，告诫他们珍惜今天的幸福生活。教学冰心的《荷叶母亲》时，在拓展延伸这个环节，我让学生通过寻找生活中母爱的点点滴滴，尽抒感恩之心。教学普希金的《假如生活欺骗了你》时，在导入新课中，我让学生说说自己在成长路上遇到了哪些困难挫折，之后走进文本，让学生在诵读诗歌的过程中明白面对逆境时要积极乐观并坚强。语文素养的提高毕竟才是语文教学的主旋律。德育教育这条溪流最终必须要流向语文教学这片大海。所以，在教学实践中，只有正确处理好两者之间的关系，才不至于喧宾夺主。

三、全方位了解学生，使德育行之有效

学生是学习的主体，任何教学活动都需要他们的参与。因此，语文教师在教学过程中对学生进行思想道德教育时，要对学生的思想个性、成长环境、所处时代等方面作深入了解，发挥语文教学思想导向的积极作用，使学生的思想道德素养摆脱狭隘自私的泥淖，跟上社会节奏，取得显著的德育效果。例如，在教学《陌上桑》时，有的学生可能会大胆直言：“那个罗敷真是大傻瓜，太守有权有势，嫁给他就可以享受荣华富贵，不比她辛苦采桑养蚕强多了吗？我的一个邻居，当初在一贫一富两个人的追求下，最终嫁给了那个富者，现在不只自己过着衣食无忧的生活，连她的家人也跟着沾光。我们小区认识她家的人，一见到她父母，都会直夸他们好福气。”实际上，在如今商品经济大潮中，由于受拜金主义、享乐主义的侵蚀，有这种想法的学生不在少数。我们不能简单粗暴地加以讥笑、呵斥，而应因势利导，启发学生思考什么是真正的幸福，怎样的人生才是有意义有价值的，从而帮助学生树立正确的思想认识，摆正他们的人生航向。

另外，课外阅读也是渗透德育的有效途径之一。因此，加强课外阅读，不仅有利

于提高学生的阅读水平和理解能力，还有助于培养学生的思想道德修养。这时，语文教师应根据学生的年龄段，为学生推荐各个阶段的阅读书目。如初一时，读曹文轩的小说《青铜葵花》《草房子》等，让学生在精彩的故事中感受悲悯、宽容、大度、正义、拼搏、勇气、希望、苦难；初二时，读保罗·柯艾略《牧羊少年奇幻之旅》，让学生在富有哲理的语言中得到启示，实现梦想要经历一个艰难的过程，需要勇气、智慧、执着和经受考验。初三时，读夏洛蒂·勃朗特的《简·爱》，让学生在浓郁真挚、丰富细腻的感情中体会女主人公对自由幸福的渴念和对更高精神境界的追求。不少中外经典作品中往往含有一些文情并茂、短小精悍、意味隽永的名言名句，对于这些闪烁着思想光芒的句子，我们要紧紧抓住，分析其重点并讲解，再让学生摘抄并背诵。例如，读小说《钢铁是怎样炼成的》，可将主人公保尔那段至理名言“人最宝贵的东西是生命。生命对于我们只有一次。一个人的生命应当这样度过：当他回首往事的时候，也不因虚度年华而悔恨，也不因碌碌无为而羞愧。这样，在临死的时候，他能够说：‘我整个的生命和全部精力，都已献给世界上最壮丽的事业——为人类的解放而斗争。’”抽出来具体讲析，让学生感悟生命的神圣，要珍惜生命让生命放射光芒。这无疑为学生健康成长注入了有益的思想营养。

总之，在语文教学过程中，我们在引导学生进行祖国语言文字的学习时，应时时处处让德育这朵思想之花净化学生的心灵。当然，要真正在语文教学实践中搞好德育教育，只有深入学习新课程标准，认真研究教材编排体系，深挖文章中的思想教育点，捉摸透学生，着眼于把思想教育渗透到语文教学的各个环节、活动中，将品德培养与语文知识训练有机结合起来。让学生在感悟语文知识海洋浩瀚的同时，也懂得人情世故的道理。

提高教育教学质量之我见

何琪

为推行素质教育，课程教育不断改革，让老师压力重重。即使是从教多年的老教师，有时也觉得书难教。不过，我倒认为，教育这个行业，不管怎样改，怎样变，教育教学质量仍然是第一位的，教育的最终结果仍然是让学生成才。为适应这繁杂的教育体系，提高教育教学质量，我有如下体验。

一、营造学习氛围，必须构建和谐的集体

1. 重视班干部的培养，充分发挥他们的模范带头作用

班级是学生学习成长的环境，它的好坏直接关系到学风、校风建设。一个和谐的校园就应从班级抓起，而班级和谐氛围的营造就得从班干部抓起，仅凭班主任个人的力量是不行的。因此，在班级管理中，我特别重视班干部的选拔与培养。班委会的组建，由学生民主选举或毛遂自荐产生，必须征得本人及家长的同意才行，因为有的家长怕当班干部影响孩子学习，甚至怕其他同学伤害孩子，所以组建班委会一定要慎重。班委成员只要有能力协助老师管理班集体就可以，不一定非要成绩好的。组建好班委后，每个班委都有明确细致的分工。教师只需放手让他们开展工作，遇到困难时教师立即解决，要为他们撑腰、做后盾，教会他们一些处理问题的方法。平时教师根本用不着大小事都亲力亲为。当然，对班干部在工作中的表现要给予公正的评价，要严格要求，该批评就批评，做到一视同仁，不能有半点的偏袒。这样既树立了自己的威信，又帮助班干部在同学中树立了威信；既给他们提供了锻炼的舞台，又给了他们改正、进取的机会。这样，在班干部这个龙头的带动下，一个和谐的集体就会慢慢形成。

2. 开展丰富多彩的班级活动，增强集体凝聚力

众所周知，丰富多彩的活动能丰富学生的知识，陶冶学生的情操，培养学生的综合能力，让学生过得充实，学得愉快。同时我们也发现，学生的很多行为习惯也是在活动中得到规范的。每周的三次班级活动时间我从不占用，都由老师指定或者学生自发组织活动内容，有主题班会，如“讨论自习的利与弊”这个活动就很有收效，有文艺游戏类活动，也有一些实践活动，有时候也根据学科特点设计活动，如“古诗苑漫步”活动中，学生的能力得到了培养，参与活动的成就感、荣誉感、集体感也会增强，他们探求知识的兴趣也会提高，这就为学习氛围的营造创造了条件，也为建设和谐的

校园打下了坚实的基础。

二、课堂氛围的营造是提高教学质量的前提

教师应熟悉教材的内容，准确把握教材的知识点、重难点、考点、易误点，有条不紊地开展工作。认真备好每一堂课，不打无准备之仗。没备好课，就不要张口讲课，我绝不思维混乱地上一堂课，自己都没理清头绪的情况下讲课，学生能有什么收获？这样既影响学生听课的情绪，又破坏自己的形象。同时，还要在课堂上和学生建立平等和谐的关系，尊重学生的每一次发言，不要一回答错误就批评，甚至不让他说完就赶紧让他坐下。教师应针对不同的教学内容，设计有启发性的问题，然后让不同层次的学生回答，活跃课堂气氛，提高学习兴趣。要鼓励学生积极思考、大胆质疑、勇敢回答，培养学生分析问题、解决问题的能力。课堂上有学生开小差时，不要轻易停下，立马去批评，这样的结果是"因小失大"。学生不会喜欢这样的老师，也不会喜欢这样的课堂。并且，这样做得罪的是大多数学生，他们不与你配合，无论你多么尽力，收效也甚微。你可以给他一个提示的眼神，也可以不经意地走到他旁边，还可以以提问的方式，把他叫起来站一会儿，等等，这样既不伤害学生的自尊，又不会破坏课堂气氛，影响课堂教学效果，学生还会学有所获！

三、后进生的转化是提高教学质量的关键

任何一个班级或多或少都会有后进生，不管是思想上存在的问题，还是学习成绩上的问题，或者是行为习惯上的问题，我们都应先分析，找准形成差异的原因，本着"一碗水也能救活几棵苗"的信念，从情感上接纳他们，关心他们，不歧视、不厌恶，用真情挚爱感化他们。比如，我新接班上有一名学生，父母离异后，他一直跟着外公外婆生活，上课经常睡觉，作业基本不完成，晚上熬夜打游戏，班上很多同学都嘲笑他，不愿理他。我接手后，马上与其家长联系，并找该生谈话，最后才了解：他外公爱唠叨，洗澡听音乐都要挨骂，外婆对他期望很大，所以平时对他的要求就很苛刻，他喜欢画画，学日语，踢足球，但父母一票否决，让他先搞好学习。知道这些情况后，我建议父母让他周末用半天时间学画画，这也不会影响学习，然后根据他个人实际，让外婆降低对他的要求，并送他绘画本、笔记本，让他课余练素描、写日记。同时我还承诺他画上几幅以后为他在班上开画展，让他在同学心目中的形象有所改变。现在这孩子的状态基本稳定，人有精气神儿了，也愿意为班级做事了。这件事让我深刻地体验到教育学生的艰辛与不易！

教育学生不仅要找准原因，还要找准时机，根据学生不同的特点，采用不同的方法，不能一味地采用春风细雨般的"感化式"教育，也应适当地采用一些"震撼式"

教育。在学生心目中形成两面性：“温柔得像慈母”“凶恶得像严父”，让学生对你产生敬畏感。对于学习成绩特别差的学生，建立帮扶小组，存在问题及时辅导纠正，督促修改完成，只要师生坚持不懈，就一定会有效果。当然我们都知道，差生的转化是一项长期而艰辛的过程，这个转化过程需要师生有耐心、信心和毅力，尤其是老师的爱心，要多关心差生，努力寻找他们的闪光点，找准时机，及时给予表扬鼓励，使之产生成就感，增强学习自信心，努力学习。例如，我班上的小李，平时表现不够好，调皮捣蛋，自认为是班上的“耗子屎”。有一次，我班上数学公开课，他发言积极，而且正确，得到老师和同学的认可，我又马上抓住机会在全班表扬他，让他感觉到自己在同学心目中还是有优点的，进而增强其学习的自信心。在以后的学习中，他也进步了很多。所以说，教育学生不仅要分析找准原因，还得找准机会。同时还要注意，对差异生的转化与辅导，教师必须“言出必行”，不要“只打雷不下雨”，或是“雷声大雨点小”，否则，学生不会信服你，教育效果也会受到影响。

总之，教育教学工作是相当烦琐的，这点点滴滴的工作，仅凭几张纸是说不尽、道不完的。谁不愿意把教学搞好，成为一名教育能手呢？但是，由于所教班级的不同，老师的付出也会不一样。教无定法嘛！每个老师都有一套适合自己班级的教学模式和管理模式！尽力而为之吧！希望就在前方！

构建初中思想品德课生活化的教学观

杨精密

摘要：“生活即教育”，只有通过生活，教育才能产生真正的作用，并成为真正的教育。因此，只有在教学实践中力争使中学思想品德课真正实现生活化，让枯燥的思想品德课堂活跃起来、生动起来，从而调动学生学习的积极性和主动性，才能获得真正意义上的教育实效。

关键词：初中思想品德　生活化　教学观

思想品德课教学生活化是指教学目标、教育内容的选择与组织实施符合学生的生活逻辑，建立在学生生活经验基础上，根据学生生理、心理发展的内在规律安排思想品德课教育活动的开放性教学方式。我们在初中思想品德课教学中，就应把课堂教学的着眼点放在关注学生的生活，关注学生的可持续发展上。

一、思想品德课教学必须坚持“生活化”理念

1. 思想品德课教学生活化是新课程改革的要求

思想品德课教学生活化是新课程改革的核心理念。新课标指出，思想品德课程具有实践性的特点，同时强调帮助学生过积极健康的生活是思想品德课程的追求。在新课标的指导下，思想品德新课程内容的设置应贴近社会、贴近生活、贴近学生，让师生在共同学习的基础上共同生成人生体验，实现全面发展，以达成课程的最终目标。教育家陶行知指出：“生活教育是生活所原有，生活所自营，生活所必需的教育。教育的根本意义是生活之变化。生活无时不变，即生活无时不含有教育的意义。”“教育只有通过生活才能产生作用并真正成为教育。”为此，我们在思想品德课的教学过程中，就应经常性地选取初中学生感同身受的生活实例，遇到的各种社会现象和实际问题，通过思想品德课去感受生活、体验生活、指导生活，从而发挥思想品德课程的价值引导作用。

2. 思想品德课教学生活化是提高教育实效性的需要

传统的思想品德课教学完全以教师的“教”为中心，以传授书本知识为主，远离学生活生生的生活，学生只能被动地适应和服从，缺乏师生之间、生生之间必要的情感交流。长此以往，使学生丧失了学习的自主性和主动性，丧失了学习过程中的主观

能动性和创造性，更远离了学生情感、态度和价值观的培养。这样，思想品德教育就成了无源之水、无本之木，思想品德教育的目的和效果自然就大打折扣。因此，思想品德课教学要面向学生生活，在教学中瞄准学生的生活实践和已有知识，使学生切实体验身边的实际问题，从而增强学生对思想品德知识的应用意识，培养学生的自主创新能力。而其关键就是激发学生这一认知主体，让认知主体积极主动地参与到课程资源的整合中，让学生的生活世界融入知识与技能、过程与方法的构建与创生中。只有根植于生活的世界，并为生活世界服务的课堂才是具有强烈生命力的课堂。我们作为初中思想品德课教师，需要在平时的教学中把生活内容渗透到教学的全过程，唤醒学生沉睡的潜能，激活思想品德课堂，给思想品德课教学自然地注入生活的新鲜血液和新鲜内涵。让思想品德教学贴近生活、回归生活，让思想品德课课堂生活化。这样的课堂，才能使每一个生命体在教学中闪耀智慧的光芒，建构起知识大厦，促进每个学生生命健康成长。

二、思想品德课教学如何实践“生活化”教学模式

以下是本人教学实践中的几点认识，供各位同行借鉴参考。

1. 前提是教师定位由“权威”转为“平等者中的首席”

新课程标准把学习看成师生交往、积极互动、共同发展的过程，它要求师生之间通过交流、沟通、合作的方式分享彼此的思考、经验和知识，丰富教学内容，求得新的发展，从而达到共识、共享、共进，实现教学相长和共同发展。教师要注重与学生的相互沟通，要尊重学生的话语权，鼓励学生发表个人意见，特别是与他人不同的意见。教学交往中的沟通常常需要借助“对话”来实现。这里的“对话”，不只是言语的应答，它强调的是双方的敞开和接纳，是一种在互相倾听、接受和共享中实现融合互通，共同完成教学活动，使知识在对话中生成，在交流中重组，在共享中倍增。在初中思想品德教学中，为了使教学更加贴近生活化，我们必须要加强师生之间的相互沟通交流，通过师生之间的沟通交流，教学过程中通过意见的交换，思想的碰撞，师生之间、同学之间进行合作探讨，从而实现思想品德知识的共同拥有。课堂变成了每个学生发挥的舞台，让学生在教学中将自己对思想品德知识的认识，特别是一些创新的认识，通过交流，互相学习、互相进步，不仅实现了知识的相互学习和促进，还发挥了学生的积极性和主动性，促进学生探究学习，使思想品德教学与生活走得更近。

教学实践证明，生活化的师生关系是进行生活化教学的前提条件。只有师生平等友好地相处，在教学过程中师生才能相互尊重和配合，营造出民主和谐、轻松快乐的教学氛围，从而使学生在思想品德课的学习中产生愉悦感，提高教学效率。

2. 策略是创设生活情境，引导学生体验感悟

美国教育家布朗认为：“学习的环境应该放在真实问题的背景中，使它对学生有意义。”这里的“真实问题”显然是学生的生活实际。只有把教材内容与生活情境有机结合起来，使教学知识成为学生看得见、摸得着、听得到的现实，让学生感受到生活化的教学，才能激发学生的学习兴趣，引导学生通过联想、类比，沟通从具体的感性实践到抽象概括的道路，使学生加深对新知识的理解，学到解决问题的策略。组织生活化的教学活动模拟生活，选取与课堂教学内容有内在联系的、贴近学生生活实际的、真实的、典型的、有代表性的材料；引导学生参与教学活动，使课堂教学更加接近现实生活，使学生如身临其境，加强感知，激发思维。在这样的活动中，学生的认知有展现的过程，情感有渲染的过程，意志品德有分析评价的过程，行为实践有亲自体验的过程，这些过程都有利于促进学生主动发展。让学生在“做中学”“用中学”，学生在课中所学的道德知识又在日常生活的真实情境中去感受、体验，得到巩固、深化，从而内化为自己的行为，变成自己的精神财富。如果教师只是照本宣科，学生充其量就是把它记住，二者的效果是截然不同的。

教学活动的形式是多种多样的，可以包括开展主题探究活动、小组讨论、辩论比赛、情景表演、知识竞赛、参观考察、开展采访、调查、访问等。教师应鼓励学生走出课堂，走向校园、走向家庭、走向社会。活动在思想品德课堂上具有无可替代的地位。丰富多彩的课堂活动和课后的实践活动，让思想品德课堂更生动，更具有魅力。课程源于生活。生活的每时每刻、每一事件、每一环节都具有教育意义，生活处处是课堂。思想品德课教学如果割断了学生与社会生活的联系，不关心人的日常生活，不关心人的精神世界，不关心真实的生活问题，它将是空洞的、抽象的、苍白的。因而教学应从生活中来，再到生活中去，这样才能让学生“在生活中体验，在体验中感悟，在感悟中成长”。

苏霍姆林斯基说过：“在人的心灵深处，都有一种根深蒂固的需要，这就是希望自己是一个发现者、研究者、探索者。”初中思想品德课教学必须坚持“从生活中来，到生活中去”，通过联系学生身边的生活，联系活生生的社会现实，让学生用眼去观察，用心去体会，逐步发现、研究和探索，形成正确的情感、态度和价值观念，再用以指导学生的学习和生活。这样，才能使思想品德课成为学生喜欢的、真实有效的生活课程。

总之，课堂教学生活化，体现了新课程改革的理念，体现了新课改的精神。生活赋予思想品德课教学丰富而又深刻的内涵，生活也能成为思想品德课教学的最大动力。生活化教学给思想品德教学涂上了“七色彩虹”，让学生在真实、生动、思考、体验中获得了知识，增长了能力。生活就是源源不断的活水，教师要善于观察生活，整合教

育资源，密切结合学生实际，借助现代信息技术，向着生活化、个性化、人文化的方向开拓创新，让思想品德课的课堂焕发出永恒的生命活力。

参考文献

[1] 鲁洁. 回归生活[J]. 小学教育，2003（17）：6-10.
[2] 教育部基础教育司. 中学政治课程标准[S]. 北京：人民教育出版社，2002.
[3] 杜威. 道德教育原理[M]. 王承绪，等译. 杭州：浙江教育出版社，2003.
[4] 苏霍姆林斯基. 给教师的建议[M]. 2 版. 杜殿坤，译. 北京：教育科学出版社，1984.
[5] 韩震. 思想政治课教学[M]. 北京：北京师范大学出版社，2005.

浅析思想品德课评价改革彰显的发展性

杨精密

摘要： 本文针对初中思想品德课发展性评价方式展开讨论，结合中考终结性评价改革，从开卷考试的背景、开卷考试的特征、开卷考试的意义三个方面进行阐述，提出了自己的观点和做法。彰显的发展性促使教学以学生为主体，积极引导学生参与，使知、情、意、行得到主动、和谐地发展。

关键词：评价改革　发展性　教学　探索

在重庆直辖的第十个年头，我市初中毕业生学业考试暨高中招生考试又出了“新招”。思想品德课的考试方式首次改为开卷。这是近年来重庆中考改革不断深化的又一个举措，意味着思想品德课教学已真正把《思想品德课程标准》要求的“情感、态度、价值观，能力，知识”三维目标落到实处。为今后的思想品德课教学工作指出了新的方向，今后教学改革必须加强教学的开放性，关爱学生，培养创新精神和实践能力。

一、开卷考试实施的背景

1. 顺应全国课改新形势的需要

从全国课改实验区来看，思想品德学科的评价形式多种多样，如描述性的评价、成长记录袋、考试等。开卷测试是一种大的趋势。我市思想品德学科的中考评价方式首次实行开卷考试，就是顺应这种时代潮流的必然产物。

2. 基础教育内涵发展的重要举措

目前，我市义务教育阶段学生的入学问题解决得比较好，“有书读”的问题又变成了“读好书”的问题。市政府提出在2010年要在全市普及高中阶段的教育，本着解决广大家长的迫切需要和为学生的终生发展服务的思想，所以思想品德和历史学科的评价向开卷的方向迈进。

3. 考试改革的重要举措

课程改革纲要对考试改革的规定“在已经普及九年义务教育的地区……完善初中升高中的考试管理制度，考试内容应加强与社会实际和学生生活经验的联系，重视考查学生分析问题、解决问题的能力，部分学科可实行开卷考试。”初中思想品德和历史学科开卷，物理化学调整了分值，体育计入总分，这些都是为了减轻考试过分强调选拔的功能，评价的目的是促进学生发展，帮助他们形成正确的世界观、人生观、价值观，突出情感、态度、价值观，能力，知识的三维目标。

二、开卷考试呈现的特点

在初中思想品德“一纲多本”的情况下，开卷考试强调以课程标准为准，在考试说明范围内重视对教材知识的理解，突出主干知识；强调让学生做负责任的公民，通过试题引导学生过积极健康的生活，注重考查学生实践探究的能力。通过创设情景，渗透对学生的关爱之情。其特点是以开放性的主观试题为主，要求学生对试题提供的或需要的信息，能够自己采集、选择、加工、处理。在注意考查基础知识、基本技能的同时，强调以能力立意，增强试题的人文性、综合性和实践性，重视学生情感、态度和价值观的考查，重视创新精神和实践能力的培养。

首先，命题的开放性。

开放性试题的设问较为宽泛，往往给学生留有一个较大的思维和答题的空间。如雷雨天气的自我防护、响应全国亿万学生的阳光体育运动等，从试题的编制情况看，开放性试题一般选择社会现实生活中的时政热点与教学内容中相关知识点的交叉点作为载体，紧扣交叉点命题，贯彻理论联系实际原则，为考生多角度思考问题和创造性解答问题提供了可能。

其次，答案的多元性。

开放性试题的答案往往有两个或两个以上，呈现出多元化的特征。考生答题时只要符合要求，言之有理即可。这样一来将极大地鼓励学生充分发表自己的见解，有助于学生创造性地发挥。如最近几年反复出现的根据漫画寓意运用所学知识自己提问，自己回答的题目，答案多的有几十种。

再次，评分的采意性。

答案的多元性客观上要求改革以往评卷时要遵循“采点给分”的原则。评分的采意性则要求对答题的评价应着眼于考生政治立场、观点是否正确，运用知识是否恰当，阐述是否合乎逻辑，文字表达是否准确，切忌死记要点、死抠字眼。例如：为重庆直辖今后的发展提出建议等，这种评卷方式符合开放性题目的新要求，避免了题目灵活而答案僵化的现象，有助于命题改革的顺利进行。

最后，答题的可选择性。

除试卷继续分为课改实验区和非实验区外，其他题目都是要求必做的。在必做部分也可以选择题目做，如三问任选两问作答均可，体现了水平性考试不与学生为难，真正给予学生以人为本的关爱。

三、实行开卷考试的意义

首先，为了更好地减轻学生过重的课业负担。

从 2004 年开始，中考思想品德学科的闭卷考试中增加了大量的开放性试题，实际上对当时的课改实验区来说就是一种明确的导向。以前在不少老师和学生眼里，政治课无非就是背。为了应付考试，学生不得不“上课画条条，下课背条条，考试考条条，考后全忘掉”。为了取得好成绩，学生不得不花大量的时间去死记硬背，很少理解和运用知识分析现实生活，解决现实问题。

采用开卷考试，学生不必花很多时间去死背书，而是通过老师启发引导，学生积极参与，对教材进行讨论分析并得出结论，或用现实生活来验证结论。使课堂教学的方式不再封闭，在教学预设和课的生成方面都有了开放的空间。这就大大减轻了学生过重的学习负担，有利于促进学生能力的培养。同时，实行开卷考试，学生可以带书本进考场，在一定程度上缓解了学生考试时的紧张心理状态，在根本上减轻了学生过重的心理负担。

其次，开卷考试有利于学生培养能力，提高素质。

传统考试重知识轻能力，重理论轻实际，学生往往把主要精力放在死记硬背上，无论是理解的还是不理解的都要背下来，这种机械记忆既不利于学生能力的培养，又不利于学生全面素质的提高，还挫伤了学生学习的积极性。

实行开卷考试，由于注重对学生能力的考核，试题大多在教材中找不到现成的答案，而要求学生在掌握基础知识的前提下，具备较强的审题能力、理解能力、分析能力、综合运用能力、书面表达能力和创新思维能力等。这就迫使学生改变过去的不良学习方法和习惯，更注重知识之间的内在联系，以及对知识的理解和运用，使他们平时关心身边的小事和国内外大事，收集与教材有关的资料，扩大视野。没有现成答案的束缚，更有利于培养学生的创新能力。

最后，开卷考试有利于调动教师的积极性，促进思想品德课教学方法改革。

由于受传统应试教育的影响，许多教师往往认为，思想品德课无论采用什么方式进行教学都比不上一个“背”字，教学墨守成规，方法陈旧。实行开卷考试，意味着政治课不是靠背的，而是靠能力、靠水平来解决问题。教师作为教学的组织者和促进者，要理清知识的内在联系，融会贯通，以培养学生理解、归纳问题的能力；要坚持理论联系实际，引导学生参加社会实践，关心国内外大事，提高运用所学知识分析和解决实际问题的能力。这就迫使教师不断改进教学方法，注意启发式教学，充分发挥教师的主导作用和学生的主体作用，调动学生学习的积极性和主动性，构建和谐的课堂，并引导学生参加社会实践，从而达到学以致用，教人做人的目的。

总之，思想品德课评价方式的改革是从根本上落实素质教育，减负提质的重大举措。它关注学生发展的全面性，注重过程，倡导评价的多元化，不仅有利于培养学生运用知识分析社会生活的能力，培养学生的创新精神，学会在生活中学习；而且对思想品德课的教育教学产生了深远的影响。我们在要求学生提高能力的同时，对自己也要提出更高的要求，始终以促进学生发展为根本宗旨，不断改进课堂教学方法，坚持启发式教学，学会在生活中备课，提高驾驭课堂教学的能力，把培养学生的创新精神和实践能力作为自己义不容辞的责任。

参考文献

[1] 周卫勇. 走向发展性课程评价[M]. 北京：北京大学出版社，2002.
[2] 彭栋明. 思想政治课优化教学的理论和方法[M]. 香港：中华出版社，2000.
[3] 唐晓杰. 课堂教学与学习成效评价[M]. 南宁：广西教育出版社，2001.
[4] 比尔・约翰逊. 学生表现评定手册[M]. 李雁冰，译. 上海：华东师范大学出版社，2001.

中职升学班教育教学工作体会

杨丽娟

在过去的工作中，我曾数度承担了中职升学班的班主任工作和专业课的教学工作。在学校的总体部署下，科任教师团结协作，齐抓共管，师生共同配合，我所带的班级不仅均达到了高职高考的目标，还取得了较为突出的成绩。下面我就结合自己在工作中的实际来谈谈体会。

一、教学方面

1. 转变学生的观念，树立明确的学习目标，变“要我学”为“我要学”

在就业和升学的道路中，中职学生已经做出了明确的选择，针对中职学生憧憬大学的心理特点，我首先开展的是对学生的理想和前程教育，使学生明确奋斗目标，以积极乐观的态度面对中职升班的学习生活，同时让学生意识到中职将面临的任务和挑战，使他们摆脱之前的幼稚和盲目。以明确的学习目标为驱动力，趁势激发学生的求知欲，使学生从“要我学”逐步过渡为“我要学”。

在教学过程中，我不仅采用了灵活多样的教学方式，激发学生对专业课的学习兴趣，还十分注重给予学生积极的评价，比如，对优等生，采取“赞许+高要求=更完美”，让他们懂得没有最好，只有更好，永葆探索的兴趣；对较差的学生，我努力发现他们完成得好的方面，充分加以肯定，提出符合他们能力的要求，使人人都能获得成功的体验，从而提高学习兴趣。

此外，我还给学生介绍一些成功个案，采用主题班会、新老生经验交流、找学生谈心等形式解除学生的心理症结，走进学生的心灵，激发学生不甘落后的自尊心，坚定“我要学”的信念。

2. 切实打好基础，培优补差保多数

在教学中，我确定的目标是“培优补差保多数”。

“保多数”是在授课过程中，主要针对大多数成绩位列中间段的学生，定位于打好基础，巩固学生的知识要点。为此，首先，我采取了课前集体听写、默写，课后个别抽背、练习的方式，使学生的基础逐渐巩固。其次，要求学生在做题前，认真审题；做题时，细致准确；做完后，归纳总结、查漏补缺，以此培养学生良好的答题习惯。在教学中，针对学生普遍感到困难的知识点花大力气突破。而对学生每次检测的情况

都要进行详细分析，有的放矢地进行讲评，以此提高教学效率和复习效果。

“培优”的关键在于培养能力，包括独立思考能力、分析理解能力、逻辑推理能力等，使成绩名列前茅的学生学会“自主探究式”学习方法。

“补差”的关键在于激发学生的兴趣，打消他们的自卑感和厌学情绪，因此我用爱心感化他们，从正面引导他们，用成功鼓励他们。“补差”的重点是补基础，可以适当降低教学要求，使其掌握最基础的知识，力保不该丢的分不丢。“补差”的过程要由浅入深，循序渐进，需要具备耐心，不可急于求成，态度也要诚恳，不可半途而废。

3. 注重知识点的强化，落实知识点与知识点之间关系的梳理，要求学生动手笔记

在日常教学中，我注重对各部分知识中的重难点进行解析，把学生感到似曾相识又未能真正掌握的知识进行解剖和强化，逐个击破疑点、难点，使学生建立起牢固的知识结构，形成系统的知识网络。我要求班级的每个学生常备专属于自己的“掌中宝”——方便随身携带的小笔记本，随时随地可将自己遇到的各种疑难问题、知识要点等重要教学信息记载其中，以复习记忆、查漏补缺。每个学生的“掌中宝”均具有个人特色，无法抄袭和复制，都是根据自身学习过程中遇到的问题而记载的内容，是重要测试来临前进行复习必不可少的资料。同时，我会不定期对每个学生的“掌中宝”进行抽查，以监督过程和落实效果。

4. 努力提高教学水平，做到教学有的放矢

课前，钻研教材、认真备课；课堂上，严谨展开每个教学环节；课后，坚持听课、评课，向教研组的资深教师请教，与同学科教师探讨教研，取长补短。

教学中，我非常注重分析《教学大纲》，把握高中高考动向，明确教学要求，在教学过程中，紧密结合《教学大纲》展开教学，做到有的放矢。

5. 引导学生分类展开良性竞争，促进学生学习不断取得进步

学生大致可分为三类：一类是目标明确，进取心强、成绩突出的学生。二类是思想摇摆不定，缺乏自信，时有反复的中间段学生。三类是自认为前途无望，只愿“当一天和尚撞一天钟”的学生。

为使这三类学生均有进步，我班引入了良性竞争机制，激发学生的竞争欲望，让每个层次的学生确立与之相符合的竞争目标，让同一层面的学生去竞争。有了目标，他们就会努力，努力必然会有结果，结果又会新增信心，信心为争取新的成功提供了动力。如此循环往复，促使学生超越自我，一次一次不断进步。

6. 教会学生应试技巧，加强学生的应试心理

为培养学生良好的应试心理，消除紧张情绪，首先，我非常注重与学生谈心等多样化的沟通交流形式，畅通和学生的交流渠道，使学生认同自己；对学生进行高考心理训练，帮助他们排除消极的心理，使之充满信心。其次，让学生把平时的各次考试都当作高考认真对待，培养应试心态，做好考后总结。再次，在平时的考试中，让学生结合自身情况运用一些“考试技巧”，严格训练，不断固化，最终形成模式。“考试技巧”包括放松与冷静，顺序解答，“柿子要拣软的捏”，总揽全局，惜时如金，只管耕耘、不问收获，考前一夜安静睡等。

中职升学年级是教育教学工作中十分重要的一个阶段。在教学工作中，我会根据每年的考后总结，积累经验，反思问题，从而使自身教学水平得到有效提高。同时，我也鞭策自己不断地加强自我学习，主动交流“取经”，取长补短，探究创新，以提高自身业务水平。

二、教育方面

个人认为，作为班主任，怀揣一颗真正爱学生的心，是班级管理出成效的前提。在此基础上，不妨从下列方面展开有效的班级管理。

1. 狠抓落实常规管理，构建和谐班级，打造优良班风

（1）“一点一点”习惯的培养。在班上，我们提倡“早上起床早一点，读书时间多一点；吃饭洗漱快一点，学习时间多一点；废话闲聊少一点，成绩提高快一点”。长此以往，多数学生在一个个“一点”“一点”中潜移默化地养成了良好的学习和生活习惯。

（2）对学生的生活管理，从细节抓起，教会学生合理利用时间，提高学习效率。我深入“寝室—食堂—教室”来观察留意学生的身体状况、心理状况、学习状况，饮食结构、营养问题，用心了解学生，进而采取与之相适应的教育引导方式。

（3）引导学生简单着装，朴素为美；教育学生真诚交友，友情可贵。从而把学生的注意力集中到学习上，避免学生的注意力发生偏移。

（4）组建一支敢抓敢管且具有正气的班干部队伍，为正班风、兴学风起到榜样作用。

（5）强化团队意识，增强班级凝聚力，让学生深感团队的正能量和向上精神，让优秀的团队氛围影响带动问题学生和后进生，使其自发提升自我，在团队正能量的带动下迅速得到多方面的进步和提高。

（6）培养学生吃苦耐劳的意识和勤奋学习的精神。

2. 多渠道地营造学习氛围，建立班级良好的学风

我通过多种方法，多渠道地调动学生的学习积极性，营造学习氛围，建立良好的学风。

（1）目标激励法。要求每个学生给自己制定目标，包括学习成绩、学习榜样、理想大学、座右铭都写到一张小卡片上，再贴到自己课桌最显眼的位置，让学生明确目标，时刻铭记目标。

（2）表彰鼓励法。每次月考后，都要对优秀学生和进步显著的学生进行表彰奖励，同时，切记不能忘记帮助落后的学生分析原因，并适时对其鼓劲打气。

（3）小组学习法。划分学习小组，合理安排座位，组织“一帮一”学习互助。

（4）寝室竞赛法。强调寝室内的学习气氛，以点带面，由个体带动小团队，开展寝室学习竞赛，由小团队带动大群体。

3. 正确看待和理性评价学生，爱字当头，严中有爱，爱而不溺

第一，要学会换位思考。设身处地从学生的角度、位置、环境去看待、理解和处理事情，领悟学生的所思所感所为，给予学生同等的关注。让学生切身感受到师生平等，同时，在老师心目中生生平等。说实话，喜欢好学生容易，而喜欢经常惹麻烦的学生确实有点难度。但我们必须清楚地认识到，我们面对的是正在成长、需要教育引导的学生，学生成长路上谁都会犯错，所以，我们教师不能歧视任何一位学生。对待学生问题，一律对事不对人，不得以成绩的优劣来判定学生犯错处罚的轻重。

第二，懂得欣赏和鼓励学生。班主任要用欣赏的眼光看待学生的每一个想法、每一次发现，发现他们的可圈可点之处，挖掘闪光点，适时给予学生鼓励和认可，并把握时机提出新的期望和要求。

第三，真诚地给予爱心投入。说到投入爱心，需要教师耐心、真诚、不吝啬时间发自内心地付出，这就需要班主任老师多与学生交心、谈心，既可以采用口头交流的形式，还可以采用文字交流进行，通过有效的交流，使之觉得老师在乎他、关心他和信任他，确立平等的师生关系，变学生被动接受管理为主动自我管理。

第四，因势利导、以情动人。用真诚和鼓励，唤起学生的自信，让学生在丰富多彩的活动中体验成长、感受进步，走出自卑的心理阴影，感受自身价值得以实现的愉悦和幸福。

4. 顾全大局，协调好各任课老师和各学科之间的关系

顾全大局，协调好各任课老师和各学科之间的关系，寻求家长的支持和配合，督促学生多下功夫，并要求学生各科兼顾，形成一种班主任、任课老师和家长协同作战，齐抓共管的局面。

中职升学班的教师，尤其是作为一名班主任，要理性地认识和分析中职学生的情况，必须客观认识到中职学生的生源状态：中考失利的学困生，父母离异、无人监管的问题学生，家长常年在外打工无暇顾及的空巢家庭学生，家庭经济条件十分困难的学生……要正确教育引导这部分学生，再将他们送入高职院校甚至本科院校进行学习，如果说没有压力，那是假话。但每每看到一个个曾经走错路的孩子迷途知返，一双双迷茫不知所措的眼睛透露出坚定的人生目标和正能量，一张张曾经自甘堕落、不知进取的脸庞充满自信的微笑时，中职升学班班主任身上的压力反倒变为努力工作的一股动力，一股帮助和推动学生进步和前行的动力。

我工作时间不长，却不自觉地养成了一些习惯：从早上踏进校门到晚上离开学校，脑子里只能容纳关于学生的点点滴滴，其他与工作无关的事情一概记不起来。很多时候，我要亲眼看着学生安静地开始上晚自习后，才能放心地走出校门。凡是班里出现了学生问题，只要当天能解决的，我绝不留到第二天。久而久之，学生与我感情融洽，配合默契，与我一起度过了风风雨雨，总能在雨后看见彩虹。当一个个学生收到来自高校的录取通知书时，笑着跳着与我分享他们的喜悦之时，就是对我付出最大的回报。

有人曾问我："你不累吗？"其实，我觉得这些已经成为我们中职教师的一种习惯，这种累过之后的快乐和收获，是属于我们中职升学班教师的专属体会。

现代化信息技术下的分层高效课堂
——以正弦定理微课应用为例

张皓菊

【摘要】微课是指以视频为主要载体记录教师围绕某个知识点或教学环节开展的简短、完整的教学活动。本节课根据学生知识储备量的多少进行分组，教法上采用分层教学法，在学生分层自学微课的基础上，学法上采用小组合作互助探讨与选择性学习法——选择建立在自己现有知识储备上的教学内容与方法进行学习。让学生在问题驱动下结合现代化信息技术，通过微课与现实课堂的学习，经历正弦定理的发现—猜想—证明—应用的过程，较好地培养了学生的数学思维能力、综合运用知识的能力，激发了学生的学习兴趣，凸显了微课这一新兴教学资源对于建设高效课堂的作用。

关键词：分层教学　互助探讨与选择性学习　正弦定理

微课是信息技术和媒体资源高速发展后，运用于课堂教学中的一种全新的教学策略和手段，主要围绕某一具体的知识点、鲜明的教学主题或学生认知存在困惑的地方，借助微教案、微视频等开展精简而相对完整的教学活动。微课不受时间、地点的限制，对学生个性化的自主学习、小组合作互助学习都有着积极的促进作用。笔者以北师大出版社出版的中职《数学》（拓展模块）第一章第三节“1.3 解三角形”第一课时——正弦定理为例，浅谈微课的应用策略。

首先，谈一下设计这堂课时我面临三个问题。

第一个问题是学生的认知结构参差不齐。课前通过问卷调查发现，我授课的 15 级信息技术部高职 2 班 36 个学生对本节课的数学知识掌握情况如下：初中三角函数定义掌握人数占上课人数 56%、向量的定义与性质掌握人数占上课人数 22%、初中平面几何知识掌握人数占上课人数 50%，特殊角的三角函数值掌握人数占上课人数 61%。面对学生认知的差异，在课程设计中应如何处理来解决这个问题呢？

第二个问题是课堂信息量大。本节课在知识上要求学生理解并掌握正弦定理的证明，运用正弦定理解三角形。在能力上要引导学生探索正弦定理的证明过程，用归纳法得出结论，并能掌握多种证明方法，让学生感受数学公式的整洁对称美和数学的实际应用价值。那么，如何在短短的课堂 40 分钟解决这个问题？如何给予学生更多的独立思考的时间与空间呢？

第三个问题是中职学校的学生不应只注重知识的表面学习，即只停留在记住公式、会做题的层面，这样会使数学知识离学生的生活与思维越来越远，不利于学生数学能力的培养。而应在文化课中应用专业知识解决生活中的数学问题，激发学生在课堂上的主动性和参与性，让学生“在经历中体验”，让生活、专业、学习多元化结合，让学生真切地感受到学习来源于生活、应用于生活。那么，如何让学生“学会”知识，更让学生“会学”知识、会用知识呢？

经过对教材、学情、教学目标和重难点的分析，通过思考调查探究，我决定在现代信息技术的辅助下结合微课实施分层教学来解决面临的问题。

根据教材内容分析，考虑学生已有的认知结构、心理特征及原有知识水平，不难发现，在证明正弦定理环节，如果使用向量的方法来证明推导正弦定理，对于这个班级的学生来说只有少数的 8 个人能懂；如果利用初中三角函数和平面几何知识各有 20 人和 18 人能懂。如果想要面向所有学生授课，针对不同学生采用不同方法证明，只有因材施教，分层教学，才能达到更好的教学效果。因此，可在课前微课的设计中紧扣学生预习环节，通过课前指导让学生根据最近发展区理论，学会根据自己现有的知识来选择恰当的学习内容与过程，培养学生正确认识自我、量力而行的情感态度价值观。

因此，在课前微课的设置上，我通过微课教学分层施教，我把 36 个学生分成了三类，第一类：A、B 组同学观看完整课前微课，对外接圆法、向量法、作高法、面积公式证明进行学习探索。第二类：C、D、E 组同学只观看作高法、面积公式证明部分的微课视频进行探索。第三类：F 组同学直接跳过证明观看“正弦定理和面积公式的记忆法”微课视频。通过这种微课分层学习，让不同知识结构的同学完成课前预习思考的任务。

其次，微课就是为课堂教学服务的，为了在短短一节课 40 分钟帮助学生构造数学现实，并在此基础上发展他们的数学现实，我带领学生由微课到课堂，步步深入，探究正弦定理这个新知从何处来，到何处去。这正是从学生思维的“最近发展区”出发设计教学，利用微课这种新方式搭建起独立思考、求真务实、勇于探究的思维平台。有了课前微课的预习和课后微课的复习，已经把 40 分钟进行了多次扩充，特别是课后微课中的课堂例题，可以考查学生对本节课知识点的运用。在正弦定理的应用中，正弦定理公式主要用于两种情况，一是已知两角和任一边解三角形；二是已知两边及其中一边的对角解三角形。在课堂上给出的两道例题中，例 1 简单，结果为唯一解；例 2 较难，要使学生明确利用正弦定理求角有两种可能，要求学生熟悉掌握已知两边和其中一边的对角时解三角形的各种情形。有的同学课堂上听老师讲解一遍就会了，有的同学接受能力较差课堂上不能当场吸收。为此设计课后微课供课堂上没有掌握的同学课后学习是非常必要的。

最后，在教学中应让学生感受到正弦定理是源于生活、用于生活的数学知识。在知识上，它是初中阶段学习的“解直角三角形”的延伸与拓展；在内容上，它与前面学习的三角函数与向量紧密联系；在形式上，它非常能够体现数学的美感；在应用上，它与实际生活息息相关。因此，在本节内容上结合微课进行教学对于学生来说是合适的，它有助于数学知识与思维在学生头脑中自然地生长，使学生真正地理解数学知识。对于微课，我们应让它真正走进学生，融入课堂，充分发掘它的作用与优势，让微课在教学的各个环节发光发热，帮助学生更好地学习。

弗赖登塔尔在《作为教育任务的数学》一书中强调，“数学起源于现实”“数学教师的任务之一是帮助学生构造数学现实，并在此基础上发展他们的数学现实”。感谢现代化信息的发展，让现在的教师可以利用微课这种新方式搭建起独立思考、求真务实、勇于探究的思维平台。另外，在教学中还可以充分利用 Excel 强大的计算能力进行正弦值的计算和验证结果，从而使学生在证明正弦定理时手脑结合，真正“以人为本”地有效教学。对于练习，可让学生手机拍摄习题解答步骤进行展示，因为最好的教学资源来自学生，学生出现的问题正是本节课知识没有落实好的点，所以及时发现学生问题并用手机照相记录，再传到计算机，利用大屏幕展示是一种很好的教学方法，是信息化带给课堂教学的新形式。

总之，在这次正弦定理的授课中我深切地感受到，信息化教学环境下的中职数学教师只有转变教学的思维模式，才能够更好地融入教学中，让学生和老师一同体验微课教学模式的现实优势。微课教学的开展能够为数学实验教学效率和质量的提高提供支持和保障，能够提高各种教学资源的利用效率，并激发学生学习数学的热情，提高其学习主动性，为学生构建一个科学的自主学习平台，达到提高学生思维能力和逻辑能力的目的，应用效果明显，应用价值很高。

利用现代化信息技术结合分层学习从而达到高效课堂的目的，是一次不错的尝试。但课后，通过学生的运用反馈也发现了不足。例如，学生提出将课前微课中的几种证明方法和课后复习中的 3 个例题独立成多个微课可以方便选择学习，提高微课学习效率。我觉得是一个不错的建议，可以在日后探究一下这种选择模式下的课堂。

随着时代的进步，传统的课本教学已不能适应现代化信息时代的教学模式。作为教育工作者，我们要利用现代化信息技术，全面提升学生的学习兴趣，根据学生情况量身打造适合他们的教学模式，让课堂的容错率达到最优化。

五字真言：新、趣、活、实、美
——一堂公开课后的感悟

张皓菊

公开课作为一种教学行为的研究方式和手段，为的是研究课程教学设计和组织的策略、方式，以提高教师课堂教学的设计、组织和评价能力，提高教师的专业素养，提高教学质量。上公开课是当前促进新课程改革的一个有效形式。作为一名年轻教师，上公开课更是促进自己成长的一个良好途径。上学期，在教研组的极力推荐下，我参加了学校青年教师优质课大赛。经过一个月的精心准备，我认识到能够把握一节成功公开课的特点，是上好公开课的前提，一节成功的数学公开课应具备“新”“趣”“活”“实”“美”五个特点。

一、新

新要求教师的观念要新、思路要新、手段要新。第一，观念新——树立先进的教育教学观念。教师的教育教学观念决定着教师的行为。对职高数学教师来讲，树立新的教育教学观念，主要是要有新的学生观念、新的教学观念、新的教师作用观念。一是新的学生观念。数学教育应面向全体学生，这个理念通俗地说就是四句话，即每一个学生都可以学习数学，不同的学生学习不同水平的数学，允许学生以不同的速度学习数学，学生可以用自己的方法学习数学。只有这样，学生才能各尽所长、各用所长、各得其宜。职高学生良莠不齐，在教学中更应注意新，以满足学生的不同需要，让立志高职的学生在新中掌握数学要点，也让准备就业的孩子在新中掌握社会要领。这应是教师实施整个数学教学活动的思想基础。二是新的教学观念。主要是树立让学生在活动中学习、在合作交流中学习、在不断“反思”中学习三种教学观念。一节好的数学课，教师应十分关注学生的学习过程，想方设法调动学生的感、知觉和积极性，增强学习兴趣。要充分利用各种教具，设计动手活动，尽量给学生提供更多的实验操作和实践机会，帮助感性认识向理性认识转化。要增强教师与学生、学生与学生之间教与学的互动性，在设计教学计划和组织教学时，多给学生提供合作与交流的机会，使学生由被动地听讲变为主动参与，养成既能坚持自己观点又能学习别人长处的习惯。要引导学生养成反复思考、深入研究和自我调整的习惯，帮助学生对自己的思考过程进行反思，对解题思路、分析过程、运算过程、语言的表述进行深入思考，对所涉及的数学思想方法对比选择，特别鼓励一题多解，丰富学生的思考角度和方式。三是新的师生观念。教师应主动消除师者为尊的陈旧观念，把自己摆在课堂教学的组织者、指导者和参与者的位置，变“居高临下”为“平等相处”，变“填鸭式”为“引导式”，变“为师”为“为友”，用自己的智慧引导、启发、激励学生顺利完成学习任务。

第二，要思路新——形成新颖、实用的教学思路。在同样的教材与40分钟里，教学的效果与教师的教学思路密不可分。在我设计的“另辟蹊径——反证法及其应用”公开课中，我从引入一改往日数学生硬的理论模式，通过孩子们喜爱的寓言故事《自相矛盾》引入，给人耳目一新的感觉。在例题教学中，选择引发数学第一次危机的求证：$\sqrt{2}$是无理数，给予学生新的知识。后面生活中的反证法，也选用与最新社会动态相关的讯息，给学生新的资讯。

第三，手段新——重视现代化教学手段的运用。随着信息技术在教学中的应用，“四机一幕”已经进入教室，网上远程教学优化了教学资源，投影仪等电教工具丰富了教学手段，软件教学也成为可能，会用、用好、用足这些现代化的教学工具，教学中将使教室扩大化、内容丰富化、手段多样化、过程生动化，有助于激发学生学习兴趣，突破教学难点，提高课堂教学效率。

二、趣

趣，就是激发学生的学习兴趣。“兴趣是最好的老师”，培养学生的学习兴趣，是调动学习积极性，提高学习质量的重要条件。激发学生学习兴趣，要抓好新课导入、授课过程、巩固练习三个环节。首先要在导入新课时引发学习兴趣。导入新课是一节课的重要环节，俗话说“良好的开端是成功的一半”，教学的导入就好比提琴家上弦，歌唱家定调。在“另辟蹊径——反证法及其应用”公开课中，我认为这次导入比较成功，运用活泼有趣的动画，引起学生的共鸣。提出故事中的小孩是如何揭露商人说的是假话这个问题，让学生有信心和兴趣进入这堂课。职业学校的学生，很多缺乏成功学习的信心，走好第一步很重要。好的导入能集中他们的注意力，引起学生的认知冲突，打破学生的心理平衡，使学生很快进入学习状态。其次在讲授新课时保持学习兴趣。学习本身就是一项艰苦的脑力劳动。在学习过程中，既需要学生努力，又需要对学习过程产生兴趣，即变“苦学”为“乐学”，变“要我学”为“我要学”。再次在巩固练习时提高学习兴趣。巩固练习是帮助学生掌握新知、形成技能、发展智力、培养能力的重要手段。

学生经过近30分钟的紧张学习之后，已经十分疲劳，注意力很不集中。在“另辟蹊径——反证法及其应用”公开课中，我把“趣”定位在生活中的反证法中。通过法庭中的反证法、酒店纠纷中的反证法、魏晋名士与反证法、你来当侦探这四个环节，让有趣的问题结合当日学习要点，反证法的运用展开，让学生再次进入状态。要持续保持较好的学习状态，就要设计趣味性、目的性、典型性、针对性强的练习内容，重新点燃学生的练习热情与兴趣。可以采用游戏活动的方式，或者提出一些富有思考性的问题或创设趣味数学的情境来活跃课堂气氛。教学实践中，我体会最深的就是只要抓住学生对知识浓厚的兴趣，教学就成功了大半。教师只有根据学生的年龄特点和认知水平，努力改变教学内容的呈现方式和学生的学习方式，让学生“动”起来，让课堂“活”起来，就能促使学生逐步从“学会”到“会学”，最后达到“好学”的目的。

三、活

活，就是把教学方法变活、把教材用活、把学生教活。把教学方法变活，主要是要求教师根据教学内容、教学对象、教学设备、教学资源选择不同的教法，不能生搬硬套、千篇一律。例如，在感知新教材时，以演示法、实验法为主；在理解新教材时，以谈话法、讲解法为主；在形成技能技巧时，以练习法为主。对学困生宜多用演示法、实验法；高职生多用启发谈话或引导发现法、探究研讨法；并可适当用讲解法、自学辅导法。同时，还可根据教学设备选择适当的教法。把教材用活，主要是要求教师根据修订版大纲提出的“教学过程中，教师要充分发挥创造性，依据学生的年龄特点和认知水平，设计探索性和开放性的问题，给学生提供自主探索的机会。让学生在观察、操作、讨论、猜测、归纳、分析和整理的过程中，理解数学问题的提出、数学概念的形成和数学结论的获得以及数学知识的应用”要求，结合学生的实际状况和现实特点，学会灵活地处理教材，创造性地使用教材，大胆改革教材中的不合理因素，适当增补、调整教学内容，使教学内容更贴近现实、更加有趣、更富挑战性。把学生教活，就是要鼓励学生敢于提出问题，支持学生用自己的方法解决问题，教会学生正确的思考方法，注意发展学生的潜能，并对学生作出正确的评价，创造有利于好、中、差学生共同进步的良好学习环境。

在“另辟蹊径——反证法及其应用”公开课中，我把逻辑思维的证明法和生活结合起来，就是为了让学生感受数学，犹如华罗庚先生所说那样：“宇宙之大，粒子之微，火箭之速，化工之巧，地球之变，生物之谜，日用之繁……无一不可用数学来表达。”让他们自己提出生活中反证法的例子，运用反证法解决生活难题，解决将来入职后可能面对的问题。

四、实

实，就是教学中要讲求实效，努力做到教学内容充实，课堂训练扎实，教学目标落实。教学内容充实，要求教师要合理地确定教学内容的广度和深度，明确教学的重点、难点和关键，合理安排教学的顺序。强调教学的广度和深度，主要是要求一节课传输给学生的信息量要适度。一节课的信息量过大，知识点过多，学生难以接受；而一节课的信息量过小，知识点过少，则浪费时间，不利于调动学生的积极性。明确教学的重点、难点，主要是强调在教学时要抓住主要内容，突破难点与重点，防止面面俱到、平均用力，影响重点、难点的理解和掌握。一般地说，数学的基本概念、法则、公式、性质都是教学的重点。合理安排教学的顺序，主要是要求教师在坚持教材安排的教学顺序的前提下，可根据教材的内在联系和学生的具体情况做适当的调整和更细的安排，甚至增加和补充学生需要的内容，特别是补习基础性的内容。课堂训练扎实，要求教学中要体现边讲边练、讲练结合的原则，做到练有目的，练有重点，练有层次，形式多样，针对性强，并注意反馈及时、准确、高效。教学目标落实，要求每个教师在一节课下来后，要认真总结，自我检查这节课的教学过程，看一看自己所定的教学任务是否完成，学生对学习内容是否能熟练应运并融会贯通，达到教学相长的目的。

在“另辟蹊径——反证法及其应用”公开课中，我抓住当节教学重点：理解反证法的推理依据，掌握反证法证明命题的方法和反证法证明题的步骤，从导入、深入、练习、扩展，层层深入，让学生在新、趣、活下掌握基本要领，打好基本功。数学学习不仅仅是单纯的知识学习，更应注意深刻领会蕴含在数学知识中的数学思想方法。数学学习是逐步深入的，新知识是建立在旧知识的基础上的，要学会把新知识转化为旧知识来复习。这样才能让学习活起来，课堂活起来。

五、美

美是人人向往的，博歇曾说过：更把数学视为艺术，而不是科学。当受外部的理性世界所引导，而不是被控制时，数学家不断地进行创造性的活动，与一个艺术家、一个画家的活动相类似，有着实在的，不是虚幻的相似点。数学家这一方面的严密演绎推理可以比喻为画家的绘画技巧。恰如没有一定技巧的人不能成为一位好画家一样，没有一定的精密推理能力的人不能成为一位好的数学家。但是，画图技巧与推理能力，并不是成为画家与数学家最重要的因素。想象力才能造就一名杰出的艺术家或杰出的数学家。

公开课中的美应体现在：语言美、教风美、板书美。教师的工作主要依靠语言的表述进行交流，这是教师劳动的一种特殊方式。语言是人们交流思想感情的工具，但是在教学中，教师的语言不只是为了交流思想，更重要的作用是传授系统的科学知识。良好的语言表达能力有时甚至比专业知识还要重要。在“另辟蹊径——反证法及其应用”公开课中，我将《世说新语·雅量第六》中一些浅显的古文融入教学，似乎学生很享受这种结合的美感。总之，语言的表达力是教师的重要基本功，要在教学实践中自觉地磨炼。课前要结合教学内容，认真思考与组织好课堂教学语言，课后要及时小结语言运用的成功与不足。应意识到，每一节课都是一次语言表达能力的实际锻炼。只要有意识地加强语言修养，并注意向其他教师学习运用语言的艺术，日久天长，定会形成自己的语言风格。教学中注意把和谐的师生关系带进课堂，课堂教学中积极提倡：答错了允许重答，答得不完整的允许补充，没有想好的允许再想，不清楚的允许发问，不同意见允许争论，教师错了允许补充，甚至必要时允许学生不举手自由发表意见。课堂上鼓励学生敢于提出问题，善于提出有价值的问题，并能解决各类问题，特别是能解决许多实际问题。教学中要欣赏学生，适时地鼓励学生；结合学生已有的知识和生活经验，精心设计教学过程，使学生既学到知识，又培养了主动获取知识的能力。为学生创设成功或失败的情感体验氛围，培养学生克服困难的勇气和毅力。教态自然大方，和蔼可亲。板书是一种书面语言。教学过程中，教师在黑板上书写的文字、符号，画出的几何形体、简笔示意图，以及配合教学需要粘贴的纸条、挂图等都属于板书。它是课堂教学的有机组成部分，与教师的口头语言相互配合、相互补充，各司其职、各尽其能。成功的板书是教师结合教学内容与教学的实际情况精心构思出来的。我认为这节公开课在板书上还要下些功夫，过多依赖于多媒体，是这节课的一个问题。

我想，一堂好课，不应过分追求讲授技巧的滴水不漏、教学环节的天衣无缝、细枝末节的精雕细刻，而应在先进的教育理念指导下，面向全体学生，关注学习过程，注重学用结合，着眼全面发展，使学生真正成为学习的主人。能准确把握这五个特点，并在教学实践中加以应用，必将有助于数学教师上好公开课，促进平时的课堂教学，提高教学质量与水平。

职高数学　和谐教学

张皓菊

和谐，意即配合得当，和谐教学就是指将教学目标、教材内容、教学方法、学生学习等教学因素有机地结合在一起，使之成为一种高度平衡协调的动态组合和完善的整体。在和谐教学中，教师的教和学生的学相互适应，形成双向交流，从而产生最佳结合点。

因大部分职高学生数学基础薄弱，学习能力低下，兴趣较少，毅力不强，职高数学教师大多会面对这种窘状：班里学生从开学初的“都抬头”逐渐到“部分低头”，到最后的“小部分趴在桌上”。那么，怎样实现教学和谐，让学生“乐于抬头”，能看到“一片晴空”呢？

我们可以从和谐根雕原理中来感悟一下：弃之荒野的树根是无用的废料，然而到了根雕艺术家手里，经雕琢就成了艺术品。这种加工不仅使树根具有了艺术价值，还提高了它的社会价值、经济价值。

其实，教师就是一位艺术家，教育就是一位艺术家加工艺术品的过程。很多教师可能在感叹“现在的学生是怎么了？”“学生真是一届不如一届！”其实我们应更多地思考怎样去创造适合学生发展的教育，而不是选择适合教育的学生。教师应树立人人都能成才的学生观，以欣赏的眼光看待学生的优点，以发展的眼光看待学生的缺点。可能经过我们加工的“艺术品”不一定有很高的价值，但要相信它们至少会有价值，而不是“弃之荒野”，任之“腐朽”。职高学生缺乏学习动机及学习兴趣，没有恒心，没有良好的学习习惯，没有有效的学习方法，惰性大，若对他们嫌弃、斥责、批评或挖苦，不但不能使他们得到应有的关怀，而且会损伤他们脆弱的自尊心，容易引发他们的逆反心理和对抗行为。久而久之，学生会因为不喜欢数学老师而不喜欢数学。列宁说过：没有人的情感，就从来没有也不可能有对真理的追求。教师对学生的爱是开启学生心灵的金钥匙，在教学中，只有对每一个学生倾注满腔的爱，真正为学生创造一种乐学的环境，学生才能充满信心，积极学习，才能愉快地参与到知识构建过程中。

我从以下几个方面谈一谈如何适应学生的不同需求，使共性教育与个性教育相结合。

（一）在动手操作中尝试和谐

认识来源于实践，来源于改变对象的“转变活动”。学生是课堂教学的主体，学生的实践活动既是形成和发展学生情感的重要途径，又是学生情感丰富的源泉。因此，在教学中，要让学生积极地参与到教学实践的全过程，并在这一过程中使学生产生对知识学习的成功体验，进而主动地探求知识和掌握知识。

例如，在讲授“椭圆”一课时，笔者在课前要求每个学生准备一块硬纸板、两个图钉和一根细绳，笔者在做了一点简单的提示后，请学生试验画出椭圆。接下来，笔者又请学生进一步试验：如果两个图钉的距离拉大，椭圆的形状有什么变化？如果绳子的长度等于两个图钉的距离会怎么样呢？如果绳子的长度小于两个图钉间的距离会怎样呢？你能否给椭圆下定义呢？通过这种自己动手的画图试验，学生很快从实验中得出了正确的结论。之后，笔者对学生的操作以及所得出的结论加以肯定时，学生会因自己的劳动得到教师的赞扬而感到高兴，从而激发出要更加努力学习的激情。

（二）在问题情境中创设和谐

美国数学家哈尔莫斯说：问题是数学的心脏。问题之中有情境，情境之中有问题，其核心是问题。数学学习的实质就是解决问题，就是学会怎样用数学思维提出问题和解决问题。每堂课都需要一定的“问题情境”，借助这些情境，教师和学生之间进行思想交流和思维碰撞，从而完成教学任务。

例如，在进行“等比数列的求和公式”教学时，笔者设计了如下问题作为背景：有一位商人和一位数学家谈生意，数学家对商人说“我准备在 1 个月内每天给你 10 万元钱，但在这个月内每一天，你都要给我回扣，第 1 天给我 1 元，第 2 天给我 2 元，以后每天的回扣是前一天的 2 倍，请你考虑一下，如果你愿意，我们就到公证处办理公证手续。”商人不假思索满口答应了。请大家替数学家和商人算一下，谁得利？学生的想法和商人一样，这时我点明数学家大约能拿到 5 亿多元回扣，学生大吃一惊，产生认知上的冲突，迫切想了解所学内容，为新课讲授创造了积极的心理准备。当然，问题的提出必须建立在学生的最近发展区上，遵循可接受性原则，造成学生认知冲突。

又如，在讲解习题“求 $\tan10^\circ\ \tan20^\circ\ \tan30^\circ\ \tan40^\circ\ \tan45^\circ\ \tan60^\circ\ \tan70^\circ\ \tan80^\circ$ 的值”时，班里一部分学生一看到这样“长”的求值题，第一反应是“头痛”，我肯定不行，于是不再思考，面对这种现状，我问学生：① $\tan10^\circ$ 与 $\cot10^\circ$ 有什么关系？② $\tan80^\circ$ 与 $\cot10^\circ$ 又有什么关系？③ $\tan45^\circ$ 是多少？经过这样的铺垫性的复习之后，学生就较容易地完成了这个题目，使学生认识到数学题并不可怕，既消除了恐惧心理，又尝到了成功的快乐。这样把一个较复杂的问题分解成若干个有联系的子问题，采用

“低起点，小步子，多活动，快反馈”的教学步骤，把产生挫折事件的频率减少到最低程度，从而使学生层层有进步，处处有成功。

（三）在讨论交流中激发和谐

教学是一种沟通现象，没有沟通就没有教学。只有沟通、合作才会有师生间智慧的碰撞、心灵的交汇。学生完成知识意义建构学习不能通过教师传授实现，而是学习者在一定的学习环境下，通过教师或同伴的帮助，人际的协作，讨论交流等活动而建构的。因此，在课堂教学中，教师可适当保留自己对问题的看法，提出一些能激发学生思考的问题，引导学生在交流中形成自己的看法，并组织持不同见解的学生进行讨论。通过讨论交流，学生可以看到问题的不同侧面和解决途径，从而对知识产生多视角、多方位的理解；同时，也可以从其他人的观点中获得启发和补充，促使学习者意识到不同观点之间的差别，在对自己以及他人的见解进行分析和鉴别中，优化自己的见解。

例如，在教学“$y=A\sin(wx+\phi)$的图像和性质”时，组织学生分组讨论：①函数 $y=A\sin x$ 与函数 $y=\sin x$ 图像间的关系；②函数 $y=\sin wx$ 与函数 $y=\sin x$ 图像间的关系；③函数 $y=\sin(x+\phi)$与函数 $y=\sin x$ 图像间的关系；④函数 $y=A\sin(wx+\phi)$与函数图像间的关系。共同探讨如何进行图像变换，然后由学生讲解自己的结论，教师及时给予点评并做最后小结。我们的课堂教学需要尽量提供一种让学生想说、肯说、能说的氛围，在这种和谐平等的教育环境下激起教与学的“共振”。教师也可以定期尝试“沙龙”式教学，将课堂变为师生间、学生间相互挑战、竞争的场所，共同参与针对数学问题的研讨。

课堂是师生互动、心灵对话的舞台；课堂是师生共同创造奇迹的时空；课堂是向未知方向挺进的旅程；课堂是点燃学生智慧的火把。和谐课堂的主人应是学生，应给学生创造一些张扬自我个性、展现思维过程的机会；和谐课堂的时空应让位于学生，应最大限度地将课堂时间留给学生进行讨论、活动、思考。

美国数学教育家熊菲尔德有一个很值得思考的数学测试题：“一艘船上载了 75 头牛，32 头羊，问船长几岁？”这样一道风马牛不相及的题目居然有学生解答：75-32=43 岁。为什么会得出这样可笑的答案？缘于学生的学习与生活实际脱节。数学源于实践，高于实践，又应用于实践。学习和运用数学要注意密切联系生活实际，解决好“从生活中来，到生活中去”的问题，让学生体验数学知识的意义和作用，激发学生热爱数学、乐于实践的情操。

在教学中，教师可以设立数学兴趣小组，围绕教材内容开展相应的课外活动，尽可能地创设活动情境，如组织学生收集本市或农村的经济增长、变化数据，调查银行各种存款的利息，指导学生撰写小论文，开展如按揭购物小课题研究活动等。在活动中让学生感到数学就在身边。在激励评价中回味和谐蛙跳原理——两只青蛙掉到一个坑里，因为坑很深，上面的青蛙就对它们喊：“别跳了，坑太深了。”一只青蛙没跳，趴在坑底，太阳出来后被晒死了。另一只青蛙却一直跳个不停。外面的青蛙越喊，它跳得越欢，最后一跃出了坑。青蛙们问它为什么能跳出来，这只青蛙回答：“我误会了。因为我的耳朵有点听不清，以为你们都在给我加油呢！”这个故事告诉我们，学生发展的主要动力是激励，要借鼓励为主的激励机制来增强学生发展优势，提升弱势的信心。

人总是会跌倒的，关键是要鼓励他迅速爬起来。在课堂教学中，学生的思维非常活跃，时不时会提出一些新颖的看法和独到的见解，教师要及时地给予鼓励和肯定，激发学生的学习兴趣。对那些发表不同意见的学生应予以表扬，以时时唤醒学生的心灵，给学生以无限的思维空间。哪怕学生的见解不对也要宽容对待、积极引导，不能妄加批评和指责，这样才能慢慢消除职高学生的自卑心理，帮助他们树立信心，进一步培养学生敢于发现、勇于猜想的精神，并鼓励他们发表自己的看法。此外，教师还要善于倾听，并且要教学生学会倾听；要善于进行角色换位，从学生的角度看学生的问题和观点。美国教育家杜威先生说过：“给孩子一个什么样的教育，就意味着给孩子一种什么样的生活！”教师应给学生一个充满情感的数学环境，让学生乐于学习；给学生一个对话的数学环境，让学生善于交流；给学生一个开放的课堂，让学生勇于探究；给学生一个体验的数学环境，让学生甘于实践。教师应创设一个和谐的数学环境，让学生抬头去发现、观察、探索眼前的“一片晴空”。

结 语

本板块收录了我校一线教师的课堂教学反思和案例。这些教师将多年的课堂教学经验升华，凝结成一篇一篇的教学经验文章。这些文章将他们在课堂上的教学行为从理论上进行了理性、深刻的阐释。它们讲述了：一线教师在课前如何了解学生知识水平、经验和思维习惯、学习方式，如何进行充分的教学设计与构想，在经过课堂实践后如何进行总结反思，如何对自己的课堂进行修改、补充、完善。从中可以看到，只要把教育理念与学科教学的本质结合起来，就可以创造出焕发生命活力的多彩课堂。这些教学经验之谈，并非完美无缺，但它们对作者来说就是成功的经验。由于教学的对象不同、环境不同，执教教师的专业水平不同、素养不同，对另一位教师来说，如果直接照搬照抄这些经验，不见得一定会成功，但是如果仔细阅读这些文章，你会发现里面一定有你可以借鉴的东西。如果在阅读这些文章的过程中，你对教学规律有了某些顿悟，对教学理念有了更为深刻的理解，对如何改善教学行为有了更成熟的思路，那么收录这些文章的美好愿望就实现了。

第四部分 | 成长印记

卷首语

美国教育心理学家波斯纳说，没有反思的经验是狭隘的经验，至多只能是肤浅的知识。因此，他提出了教师成长的公式：成长=经验+反思。随着岁月静淌，教师增加了许多教育教学的经验，从年轻教师转变为资深教师，但自我的蜕变与成长，还需要总结与反思、修正与改变、提炼与升华。

退掉生涩，走向成熟，需要教师做一名坚定的守望者，用自身的定力守望爱的初心，用渊博的学识守望教育的阵地，用智慧守望学生的未来。这一切有着其他职业无法比拟的神圣感与成就感。于漪老师有句名言："一辈子做教师，一辈子学做教师。"时代在变，望向老师的双眸也在变，教师自身的成长成为教育发展最重要的内驱力，而教育的生命力，就在于教师内心的深度觉醒，就在于不断丰富爱的内涵，不断拓宽教育的策略，不断更新教育的理念，不断回应时代的召唤。本篇中的数篇文章，皆是作者深耕教育一线，用实践总结的经验，用理论引领的成果。

"一个人遇到好老师是人生的幸运，一个学校拥有好老师是学校的光荣，一个民族源源不断涌现出一批又一批好老师则是民族的希望。""党和国家事业发展需要一支宏大的师德高尚、业务精湛、结构合理、充满活力的高素质专业化教师队伍，需要一大批好老师。"习近平总书记以言简意赅、意味隽永的论述，指出了教师队伍在教育事业乃至整个国家和民族发展中的关键地位和战略意义。"有理想信念""有道德情操""有扎实学识""有仁爱之心"是新时期对教师的新要求，每一位身处教育一线的教师都应自觉以"民族大义为己任"，终身学习，突破自我，用理想信念引领稚子少年，用道德情操树立言行标杆，用扎实学识孕育时代新秀，用仁爱之心润泽花海心田。

因为爱，所以爱，爱的乐章，伴我成长

牟强　杨琦

前奏　为爱而择

我出生在教师家庭，父亲是中学老师，母亲是幼儿园老师。别人都以为我很幸运，从幼儿园到中学都有父母的关照与辅导，可那是他们的想法。我的童年很长一段记忆是等待，母亲的怀里总是抱着别人的孩子，父亲的办公桌上总有那么多作业……

记忆中的父母很懒惰，回家就呼呼大睡，星期天要睡到中午；记忆中的父母很勤劳，工作的每天伴着全民锻炼的早操广播就出门了；记忆中的父母很和蔼，学生们怎么样，他们都笑着；记忆中的父母很严厉，同样的事情我不敢问多遍；记忆中父母很忙碌，带我出去玩的时间很少；记忆中的父母很闲，没有他们的课也在那里待着……记忆中有太多的矛盾，太多的不理解。

我真正的体验源于第一次陪父亲参加学生的同学会。聚会中，学生们簇拥着他，一起回想他上的课、说的话，父亲喝了比平常多很多的酒，我能够感觉到学生们的亲近和敬意，我也能感觉到父亲脸上闪烁的自豪与神采，这是一名普通教师最得意的时刻，最欣慰的瞬间。父亲的笑是最灿烂的。我很向往这样的感觉，我好像一下子明白了我的爸爸妈妈，明白了老师，明白了付出的爱，明白了收获的爱。

在那个年代，在那片时空，父亲和母亲用平凡的付出把教师的情感深深植入了我的生命——我坚信，因为有爱，所以去爱。

西南师范大学、重庆师范学院、四川师范学院、永川师专、重庆教育学院这就是我高中毕业时报考高等院校的各批次志愿。没有对新兴计算机领域的好奇，没有对热门会计电算化专业的渴望，我选择了师范专业。同学们不理解，不在这种家庭环境里真的体会不到这种感情。当然，我也找了一个当时非常时尚的理由回答他们：报考师范我可以加十分！加十分，是句玩笑话，但我知道这加十分，是对父亲、母亲，对付出了一辈子的人民教师的一种慰藉。

因为爱，我选择了当教师，爱父亲的平凡，爱父亲的伟大，爱父亲所深爱的职业。

主旋律　为爱而耕

作为教师，我就像一个摆渡人，日复一日，年复一年，重复着昨天的故事，难免会渐渐地产生职业倦怠，工作中难以再有激情，我曾经彷徨过。为升迁而教，我尝试过，我感觉所有的工作都被印上了功利的标记；为责任而教，我体验过，每一天感觉自己都像强迫症病人一样心如刀割；为金钱而教，我偷偷想过，想着想着觉得自己所做的不再是父亲的职业了。徘徊中开始尝试反思。如果说，当初选择教师是因为爱，可能潜意识是爱父亲所获得的荣誉、声望和尊重，一种有些草率和虚荣的爱。

然而静下心来想，我的一生注定与教育教学人生作伴，如何在平凡单调中发现万千变化之美，在照亮别人的同时提升自己呢？我开始找自己的动力源泉。我开始试着真正的自己去爱。为爱而耕耘，为爱而工作。

“亲爱的孩子，日渐成熟的你已不再是以往的小学生了。看着你与同学借传学习用具时的融洽，与同学谈笑间的自然，这都是你的收获与财富。孩子，你已学会了交往。与人交流是一种艺术，更是一种享受。你付出真诚与包容，将收获理解与关爱。多试着为他人着想，学会谦让，学会言出必行，做个真正的男子汉，营造一个为自己学业推波助澜的人际氛围。学习中的你，有敏捷的反应，但不够专注，如果学会统筹安排，把握时间，提高效率，我相信你会有更大的进步。”这是 2002 年写给一位不懂交往、很自我的男同学的期末评语，孩子看后很受鼓舞。从那时开始我都以这种方式给孩子们写评语，写得多一些，看得全一些，爱意浓一些。不仅仅评语，时常用简短的书信与学生交流，孩子们很爱看，后来是每两周每人都写一次，花了大量的时间，从我的指间流出的爱，写进了孩子们的心。到初三的时候，孩子们把我的话当作劳作两周后最有效的调剂与慰劳。也正是如此，全班 43 人全部中考上联招线，其中 31 人上直属重高线。孩子们上重高，不是我教育教学的唯一目标和全部，这样的结果却是爱所带来的超额附加值。

“老师什么时候体检？”

“听我通知。”我回答道。

“老师什么时候体检啊？”又一个孩子问道。

“听——我——通——知——”我拖长了语调，加重了语气，有点不耐烦。但孩子的细微反应让我马上意识到我做错了。孩子听完我的回答，本来有神采的眉头耷拉下了。多问一遍在我心中看来是没有听讲，是无效率的事，但在孩子看来，应是对老师的要求的进一步确认，是对我的话的重视，也是对我的一种依赖，同时也是在找与我的交流的机会啊。不经意间我就伤害了孩子的心，也许，过一会儿她就忘记了，但也许，从此她会疏远老师。得马上弥补，当前情况下我想我不能直接道歉，不明就里的同学会认为我对不听讲同学的纵容与妥协。

“孩子，老师给你说，你是不是觉得近段时间的学习效率不够高啊。”

“嗯嗯。”孩子小声地说，初一的学生就是好，你怎么问，她就怎么答，利用孩子的单纯引导她进入了我的“圈套”。

“你得养成集中注意力的习惯，同样的事情，别人听一遍就知道了，你没听清就会比他慢半拍，当然你的效率就没有人家的高啦。你是个头脑很聪明的孩子，所以老师对你的要求要比其他同学更高，对你就更严，你能懂老师的感情吗？”

“嗯”又是一个“嗯”，但两次的表情截然不同，那一丝不快已经烟消云散。

语言犯的错，同样用语言进行弥补，不同的是我后面的语言充满着爱，虽是一个语言陷阱，但孩子依然备受鼓舞，这是爱的力量。

“别怕，有老师呢。”

“加油，老师相信你。”

“你们是最棒的，我爱你们！”……

爱在言语间，让我和孩子们走得更近。

有的老师长于教育，有的老师精于教学，形式不同但付出都是相同的，都在付出着自己的情感。付出爱，在班主任的工作中我收获了回报，我也尝试在教学中付出爱。

因为爱，我希望上的每一节课都是学生所惊叹的，都让学生感觉到生命力。为此，我参考大量的资料和网络资源进行充分备课，尽量找到与教学知识点相关的学生感兴趣的案例，力求精彩。通过自学，我熟练掌握了 PowerPoint、Flash、几何画板等多媒体课件制作软件，能够用它们制作贴切表达含义的情景和动画，获取孩子们佩服的同时也积累着学生传达的爱。

因为爱，我不忍占用孩子们少有的课间，每一次上课前我得按时间线索把教案过一遍。当一节课完成，当我潇洒地把粉笔放入盒中，铃声响起来了。“哇”孩子们的惊叹与鼓掌，他们哪里知道，为完成这个动作，我上课多次偷偷看表来着。学生并不是贪玩，他们从我的守时感觉到了老师的尊重，接收到我传达的爱，所以为爱而欢呼鼓掌。

爱学生，我想方设法刺激孩子们学习数学的兴趣。首先从改编课题开始。

看谁算得好——《有理数的加法》。

一块蛋糕怎么切——《截一个几何体》。

会当凌绝顶，一览众山小——《一元一次不等式组的“最高境界”》。

你有完美身材吗——《黄金分割》。

横看成岭侧成峰——《从不同的方向看》。

爱拼才会赢——《七巧板》。

有新意的题目首先打动的是学生的心，让孩子们愿意投入到学习中。课堂上的讲授因情感而丰富，因情感而动人。

对勇于思考回答问题的孩子，竖起我的大拇指“很好”“非常好”“老师欣赏你”，让他们能够充分体验成就的乐趣；对跃跃欲试的孩子，眼神引导“大胆地说，对不对是次要的，敢不敢才是首要的”，扶着他的肩，摸着他的头，都能给孩子鼓劲儿。我知道新课标下的数学课堂我应扮演的角色，新课标下的数学不是一味地灌，而应细细地品。

我的这样一堂课，课题：读书百遍，其意自现——有理数的减法。学生 5 分钟浏览全文，很快找到了书上的黑体字。这时候请孩子们说体会：

“有理数减法简单吗？”

“简单——”

“谁能说说你的理解？”很多只手举得老高老高。

“减去一个数等于加上该数的相反数。”有幸被点中的同学得意扬扬起来。

“精彩，很棒的扫描仪，一个字都不差。”孩子们都笑了。

“真懂了？做题试试看。”

“5-4=　1-7=　　-8-4=　　-2-(3)=”这样一串题出来，全班答案千差万别。

“继续读这句话，结合题目，有什么新的认识？”我引导学生。

这四道计算看似随意，实际上是用心安排的，它就代表有理数减法四种常见的类别。边读边比对，孩子们认识到减去一个数可以是正数、负数，关键是把减数确定准确，运算符号与性质符号要搞清楚。有了进步我鼓励学生继续探索。从一句简单的话我们已经读出了许多信息，我们需要对信息进行加工整理，那么到底“减去一个数等于加上该数的相反数”传达的是怎样一个运算过程呢？阅读、尝试、交流、总结，对式子中出现了 0 该怎么认识，等等，一堂课反复地读这句话，反复地思考，在学生智慧的凝聚中，在老师的指点下，学生终于对它有了深刻的认识。有理数的减法首先要准确确认减数，在运算过程中有两个变化，一是减号变加号，二是减数变成它的相反数。如果是两个正数相减且是大数减小数就直接沿用小学的方法。

在不断的摸索中，学生完善了知识，增长了见识；在不断的反复中，孩子积累了经验，提升了智慧；在不断的成功中，孩子们找到了乐趣，找到了自信。我想，读书百遍，其意自现，我教给他们的不仅仅是有理数的减法，而是一生受用的人生体验。

我爱看学生的思考，我爱看学生的进步，我爱看他们学习中的微笑。

我的课堂，因爱而生动，因爱而精彩。

高潮　为爱而醉

想想过去，我会为学生的调皮而大发雷霆，会因学生的成绩而患得患失。为什么孩子们用慈祥描述老教师，因为他们经历过，付出过，爱过。年轻的老师应学会爱，爱在细节里，因为教育教学就是一大堆细节，对待生活在当今社会环境下的孩子们，教师缺少的不是强力和果断，缺少的是教养和耐心，需要的是更多的等待、细心，需要更多的爱意。爱的路上，走得越远，眼越清澈，心越宁静。

爱不是单纯的付出，爱是一种境界。现在想着父亲当年对我的教育，那也是一种境界，一种舍小家顾大家的境界。跟随父亲的脚步，我也往上攀登，追寻着爱的境界，同时在自己的进步中享受着付出爱而收获的回报。

“老师，我在沈阳，天冷了，您那里冷吗，注意身体！”

“亲爱的牟老师，生日快乐！”

“老师，新年好！”

“老师，一日为师，终身为师，永远爱您！”

这是已经毕业的孩子们每年固定要发的短信，我舍不得删掉，全都储存在我的记忆卡里。经常翻出来看看，暖意浓浓。

“老师，希望您今天能睡个好觉，我能自己盖好被子，不再辛苦您晚上为我盖被子了。”

“老师，真希望您能多长头发，我知道那是因为我们累的。”

这是现在我带的初一的孩子们写给我的字条。天真得让我忍俊不禁，天真得让我陶醉，天真得让我全力去爱！

2008 年 5 月，诚惶诚恐的那段日子，一天晚上接上级通知，深夜将有地震，要求让学生全部转移到操场，时间紧迫，全体老师立即投入到自己的岗位。我要求孩子们相互帮助迅速撤离，指定四个班干部做引导与督促，我押后并负责清查寝室。不知怎的，忘了时间，抬手一看，距离规定时间还有几分钟，我心里也害怕呀，赶紧下楼，老远就看见我的四个班干部还在门口转悠，我生气啊，这几个笨蛋，没听我的话，还玩什么，不想活啦。我快速跑过去。

“我就说牟老师还没走嘛。”

“老师，我们等您一起。”孩子们见我来了，上来拽着我就跑。

跑的过程中我的心笑了，跑的过程中我眼眶湿了。我被孩子们深深地感动着，面对从未遇到过的灾难，孩子们固然害怕，但他们没走，他们担忧的是我。这是怎样的一种情感啊。师生之间能有这样的牵挂，这样的依赖，这是什么，这就是爱的力量！

从为爱而择，到为爱而耕，再到为爱而醉，看着孩子们成长，我也在成长；从爱的尝试，到爱的坚持，再到爱的义无反顾，看着孩子们的进步，我的人生在升华。爱的乐章，能唱响世界。

为爱而醉，我无法用精彩的语言描述我的人生，我无法用深邃的思想写就我的未来，我，一名普通的人民教师，我能做的就是站在由千百个优秀教师铸成的“师魂”两个大字下高唱爱的咏——叹——调！

成长的路上，感谢同行的支持，感谢领导的关怀，感谢专家的引领，前路漫漫，我将一如既往。爱，是用心写的一个字；是用情唱的一首歌；是用一生描绘的那一抹精彩！

因为爱，所以爱，爱的乐章，伴我成长；爱的乐章，与您共享。

从平庸到卓越的蜕变

牟强　杨琦

作为一名教师必须不断提高自己、充实自己，让自己具备丰富的知识含量，扎实的教育教学基本功，适时增强学习的紧迫感、危机感和责任感，树立“与学生共发展”的教育思想，不断进行观念的更新，多角度、多层面地进行个人研修，经历从平庸到卓越的蜕变，真正成长为学生学习生活中的卓越引导者。

一、对个人思想及观念的适时更新

新时代呼唤新的教育理念，现代教师应了解新的教育理念，只有用新理念指导实践，才会有新的教学方法，适应时代的要求。如果没有扎实的理论功底，不及时更新教育理念，很容易在改革的浪潮中迷失方向，在纷繁复杂的问题面前手足无措。教师在个人成长进步过程中应对教师、学生、家庭等方面有正确的认识与态度。

1. 对教师的认识

现代社会，教师作为文化传承的执行者的基本职能并没有变，却不再像以往那样直接以权威的身份向学生传递经验，而是通过间接的方式实现文化传递。施教者以各种方式调动和引导学生参与学习活动，指导学生在自己精心设计的环境中进行探索。教师不再是单纯的传递者，而有可能同时作为学生的同伴、活动的组织者、学生学习的支持者和帮助者等，教师角色的表面形式越来越向多重化方向发展，诸如设计者、合作者、指导者、组织管理者等。我们用一个核心身份来概括，就是引导者。作为学生学习的引导者，教师个人应进一步加深对初中数学新课改的认知，对教师角色与职责有更全面的认识，这样才能在面对如火如荼的初中课程改革时，从容应对我们应做些什么、如何实施、怎样改进，以及教师扮演的角色等问题。

2. 对学生的认识

学生在教育过程中并不是消极被动地受教育者，而是主动参与和具有主观能动性的。学生是学习的主体，是学习的主人。但教师要清楚的是，学生虽然是学习的主体，但客观上初中学生是没有经验的主体、没有学习阅历的主人，注定就不能在课堂上让学生以自己的方式低效地探索。学生学得好不好主要取决于学生是否学会怎样学习，即是否“会学”，而“会学”功能又主要包括四个方面，即知识方面的“学会”功能，非智力方面的“愿学”功能，智力方面的“善学”功能和技能方面的“能学”功能。学会、愿学、善学、能学诸多方面的经验积累都需要教师引导学生有目的、有步骤、有方法地进行。教师的引导方法、引导策略、情感态度等都会直接影响学生的学习效率，故教师不断提升自身研修水平对学生的成长具有重要意义。

3. 对家庭的认识

教师如果因教育教学工作而远离家人是不明智的。如果我们都认可所有教师一心扑在工作上，忍痛舍弃与家人交流亲近时间的行为，认为这是舍小家顾大家的美德的话，实际上我们是在用不全面的观点酝酿着社会不稳定、不和谐的因素，同时也不利于对学生学习生活的引导。教师也是家庭的一分子，也有责任为家庭的和谐贡献力量。优秀的教师应是在家庭与工作的快乐中享受生活的劳动者。高效的工作，和谐的家庭，相得益彰。教师在和谐的家庭中得到休整与慰藉，才能蓄积更多的精力有意义地付出，才能以阳光平和的心境给予学生正确引导。可以想象，不和睦家庭生活的教师，压抑着家庭烦恼而工作的教师，能带给孩子们多少阳光、多少健康的指引呢？教师的教育教学高效，才能获取更多的时间空间经营自己的家庭，有了美满家庭的支撑，教师才能为孩子们的成长思考更多，才能步入良性循环。故教师的个人研修也包括思考如何让工作与家庭和谐融洽。

二、对包括数学知识典故、数学应用小故事在内的数学史的涉猎

每门学科都有其发展的历史，既有历史性又有现实性。数学学科也是如此，作为一名教师，既有对历史的传承，又有对现实及将来的拓展。

与其他知识学科相比，数学是一门历史性或者累积性很强的学科。重大的数学理论总是在继承和发展原有理论的基础上建立起来的，它们不但不会推翻原有的理论，而且总是包容原先的理论。人们也常常把现代数学比喻成一株茂密的大树，它包含并且正在继续生长出越来越多的分支。数学史不仅是单纯的数学成就的编年记录，在更多的情况下是充满忧郁、徘徊，甚至要经历艰难曲折，面临危机的过程。数学史也是数学家们克服困难和战胜危机的斗争记录。对这种记录的了解，可使我们从前人的探索与奋斗中汲取教益，获得鼓舞和增强信心。因此，可以说不了解数学史就不可能全面了解数学学科。教师了解并关注数学史，就可以在数学教学中渗透数学史内容，让数学活起来。这样不仅可以激发学生的学习兴趣，也有助于学生对数学概念、方法和原理的理解与认识的深化，让学生在接受数学学科训练的同时，也获得人文学科方面的修养。

数学学习是一种思维活动过程，它是人们的数学认识活动，是人们从事数学活动

（一般指研究数学、学习数学、应用数学和讲授数学的活动）的理性认识过程，是人们形成数学思维、数学概念、数学命题、数学推理和数学理论的过程。数学史料富有典型性和教育意义。领略数学家的创造性思维过程，有助于学生深刻地理解教材，领会教材的实质，从而可以增强学生驾驭教材的能力。这一点是战胜题海战术的有力武器。现在的学生只知道做题，而对题的深层结构和思想实质不做思考，当他们面对一个全新的问题时往往束手无策，而学习前人面对未知领域所用的思想方法，对教师引导学生解决问题很有裨益。

数学史的科学性、趣味性、应用性、广泛性，对于教师建构对学生学习数学的引导体系提供了众多素材，但融于教学中应有所偏颇，应注意以下几点：

1. 教师不能将数学史知识生搬硬套地应用到数学教育中，应有广博的数学史知识以及政治、经济、文化、历史、地理等多方面的知识，这样才能得心应手，将课讲活讲透。

2. 数学史知识是穿插在授课内容中的，不能喧宾夺主，应以完成教学计划为主。在授课过程中自然引出，不应过分渲染，忽视了正常的教学内容。正确把握好数学史和课堂教学内容的主次。

3. 除课堂教学外，应为学生提供参考文献，引导学生阅读课外读物，如各种专题论述、人物介绍、学科进展等，开阔学生眼界，启发和引导学生进行正确阅读，继而自学，使学生在自我领悟中终身受益。

三、对数学思想、方法的归纳与积累

所谓数学思想，是指现实世界的空间形式和数量关系反映到人的意识中，经过思维活动而产生的结果，是被人们反复运用和确认的、带有普遍意义和相对稳定的特征，它是对数学事实与数学理论的本质认识。所谓数学方法，是指处理数学问题中所采用的被人们反复运用和确认的各种手段、途径和方式。数学思想和数学方法互为表里、密切相关，两者都以一定的知识为基础，反过来又促进知识的深化及形成能力。方法是实施思想的技术手段，而思想是对应方法的精神实质和理论依据。

数学思想是人们对数学认识的反映，它又直接支配着数学的实践活动。任何数学事实的理解、数学概念的掌握、数学方法的运用、数学理论的建立，无一不是数学思想的体现。因此，可以说，数学思想是对数学概念、方法和理论的本质认识。教师通过学习数学史，可以了解各种具体的数学思想的产生和发展，它与数学主干思想有何联系，它对数学发展的影响、作用和地位。数学中有许多数学思想，如当美索不达米亚的牧人第一次使用小石子来表示羊时，就意味着符号抽象的产生；而当他们第一次试图使用什么记号将羊的总数记录下来时，就意味着符号思想的出现，这是人类认识史上巨大飞跃的开端．符号思想的实质就是通过建立某种对应，实现从感性到理性认识的转换。

基本的数学思想可以概括为三个方面，即“符号化与变换的思想”“集合与对应的思想”和“公理化与结构的思想”。对初中数学而言，数学思想大致可分为十个方面，即符号思想、映射思想、化归思想、分解思想、转换思想、参数思想、归纳思想、类比思想、演绎思想和模型思想。对于这些基本思想，在具体的教学中要注意有针对性地渗透、介绍和突出讲解，但不必进行专门的理论概括；数学方法大致有十种，即变换与转化、分解与组合、映射与反映、模型与构造、概括与抽象、观察与实验、比较与分类、类比与猜想、演绎与归纳、假说与证明。在具体的教学实践中，把思想与方法融合后，初中阶段，主要引导学生体会数形结合、整体变换、分类讨论、转化与化归、逆变换、函数与方程等数学思想方法，同时要求学生掌握与理解消元、降次、配方、换元、待定系数、分析、综合、图像等探索问题的方法。

教师个人研修了解和掌握初中数学中常见的数学思想和方法，有助于提高我们的解题能力，有助于培养和锻炼思维的广阔性、深刻性、灵活性、敏捷性和创造性，有助于提高教学质量。学生在初中或高中所学到的数学知识，进入社会后，几乎没有什么机会应用，因而这种作为知识的教学，通常在出校门后不到一两年就忘掉了。然而，不管他们从事什么工作，那种铭刻于头脑中的数学精神和数学思想方法，却长期地在他们的生活和工作中发挥着作用。

教师对数学思想、方法的归纳与积累，有助于教师引导学生进入当前的教学氛围中，但更深远的意义在于帮助学生积累终身受用的解决问题的思路与办法。

四、对教育学、心理学基础理论的了解

有人说：“不学教育学心理学，照样能上课。”当然，现实中这种现象的确存在，但是否学习教育心理学理论、掌握教学规律，对于提高教学质量影响很大。一堂课质量有好坏优劣之分，一个卓越而成功的教师正是借助教育学心理学的理论睿智，敏锐地观察课堂上学生心理活动的脉搏，恰当地利用科学的教育环境和科学的教育方法，集中学生的注意力，激发他们的学习动机，“点燃”他们的求知欲望，从而把教学过程组织得生动活泼，水乳交融，富有成效。

在课堂教学过程中，“教”有教的规律，“学”有学的规律，各门学科又有各自的特点与规律，要形成高水平的教学“双边活动”，需要对许多因素进行综合、协调，使其发挥整体效应。而缺乏教育心理学理论指导的教师，在上课时不能使学生心领神会，学生愁眉苦脸、摇头叹息，既降低了学生的求知热情，又压抑了学生的思维发展。这两种截然不同的教学效果，决定着孩子一生的发展。

虽然在大学阶段师范类学生都学习过教育学、心理学，但教师个人研修对教育学、心理学的温故是必要的。重温教育学、心理学对教师个人教育教学实践具有描述、解释、预测和控制的作用。通过对教育学、心理学基础理论的强化，可以帮助教师认识学生同时认识自己。掌握基础的教育学、心理学理论，能让教师按教育学、心理学规律组织教育教学，及时调整自己的状态；能站在一个较高的水平面上审视当前教材，并进行取舍。教师不应把孩子当作一只空口袋，拼命往里灌东西，应把主要精力放在启发诱导上，让孩子们有更多的时间发展已有的知识，发展记忆、想象和理解能力，接受和消化新的知识。其引导的关键就在于教学是否符合教学规律，教师是否善于科学而巧妙地将教学规律应用于教学实践，并按照教学规律，形成自己的教学艺术风格。

五、对试卷命题与试卷分析的思考

随着义务教育数学课程改革的深入，对学生数学学习的评价，从单一的“考试”转向多元化，将过程评价与结果评价相结合，定性与定量相结合，关注学生的个性差异，发挥评价的激励作用，时刻保护学生的自尊心和自信心。但“考试”作为一种评价方式其重要性仍然是不可替代的，甚至可以影响新课程改革的实施。而“考试”中的命题能否体现新课程要求，关键之处就在于能否编制出符合新课程理念和学科课程标准要求的试题。

对数学教师来说，深入研究数学命题技巧，是课改的需要，是教师反思自身教学行为、改进教学方法的重要环节之一。研究命题也是正确地发挥新课改理念下的评价功能、导向功能、选拔功能所必需的。教师研究命题的基本原则——体现基础性、体现发展性、体现实践性、体现人文精神导向性，可以对平常的教学进行有效巩固与强化，从而真正提高教师教学水平。

六、对试卷分析的思考

针对试卷，一方面从学生反思的角度，引导学生自己分析，主要对薄弱知识点、不熟悉方法进行巩固与补充，教会学生学习的又一种方法。

1. 把每一题所考查的知识点写在题目后面。

2. 统计试卷上各知识点所丢的分数最多的是哪些，最少的是哪些，有多少是粗心大意所致，有多少是不会做的。

3. 结合课本，根据本次考试的内容，分析课本上有哪些知识点是这次考试没出现的，如果出现，会以什么样的题型出现，自己有多大的把握。

4. 总结本次考试各类题型有哪些以前没见过的，解题的方法是否有没用过的。最后，将做错的题目抄在自己的“错题集”上，把错误原原本本地抄下来，然后用红笔写出正确的答案，写出解题过程，同时写上一些对错误的分析。

另一方面，教师要针对试卷做深入的思考：试题分配值、试题作答率、试题难易度、试题区分度、标准差、差异系数等方面的综合考虑。从客观的角度，反思个人教学存在的不足与问题，在对试卷分析的综合评判中提升自身能力。

自己的知识结构是否合理，多年来教学方法上是否有所改进，教学效率是否有所提高，个人是否认识到指导教学的理论修养方面的欠缺，等等，教师只有经常性地思考，才有可能形成重新启动学习的动力。

作为新时期的一名教师，必须了解自己的专业，主动寻求发展。有发展自己的意识，才有可能获得发展。“教与学”是教师与学生认知过程中的一个互动过程，就教师个体而言，“教与学”也同样是教师在个人成长中的研修过程。教师应一边教学，一边学习，与学生共同进步。海德格尔指出：教难于学，因为教所要求的是学——让学。实际上，称职的教师要求学生去学的主要内容是“学”本身，这就是教会学生学习，而非其他。正因为如此，教师应比学生更善于学习。

教育教学过程中，教师应是一名自主学习者，通过个人研修，完成从平庸到卓越的蜕变，从而真正成为孩子成长重要历程中的引导者。

参考文献

[1] 陈观春. 从一份试卷分析中看初中数学教师的业务素质[J]. 杭州教育学院学报，1998（2）：5-8.
[2] 马伟开. 如何进行中学数学试卷分析[J]. 中学数学教学，2008（1）：23-25.

浮华过后的回归

牟强　杨琦

现代信息技术与学科的结合越来越紧密，利用课件进行教学已经相当普遍。网上输入“课件”进行搜索，你会获得很多精美的作品。从众多的课件资源中我读懂了老师们崭新教学观念的转变与结合时代气息所做的努力与付出。从众多的课件中我也似乎感觉到过犹不及的隐患。

曾经的我也是一位积极的课件制作者，从教学经验的积累与不断的尝试中我感到课件的使用应如稍纵即逝的昙花般美妙，如点缀夜幕的明星般协调——简约、精彩才应是课件使用的原则。多媒体只是辅助教学的一种手段，我们不能用它完全取代严谨的数学课堂。现结合我的摸索与总结过程，试着谈谈我的几点体会。

一、包罗万象不如点缀其间

记得才开始利用课件进行教学的时候，学生很新鲜，老师也很有兴趣，都认为只要把黑板上的东西搬到屏幕上课堂就生动了。于是我的课件里边什么都有：有引入，有例题，有小结，有教学的程序，有为课堂内容设计的游戏，甚至还有作业的布置。哇，真的是太完整了！整个一堂课，孩子们就在我不停的鼠标点击中“欣赏”着，准确地说应该是忍受着。细想起来，他们哪里是在生动有趣的课堂上陶醉呀，孩子们被另一种方式灌输着比以前更多的图形与文字！

其实课件不需要充斥整个课堂。它仅仅是突破难点的一个手段而已。一堂课的突破口又有几个呢？频繁闪动的屏幕会让孩子们丧失更多思维空间。比如，在讲“探索轴对称的性质”时，运用计算机虽可以模拟各种图形的叠合与展开，但没有达到让孩子们探索的目标，难以完成从感性认识到理性认识的过渡。这节课的课件运用，我认为就是让动画反复演示叠合的图形沿对称轴展开后的点、线段和角的对应，直观引导学生发现，从而有愿望摸索。其他的，让孩子们运用折叠扎孔的方法，结合刻度尺、量角器去尝试、去印证。故课件仅仅展示一部分就够了，至于课题、探索步骤、探索的成果，大可不必打包进冗长的课件里，我们边做边板书不是能更好地体现师生配合的融洽与默契吗？别让孩子们感受到课件一屏又一屏的沉重，应让他们体会到恰如其分的精彩。

二、尽善尽美不如简单明了

曾经在课件的制作上我是一个唯美主义者，很早就学会使用 Flash 制作课件，每一个作品都堪称精美，因此小有名气。为了一个画面的完美而反复斟酌，为了一个背景音乐的美妙而千挑万选，时间更多地投入到制作上，我以为这样就算是做到备课的极致了。的确孩子们也会被精美的课件所折服，但他们感兴趣的重点已经转移到课件本身而不是真正的课堂教学内容。一节课都在欣赏，但一节课都没有主动思考。

记得在讲“变化的鱼”一课时，有一个环节，我把六个点排成鱼的形状，用动画让其在坐标系中上下左右，忽大忽小地变化，不时地有水泡出现、升起，还有流水的声音，感觉声、画、意配合得相当完美了。这“经典”之处虽然吸引了学生，但也吸走了孩子们的心神。还记得有一次，为了让学生在一个有氛围的环境里回顾一堂课的知识与方法，我设计了一段舒缓的背景音乐，目的是让学生的心变得恬静，利于回忆与总结。但孩子们似乎不领情，仔细想来，孩子们还小，欣赏水平、思维水平还处于较初级的阶段，他们不能像花样滑冰那样把音乐融进感情与思考中，毕竟能听着命运交响曲动手术的大夫在电视里才有，能听着音乐做数学题的学生是不现实的。与其他学科不同，数学思维是一个严谨的过程，允许有语文的配乐诗朗诵而鲜有配乐数学题，虽然完美的课件可以让孩子们感受到色彩搭配的美、动静结合的美、音画互衬的美，但在启迪学生数学思维的过程中，简约，就是美；直接，就是美。

三、呕心沥血不如巧取善用

凡有特长的人在自己的领域都有几分傲气，会娴熟地制作多媒体课件的老师可能认为自己的是最好的。曾经的我也是这样一群人中的一员，陶醉在自己的作品中。每个课件非自己做不可，好像使用人家的就降低了自己的品位，结果自己很累。其实网络给我们提供了一个很好的交流平台，资源交流与共享可以让我们取长补短，同时节省不少时间。别人制作的作品，经典之处加以利用，可选之处加以改编，省时省力，事半功倍。

有些软件本身就具备作为课件的条件。例如，Office 系统中的 Excel，其本身就具备数据与统计图匹配的功能，当建立表格之后，会自然地生成条形、折线、扇形统计图，可以选择平面的，还可以选择三维立体的，直接使用它进行统计图的教学，比自己做的好多了。又如，在讲立体图形的三视图时，运用 3D Max 就可以动态地展现几何体的多种视图，对学生全面把握几何体的特性起到了很好的直观引导作用。利用好这些成熟的软件，我们就可以投入更多的时间准备教学，是否会轻松许多呢？

四、专注于形不如专注于心

备课的过程是一个严谨的过程。备课的内容是严谨的，备课的方式更是严谨的。要知道利用计算机准备多媒体课件不是备课的一种方式，它仅仅是其中的一个过程，一个外在的形式。老师应从知识内容、学生情况、引导技法、评价方式等众多方面加以思考，而不仅仅是安排哪一个画面出什么内容，怎样美化，达到哪种艺术效果。这样的备课太片面了。

记得有一次上“鸡兔同笼”一课。我虽然意识到本课的重要性，却把备课的重心放在课件制作上。用动画演示表明鸡头兔头、鸡腿兔腿的数量关系。完美的图像动画与动态的指示标注，课堂感觉不错。但回顾这节课时我发现，我只注意了形式上的引导，而忽略了对学生思维过程的分析，没有做到从孩子们的思维立场出发，少了让他们探索等量关系的空间，急功近利地用屏幕的闪动取代了他们的思考，看起来是效率蛮高的，孩子们却没有经历探索的过程。虽然花了不少时间准备，却没达到预期的效果。专注于形不如专注于心，备课得从全局出发，只有在对教学内容，教学目标，学生状况等方面酝酿充分后，准备的课件才更有针对性。

总之，多媒体课件始终是按照一定的教学思想，利用信息技术优势，对课程资源和教学方式加以“整合”的半成品。它不能代替教师在课堂教学中的创造。即使是非常优秀的教师为上课而设计制作的优质课件，也不能代替上课时的随机应变。所以“课件”绝不是教师组织备课与课堂教学的替代物，更不能成为使课堂教学变得千篇一律的桎梏。想想走过的这一段路，从对多媒体课件制作与使用的好奇，到痴迷，再到审视，我真真正正地意识到应合理运用课件，摒弃过多的噱头与做作，使之真正成为启迪孩子们思维的一把钥匙。

课件，激情中的创作，很精彩；课件，浮华后的回归，更自然！

善待生活，做品味幸福的人

牟强　杨琦

幸福是人生追求的目标，教育本身就是为了人的幸福而存在的。教师要引领学生走向幸福，自己首先应成为一个幸福的人，一个懂得如何追求幸福生活的人。在新课程大前提下的老师，特别是践行新课程的班主任老师，应沉下心来考虑怎样才能成为一名幸福的教师。

一、善待学生，在真情交互中接收幸福

班主任的幸福是与学生的成长紧密相连的。学会善待学生，给自己一块美丽的方园，用快乐的心情播种耕耘。

1. 学生的发展促进教师的幸福感

我们面对的学生，素质、水平、情感都不相同，不同的个体，在同一个班级里面成长，需要班主任尊重个性、挖掘共性、正视差异、促成团队。第一，学会尊重差异学生。面对有差异的学生，教师要了解他们各自的心理特征，了解他们的个性特点，实施有差异的教育，让每一个学生有一份适合自己的成长套餐，能吸取养分产生动力，能激活思维张扬个性，成为有个性、有志向、有智慧的幸福人。第二，学会赞扬后进学生。教师对后进生的教育要有耐心，千万不能发脾气。教育方法要巧妙，要善于发现他们的优点，及时表扬鼓励使之发扬光大。赞扬是改善后进生与教师关系的润滑剂，是促进他们进步的催化剂。

我们教育的对象是一个个活生生的个体，在教育过程中，教师扮演的是引导者、研究者、开发者、学生的朋友等多种角色。我们必须摆脱那种陈旧、单纯、片面的好学生、坏学生观念，应以发展的眼光看待学生、引导学生。成绩好的孩子有可能需要提升情商，情商高的孩子有可能需要强调规范，规范好的孩子有可能需要增强自信……这都是我们在班主任教育过程中面对的一个个实例，经历的一幕幕往事，积累的一点点经验。这些无时无刻不在提示着我们，孩子的特点是多样性的，不能简单区分为好坏、优劣。我们在与之交流中既要尊重并维护他们的优点，又要理解并转化他们的缺点。因此，我们必须要以学生的发展为立足点，用长远的目标为教育领航。孩子在发展过程中的转变，就是我们从成就感中获取的幸福。

2. 学生的爱促进教师的幸福感

在师生交往的过程中，教师面对的是一群有丰富情感的生命个体，同时也是一群容易被感染的生命个体。学会关爱每位学生，没有真诚的爱，就没有真正的教育。教师要真心关爱学生，为他们营造宽松愉悦的成长环境，对待每位学生都要满腔热忱，并寄予殷切的希望。教师要以“晓之以理、动之以情、导之以行”去影响学生，建立融洽的师生关系。学会帮助学困生，教师细心的关怀犹如绵绵春雨，使他们心灵得到灌溉，精神得到鼓励；教师更多的帮助如沐春风，使他们的心智得到启发，潜能得到挖掘。

用爱与孩子交流，收获的是学生的爱。每个夜晚从孩子们寝室出来时，学生那轻声的“老师早点休息”能驱散一天的疲惫；2008 年 5 月地震期间的一次突发预警中，几个孩子飞跑过来拉着正逐个查看寝室是否留有学生的我一起撤离的片段，我至今记忆犹新；经常中午趴在办公桌上小睡，几个孩子来给我盖衣服，我不打算“醒”来，我不想让这种关爱这么短暂；……来自孩子们的、能被发现的爱太多太多，能被感受的爱太沉太沉。付出真爱，就能在任何时候感受到由孩子向我们诠释的幸福。

二、善待同人，在真情合作中享受幸福

教师间公共人际关系无外乎合作与竞争两种，但合作是第一位的。在当今竞争时代，教师只有协同共进，幸福源泉才会潺潺不息。

学校教育目标的达成是各科教师共同劳动的结晶，同事之间应尊重为善、理解为善、宽容为善。只有谦虚谨慎、平等相处、坦诚相见、互相帮助，增进教师之间的友谊，才能发挥出教育智慧。学校追求的是综合的育人效果，教师要具备合作精神与团队意识，在与同事有效的合作中，体现出教师的职业价值，保持良好的心态，感受教育工作中的幸福。

在教育教学过程中，教师也在不断发展。在这一过程中教师体验到满足感，本身就能带给人幸福感，这种发展不仅包括教师教育能力的增强，还有教师个人整体素质的提高。当今，教师专业化发展已经成为国际教师教育改革的趋势，广大教师要想提高自身的地位和身份，需要逐步提升学历水平、加强自身素质、提高教育教学质量，需要不断获得专业发展，而这些方面的迅速提升都离不开合作。

教师彼此之间经常处于一种工作中的合作状态与融洽氛围，有助于教师潜能的充分发挥。当教师共同探讨教育对象所遇到的问题、共同设计教育方案时，大家会在精神上相互激励，在方法上相互完善，在思想上相互促进，这样既利于学生的进步，又利于教师的发展。

在教育教学的大家庭里，每个人都不是全能的，只有共同合作，才能集众人智慧与经验，面对丰富多彩的学生个性。

班主任群体也是个性多样的。有的老师重“诚”——对不想学习的学生，做工作一直做到学生开始认真学习为止，为此经常废寝忘食；有的老师重“陪”——从早上到晚上，对学生全程伴读，把学生中的不安定因素消灭在萌芽状态；有的老师重“活”——用活跃的个性，启发学生活跃的思维，促成班级进步；有的老师重“谐”——善于调控学生，班级一直处于协调、和谐状态；有的老师重“慈”——即使在自己重病期间，仍坚持用微笑面对学生；有的老师重“细”——不论是教学还是育人，都细致入微，对学生的心理活动了如指掌；有的老师重“引”——靠引导，使学生树立信心，靠引导使学生取得进步；有的老师重“柔”——不论发生什么情况，总是轻言轻语、循循善诱，把学生当成弟弟妹妹。这些工作艺术，都是促成班主任进步的宝贵经验。

在合作中提升了自身素质与能力是幸福；在合作中感受到融洽、信任、和谐的氛围，相互间达成真诚交流更是幸福。

三、善待自己，在家庭生活中理解幸福

班主任要学会善待自己。教师不是圣人，需要有真爱的人、知心好友，业余爱好和温馨的家庭等。教师需要丰富自己的情感、快乐地享受生活。

幸福感的英语表达中有 Happiness、Well-being、Psychological Well-being 等，有快乐、幸福、心理健康等含义。目前，心理学家倾向于合成词 Subjective Well-being（SWB），这个词直译就是主观好的存在，是指健康、快乐的状态，是一种生存状态，表示幸福的主观感受，也称主观幸福感。

一个只埋头工作，不懂得构建家庭幸福的老师，不一定就是一名好老师。

不能带给家人幸福感的老师，能带给学生幸福感吗？离开了家庭幸福支撑的班主任，即使再负责、认真，工作能力再强，他能带给学生的教育始终是片面的，甚至是灰暗的。

老师要善于利用双休日、寒暑假和每天紧张工作之余的闲暇时间，与自己的同事、朋友、家人进行游戏、娱乐、休闲、旅游等活动，寻找乐趣，享受人生，通过自我调节，修身养性，使自己保持愉悦的精神状态。实践证明，和睦的家庭背景能赋予一名有责任感的老师最优质高效的教育手段。

（1）幸福的家庭带给老师愉悦的心境，让老师以最开阔的心情思考教育问题，健康阳光的心态能给予学生最优质的教育。

（2）幸福的家庭带给老师更多的心得，能让老师将家庭成员相处交流中的一些典型案例应用于班级管理中，从而创建更有教育意义的工作情景。

（3）幸福的家庭带给老师更多责任感，能让老师以自己的家庭经历与学生及学生家长进行换位思考，以减少工作中的武断与片面。

给家人一份幸福，才能给自己一份幸福，才能为学生奉献幸福。

四、善待生活，在平淡朴实中品味幸福

班主任要学会善待生活。教师是个凡人，也有着七情六欲，辛勤的付出希望得到领导同事的肯定，遇到困难希望得到领导同事的支持帮助，工作中的失误希望得到领导同事的宽容和理解……不必太在意一些表面的结果，而应关注工作实施过程。新课程下的班主任教育，是一个讲究个性与创新的大舞台，生活中考虑太多纷繁芜杂的念头必然会遏制工作中的创意，从而丧失班主任工作的乐趣。

善待生活，班主任要善于制定切实可行的奋斗目标。一个人没有奋斗目标，是不会得到真正的幸福的。但目标定得太高，幸福会离你远去。做事要因人而异，量力而行，要善于把奋斗目标化解为若干个容易实现的、切实可行的小目标，在不断经历和实现这些目标的过程中，体验到参与和成功的快乐，感受教育带来的幸福。

善待生活，班主任要学会沟通。在沟通中表达自己的内心真实想法，在沟通中获得他人的理解、支持、鼓励、认可和肯定。

善待生活，班主任更要学会善待自己的身体。健康的身体是从事教育工作的基本条件，教师一定保重好自己的身体。现在的教师工作任务繁重，工作节奏十分快，要预防和消除这种情况带来的不良后果，教师应自觉做到在规定的时间里完成规定的工作任务，在有限的时间内做有效的事情，不要透支生命去做不利于自己也未必利于他人的所谓“奉献”，不能累倒才想到歇，病倒了才检查，要学会自我保健，照顾好自己；要善于利用业余时间适度地进行运动，每天锻炼身体一小时，幸福生活一辈子。

幸福工作，才会感悟幸福的生活；幸福生活，才能促成幸福的工作。

善待学生是教师一种高尚的师德境界，善待同人是校园一道美丽多彩的风景线，善待自己是人生一种积极向上的行为方式，善待生活是一种健康幸福的态度。给自己一个快乐的心情，用幸福的微笑面对生活；给自己一个宽松的环境，用团队的力量面对现实。学会善待自己与他人，教师的修养必将得到提高，健康的心理必将得到发展，追求的事业必将得到成功，这就是教师的幸福感！

善待生活，做追求幸福的人！善待生活，做品味幸福的人！

教师成长，溯源新时代背景下教育的底气

牟强

摘要：新世界格局下的中国崛起，肩负使命的教育者更需要在专业成长中充满信心，涵养底气——对党和国家的信心，对路线和制度的信心，对团队和自身的信心，对教育发展与未来的信心。理想信念，道德情操，扎实学识，仁爱之心，这也就是教育的底气。“做党和人民满意的‘四有’好老师”的号召，既是习近平总书记对教师师德师责的要求，也是教师形象树立的底气。故涵养新时代背景下教师的教育底气，实为引领教师专业成长的首要任务。

关键词：新时代背景　溯源　教育底气

新时代背景下的教育者，不仅仅是看见石头就讲石头的知识传递者，更应是看见石头能讲故事的文化播撒者，我们的教育生涯注定是与学生一起成熟成长的，如何引领学生从中华优秀传统文化中吸取精华？如何唤醒自己和学生的自主成长意识，以最佳效能完成“立德树人”根本任务？如何尽快促进自身专业成长？这些都需要教育者面对新时代背景下的教育观念、教育技能、综合素质的挑战，涵养积淀自身教育底气。只有具备充足底气的教学，才能在教学情境中胸有成竹，自然驾驭；只有具备充足底气的育德，才能在育人实践中欣然面对，游刃有余。

在习近平新时代中国特色社会主义思想的指引下，我们不断增强“四个意识”，坚定“四个自信”，坚持历史与实践验证的中国特色社会主义道路，在伟大复兴的中国梦追寻历程中，我们的党和国家已经蓄积了足够的底气，我们正步履坚实地迈向教育现代化强国目标。

走过改革开放四十周年，经历新中国成立七十周年，喜迎中国共产党建党一百周年，尤其是我们在经历疫情中所见证的中国速度、中国力量，我们透过中国态度所感受的中国情怀、中国担当，无不为我们的党和国家骄傲。新世界格局下的中国崛起，肩负使命的教育者更需要在专业成长中充满信心，涵养底气——对党和国家的信心，对路线和制度的信心，对团队和自身的信心，对教育发展与未来的信心。

理想信念，道德情操，扎实学识，仁爱之心，这也就是教育的底气。“做党和人民满意的‘四有’好老师”的号召，既是习近平总书记对教师师德师责的要求，又是教师形象树立的底气。故涵养新时代背景下教师的教育底气，实为引领教师专业成长的首要任务。

一、教育底气来源于教师对党纪国法的深重敬畏

教师，传递的是党的信仰、国家的信仰，树立的是国家的形象，故教师在对党和国家的政策领悟上，应保持高大上的形象。要牢固树立大局观念和全局意识，正确处理保证中央政令畅通和立足实际创造性开展工作的关系，教师具有个性特色的教育教学创新与优化都应以贯彻中央精神为前提。

不散布违背党的理论和路线方针政策的意见，不发表违背党中央决定的言论，不制造、传播政治谣言及丑化党和国家形象的言论……教师作为党的信仰的传播者，政治纪律和政治规矩这根弦任何时候都不能放松。如果个别教师纪律意识淡漠、政治纪律松弛，在原则问题和大是大非面前摇摆不定，对既定理论路线方针政策等乱评妄议……这些言行会对教育对象造成恶劣影响，给党的教育事业造成严重损害。我们要警钟长鸣，不可掉以轻心。我们的党员，讲党性；我们的教师，讲师德。习近平总书记在全国教育大会上再次强调，坚持党对教育的全面领导，那么无论教师是不是党员，都应站在党旗下传播信仰，承担责任，更应坚决拥护和严格遵守党纪国法及所有教育法规，把遵守党的政治纪律规矩和国家教育各项法律法规落实到全部工作中去，不论在什么地方、在哪个教育岗位上，都要经得起风浪考验，做政治上的明白人，真正做到在任何情况下政治信仰不变、政治立场不移、政治方向不偏，永葆共产党人和中国教育工作者的政治本色。

教育者，有对岗位职责履行的正气，对歪风邪气抵制的硬气，才有实施教育的底气。

二、教育底气来源于教师对教育方针的深刻钻研

“坚持教育为社会主义现代化建设服务、为人民服务，把立德树人作为教育的根本任务，全面实施素质教育，培养德智体美全面发展的社会主义建设者和接班人，努力办好人民满意的教育。”十八大的教育方针已经在习近平总书记十九大报告中得到了进一步完善与拓展。

2018 年 9 月 10 日，习近平总书记在全国教育大会上强调“在党的坚强领导下，全面贯彻党的教育方针，坚持马克思主义指导地位，坚持中国特色社会主义教育发展道路，坚持社会主义办学方向，立足基本国情，遵循教育规律，坚持改革创新，以凝聚人心、完善人格、开发人力、培育人才、造福人民为工作目标，培养德智体美劳全面发展的社会主义建设者和接班人，加快推进教育现代化、建设教育强国、办好人民满意的教育。”习近平总书记的表述，为教育方针赋予了新的内涵。新时代背景下党的教育方针，是党不断适应时代要求，总结教育规律，把握社会发展和人的发展要求而提出的教育事业行动指南，是新中国成立七十多年来党的教育方针发展演进的结果。

教育者，深入学习钻研教育方针，就是我们在教育过程中保持方向的底气来源。

三、教育底气来源于教师对教育根本任务的深远认识

回首历史沿革，1956 年，毛主席首次对我国的教育方针作出明确表述：“我们的教育方针，应该使受教育者在德育、智育、体育几方面都得到发展，成为有社会主义觉悟的有文化的劳动者。”改革开放新时期，邓小平同志要求“把毛泽东同志提出的培养德智体全面发展、有社会主义觉悟的有文化的劳动者的方针贯彻到底，贯彻到整个社会的各个方面。”同时，邓小平还提出，“教育要面向现代化、面向世界、面向未来，培养有理想、有道德、有文化、有纪律的社会主义‘四有’新人”，党从社会主义事业全局出发对我国教育提出的培养人的任务，通过立法程序变成了国家意志。1995 年，第八届全国人大第三次会议通过的《中华人民共和国教育法》第五条规定：“教育必须为社会主义现代化建设服务，必须与生产劳动相结合，培养德、智、体等方面全面发展的社会主义事业的建设者和接班人。”这标志着“社会主义事业的建设者和接班人”成为我国教育方针明确规定的培养目标。随着实践和认识的发展，我国的教育方针后来又增添了新的内容，但是培养“社会主义事业的建设者和接班人”的规定始终没有改变。

深入领会习近平总书记在全国教育大会上讲话精神，可以认识“坚持把立德树人作为根本任务”和“我们的教育必须把培养社会主义建设者和接班人作为根本任务”，是习近平总书记在全国教育大会这一讲话中提出的关于“根本任务”的两个重要论断，是对同一个问题即“我国教育的根本任务是什么”的回答。这表明，“教育应当坚持立德树人”，就是指“坚持培养社会主义建设者和接班人。”

教育者，明确根本任务，方能坚定执行的底气。

四、教育底气来源于教师对社会主义核心价值观的深透领悟

社会主义核心价值观，国家层面为富强、民主、文明、和谐，社会层面为自由、平等、公正、法治，个人层面为爱国、敬业、诚信、友善。作为教育者，必须对社会主义核心价值观入脑入心，才能对教育教学的方向性进行调整与修正。不断记忆、推敲的过程中，我个人有新的认识与发现。核心价值观，十二个关键词，三个层面，虽然字面标点用的顿号，但其实每个层面的关键词都不是并列关系的——富强、民主、文明是为达成最终的和谐；自由、平等、公正是为达成最终的法治；爱国、敬业、诚信是为达成最终的友善。每一个层面的最后一个关键词，都是每个层面的至善结果与最终标准。实际上习近平总书记在表述社会主义核心价值观标准的同时也给出了最终的目标，这虽然是我个人的心得与认识，但也是我们教育工作者需要思考和关注的。

和谐、法治、友善。中国古代思想家早在两千多年前就提出了“和实生物”“和而

不同”等思想。“和”是中华文化的精髓，是中华民族奉行的崇高价值观念；“法”家思想提出了至今仍然影响深远的以法治国的主张和观念，对现代依法治理体系影响意义深远；“善”是中华传统文化中最重要的特质和核心价值，与人为善、戒恶扬善，以善为美的“善文化”的内在基因和历史积淀在中华民族的血脉中积累深厚。习近平总书记提出的社会主义核心价值观，是对积淀了五千多年历史的中华民族传统文化的智慧继承与丰富完善，教育工作者不应简单肤浅记忆，而是深重领会，入脑入心，用其指导自身工作。

教育者，对优秀传统文化的继承，对社会主义核心价值观的理解，凝聚了教育者传递文化自信的底气。

五、教育底气来源于教师对学习习惯的坚持

政治思想修养方面，学校应引领教育者坚持自身发展与终身学习习惯。既有认真学习习近平新时代中国特色社会主义思想，认真学习贯彻党的十九大以来教育方针和有关政策精神，还包括认真学习中华优秀传统文化，认真回顾中国革命传统文化，认真学习和实践教育教学各种理论经验。有坚定的政治信仰，有正确的政治立场，有规范的纪律意识，才能树立教师正确的人生观、教育观，才能指导教师专业行为的成长。

教育观念行为方面，学校要转变教师教育观念，帮助教师制定自我发展目标，提升教师课程改革意识及当前步入教育信息化 2.0 时代的新时期背景意识，从传统课堂、多媒体课堂、翻转课堂至当前高度智能化模块介入的智慧课堂，不断调整教师教学方法，学生学习方法，实施师生平等对话，实现针对学生千人千面个性化指导。

文化氛围方面，学校要形成唯有教师个人发展，才有学校的发展，唯有学校的发展，教师才会有更大的发展空间的团队学习意识，将师德、师责、学校理念传递给团队中的每一个成员，落实到每个人的工作中，逐渐树立起“校荣我荣”“学校发展我发展”的共同愿景，从而提升教师执教的气质，让其形象神采飞扬，改善教师工作的幸福指数，让其生活工作充满阳光。

教育者，保持终身学习，才有立于三尺讲台，与时俱进创新教育的底气。

“让教师在岗位上有幸福感、事业上有成就感、社会上有荣誉感。”教师的幸福感、成就感、荣誉感，源自焕发的教育底气——胸怀爱党爱国的信念，不忘初心，以民族复兴为己任，以最佳状态完成“立德树人”神圣使命；涵养人文素养，积累修德敬业的勇气、追求中国梦的朝气和践行社会主义核心价值观的正气，做“四有”好教师。

尊传承、善创新、重原则、勇担当，教师成长，溯源新时代背景下教育的底气！

结 语

法国文学家雨果在他的诗里写道："花朵是尊贵的，果实是甜美的，让我们都来做绿叶吧，因为叶，是平凡而谦逊的。"一线教师，工作在今朝，成就却在未来。

我们不是诗人，却能像诗人一般浪漫地吟诵朝露清晨；我们不是画家，却能像画家一般纵情地描绘星辰大海；我们不是乐者，却能像乐者一般恣意地奏响琴声悠扬。师者，先为人，体味人生欢歌，春秋冬夏，田间牧野，用心，至性，用情，至美。

无有惊天摇地事，潜心作育后来人。